U0898791

Men and Manners of Modern China

多面中国人

〔英国〕麦高温 著
贾宁 译

译林出版社

目录

译者序

本书作者麦高温，是来自英国伦敦的传教士，在中国生活了五十年，与中国各阶层的人都有过深入交往。他不否认中国的伟大，承认这是一个可敬可爱的民族，但他批判起这个民族的“劣根性”来，也是针针见血，毫不留情。

本书出版于一九零九年，中国封建社会最后一个王朝在三年后轰然倒塌，中国开始向所谓的“文明社会”迈进。一百多年过去了，对照今天中国人的某些表现，书中所写所思仍未过时。

且看麦高温对一百多年前中国人的描述：喜欢拐弯抹角，不愿直截了当；推崇热爱自然，却对人冷漠麻木；本性善良，但喜欢掩饰，不让别人了解自己的真实想法；生活艰难困苦，却总能发挥出幽默来；崇尚金钱，认为有钱能使鬼推磨；喜欢送礼，礼越重越好；公事总有另外一套标准，潜规则已经深入人心；富人为富不仁，对穷人缺乏同情心；文人多无耻，没什么真正有用的学问，缺少道义感；要面子，常常需要旁人配合，生活就像演戏……

当然，麦高温也肯定了中国人的一些品德，如修建万里长城的气魄，面临困境时极强的忍耐力，每要失败时总能奇迹般地重生，艰苦条件下表现出来的顽强生命力，等等。

今日中国已非往日中国，但中国人的某些品性仍未改变，无论是好的一面还是坏的一面。如果一个民族要进步，就应该重视别人眼中自己坏的一面，以求改正。在一定程度上可以说，阅读本书，恰如敲响一口大钟，让百年前的钟声来震荡一下心灵，以求反省和改正。

本书在翻译过程中对此前的中译本有所参考，在此表示感谢。

前言

在这本书中所看到的中国人生活是我在中国的亲身经历。在中国生活的五十年间，我和中国的各层人民都有很深的接触，并在这些接触中感受到了非常大的快乐。我越是了解他们，就越被他们吸引。中国人的伟大是毫无疑问的，因为他们无论处在什么样的境遇中，都时刻显露着属于这个民族的优秀品质，无论是欢欣鼓舞的时候，还是被哀伤淹没的时候，以及满身的正义都被激发出来的时候，一直如此。

有些外国人去过中国后总是抱怨说，中国人丧失了原本应有的智慧，并且连前进的力气都没有了。过去的几个世纪里，这个国家一直在原地踏步，为什么？因为他们的生活一直笼罩着死亡的阴影。死神无处不在，它就像是在夏天为我们遮风挡雨的枝叶繁茂的白杨，就像花瓶中彼此缠绕的病怏怏的植物，而中国人就在这样的环境中生存着。但现在，死神正慢慢松开自己的手，在稀薄的空气中慢慢抽出自己的影子以及蛛丝一般密集的手指。用不了多久，大自然就会用自己孕育出的新力量对自己的失误进行惩处。

中华民族无疑非常强大，翻翻它的历史就知道了，有两件事就能证明。一件是很久以前的，另一件则刚发生。

为了抵御残忍嗜血的游牧民族的侵略，公元前二世纪，秦始皇这位“中国的拿破仑”修筑了长城，中国人称它为万里长城，事实上，它也确实像是一座城墙一般将中国所有的城市包围了起来，从这个意义上讲，说中国就是一个巨大的城市也不为过。

长城有二十多英尺高，上面的烽火台每隔一段就有一个，当士兵抵御外敌的时候可以住在里面。长城建在崇山峻岭之间，历经两千多年的风霜，无视怒吼着的狂风，从山涧以及沟渠中穿过。冬天，皑皑的白雪笼罩了整个大地，凶狠的巨风恨不得将山都吹平了；夏天，酷暑难当，炙热的日头恨不得将砖瓦融碎，但是直到今天，长城依旧昂首挺立，一点都不曾减少自己的威慑力，就好像工匠们昨天才把它建成一般。

第二件大事刚刚发生没多久。十九世纪四十年代，在强大的英军的胁迫下，中英签订了《南京条约》。这一条约之所以能签订，完全是因为英军手中的枪炮，但从那个时候开始，中国人生活的掌控者就不再是死神而是武力了。正是凭借着武力，英国势力才能在中国横行，商人才能在中国贩卖鸦片，而英国的战船为了保卫自己的利益，就在中国的东部海域巡视着。

在以往几十年的时间里，从国外运到中国的鸦片不计其数，使得那些从事鸦片贸易的商人赚得盆满钵满，英国也从中获益，让自己有更多的钱可以用来发展。但这一行径是多么地邪恶，令人轻鄙啊！在中国的上方，起到震慑作用的拳头仍旧举得高高的。

随着时间的流逝，整个中国都被鸦片笼罩了。人们的心被鸦片那脏污的手紧紧地抓着，不计其数的家庭被鸦片毁去，就算是朝廷也没办法解决这一灾祸，因为武装的铁拳从不曾失去威慑的力量。

从我的角度来看，中国人的抗争似乎总是失败，罂粟花也总是在这片土地上绽放。俯视中国，似乎人们的生活已经被灾难统治，病入膏肓。

但是，重大的奇迹出现了。这个国家的革命者心中燃烧着愤怒之火，并迅速蔓延开。他们抗争了五年，终于使得侵略者放下了具有震慑性的铁拳。

现在，这片土地上已经不见罂粟花的影子，人们希望用两三年的时间，使鸦片在中国绝迹。

世上再也找不到一个国家可以像中国这样，在这么短的时间里完成这件事。

这本书除了最后一章，所有的章节都曾经在中国上海的《北华捷报》上单独发表过。它们后来又合成一本，起名为《中国人生活的明与暗》，以书的形式在中国出版。之后我又对书里的内容进行了修改和补充，并有幸得到编辑的准许，在英国再版，给英国的读者享用。

J．麦高温

第一章　土地与土地法

中国自古有一个观念，“普天之下莫非王土”。这几乎是历朝历代中国人的共有观念。中国有土壤肥沃的平原、还没有开垦出来的原野、高耸入云的山峰，以及结满果实的山谷，这些全部都是皇帝的财产。所以，国家可以在任何时候向现任财产占有人提出要求，征用这些财产以从事公益事业。征用方法很简单，国家只需要提出要求，并支付相当于财产价值一半的钱财就可以了。国家之所以支付这笔钱财，并不是因为承认财产所有者就是占有人，而是为了给占有人一种情感慰藉。

举个例子，如果把阿拉伯国王放到中国体制中，让他变成中国皇帝，他若想要那片垂涎已久的奈伯斯葡萄园，那么他只需要派几个臣子去征用葡萄园就行了。这简直不需要费什么劲，而且葡萄园主人奈伯斯听到命令，肯定会立刻服从，把自己的财产双手奉上，心甘情愿地退出并且毫不以为这有失颜面。

这是几年前的事了。当时中国要架设电报网，需要建设资金，但政府从来没有在日常会议中讨论过向群众征用财产的事。电报网线路覆盖了数千英里的土地，它既要穿过繁华地带，又要经过连政府权力都无法抵达的乡村。繁华地带的人过惯了不被束缚、自由自在、冷漠自我的生活，乡村的原野、花园都是有主人的，而政府却要将电线杆埋在这些土地，甚至别人家的院落中，并且从不考虑自己是否有权做出这样的事。

改革过于激进，动荡是不可避免的，这是很多人的看法。如果改革刚好与当时的风水犯冲，那就更是这样了。但人们心中总有个死板的、因循守旧的怪物，那就是对法律的盲目顺从。任何时候，只要他们觉得自己触犯了法律，那么他们的精神就会遭受或大或小的折磨。不过因改革而生的动荡在中国从未出现过，因为政府决定的事，只要开始付诸行动，那么就算人们心中有各种各样的想法，他们嘴上也会保持缄默的。所以最后，电线杆还是会静悄悄地立起来，好像电报系统是伏羲或神农氏的发明，好像在中国古代它就已经出现了，好像它出现在中国历史中还混沌、还黑暗的年代一样。

不过有时候，会出现一些微不足道的反面例子。比如，工人埋电线杆时挖的洞，刚好在一位已故学者的墓地旁。这位学者曾被皇帝格外推崇，而墓地则是皇帝亲手赐予的封地。学者的儿子也是一位著名人物，他刚好看到了一个男人在他父亲的墓地旁大挖特挖。他很吃惊，很生气，他的心情简直可以被称作震怒。除此之外，他心中还有一些不为人知的想法。这些心情、想法让他激动得难以自抑。他希望能捍卫自己的财产、自己的荣誉，他想跟这种破坏自己家庭的行为来一场大对决。带着这些复杂的想法，他走进工人挖好的坑中，声称他愿用生命阻止电线杆被立在父亲墓地旁。他不厌其烦地对人解释说，自己这么做不是因为不承认土地是皇帝的土地，而是因为这片土地是皇帝赐给父亲的墓地，他认为自己在土地上拥有特权。

双方僵持不下，工作难以为继。这时，负责线路设计的外国技师和陪同技师的中国官员走了过来。官员协助他们解决了这个难题。他走到坑中人面前，说："真难理解，像你这样有学识、有能力的人居然会做出这么孩子气的举动。你该知道，这个国家寸土皆王土，你所拥有的荣耀也都是皇帝的赐予。"说到这里，官员抬起手，指向了竖在平原上的那一排电线杆——这望不到尽头的一长排电线杆就像一队幽灵一样。他接着说："修建这条线也是皇帝的旨意，你难道是想抗旨不遵？你十分清楚他有多大的权力，他能把你和你的妻儿送进监狱，还能把你们碎尸万段。他这么做，没人敢提出异议。"

这番话说得简洁，但十分见效。学者听了，恍然大悟。他马上站起来，朝官员深鞠一躬，表达谢意，以示对方的好意自己心领了。之后，他不发一言，离开了墓地，而工人们则接着做他们的工作。

土地税是除海关税外，国家能直接征收的唯一款项。款项中有多大数额用于教育、海陆军、国防与警察，以及救济穷人，恐怕没人能知道。支付中国官员薪水的方式格外简单，这种支付方式形成已久，沿用至今，足以承担官员们的薪水和其他各项开支，所以官员们对此格外满意，并且不会产生任何压力。话说回来，这种待遇可不是为那些长期受苦，钱财又被压榨干净的寻常百姓准备的。

中国政府征收土地税的方式，最能体现他们经济体制的绝妙。这种经济体制能让政府可以不用支付任何工资，或者其他杂费就能延续自己的权力。任何一个新王朝开始后，国家总会颁布新宪法，以之为将来颁布各种法律的基础。颁布新宪法是为了满足政府需要，中国历朝历代的所为已经充分证明了这一点。一六四四年，满族人掌握了执政大权。跟之前的王朝一样，他们也颁布了自己的法律。在这部名叫"大清律"的法律中，土地登记法被改变了。法律严格规定，每个人都必须为自己拥有的土地缴纳税金。对缴税方式，法律也做了明确规定：水田税金按水稻插秧量计算，旱地税金则以豌豆播种量计算。

我们可以揣测，政府这么做是为了扮演人民的父亲，体现自己的公正与宽容，使土地税不会变成人们的负担，所以在计算征税方式时，政府的标准并不千篇一律。不同土地中的征税方式是不同的：在土壤肥沃、作物产量高的地区，水田农民要为每升稻种付八到九个便士的税金，旱地农民则只需要付四到五个便士的税金就可以了；在雨水稀少、土壤贫瘠的地区，人们要缴纳的税金金额则要看情况依次递减。征税时不应对农民过分压榨，可视情况放宽要求。

在各类税种中，土地税是较稳定的一项。满人刚一上台就颁布了土地税政策，政策被沿用至今，一直没有发生太大改变。虽然中国有过革命发生，但革命没有对土地税的征收造成影响，革命产生的共和政体也没有被法律承认。中国人天性愿意遵从法律，愿意维持旧秩序，所以就算皇帝已经不存在了，他们也还是没办法召开国务会议。

对人民来说，土地税本身算不上一个沉重的负担。让那些愿意缴税的人感到伤心、觉得不公正的，是土地税的征收方式。收税的人都是些名声很差的家伙，他们虚伪而且劣迹斑斑。这些人没有经济来源，现有职位是他们花钱买来的——这一点毋庸置疑。既然付出了金钱，那么他们就要得到回报。他们想要的是一种特权，一种能让他们用各种方法从人民身上揩油水的特权。中国人敬重自古就有的习俗及惯例，认为法律是崇高庄严的。这些无恶不作的人为让所作所为看上去合法正当，把自己做的坏事全归到了尊重法律、尊重传统的名下。

中国人生性不直接，说话做事总喜欢拐弯抹角，这种收税方式跟他们的个性的确相符。对收税人来说，这种收税方式营造了一个可以让他们大展手脚的天地，在这个天地里，他们可以毫无顾忌地勒索钱财。用这种方法把钱财装进腰包，可比等着领薪水容易多了。这种收税方式不公平，这每个人都知道，但没有一个人提出将它废除的建议。因为这样的收税方式是国家创始人推行的。

有一些人被人们称为“贤人”。如果能看到他们的私人账户，我们就会发现这些人不过是些表里不一的伪君子，他们十分喜欢这种税收方式。中国历朝历代的官员政客都用这种方式中饱私囊。那场让这个国家四分五裂的大革命之所以会爆发，正是因为收税人收税时滥用职权，让人们生气了、爆发了。革命过去后，中国人开始了新生活，可那些让人难以忍受的旧体制却仍然存在着，好像新生活和旧体制中间萌发了一种新力量，能改造这个国家一样。

收税人之所以变得腐败，是因为他们依附于这种税收方式而生存。这些人心中眼中全是钱。他们在收税这条道路上看到的是满地元宝，就算跟人交往时看上去被什么话题吸引住了，他们的思维也仍然在无形中被钱财控制着。他们把自己管辖的区域当成了“金矿”，靠它解决吃饭问题，为家庭积攒财产，购买田地，为儿子娶妻。不过，真正深埋地底的金矿要通过辛苦的劳动、特定的技术、长期的等待才能最终提取出来。他们的“金矿”也一样，要靠开采才能拿到。他们想通过这种税收方式挖取财宝，就只能让自己的头脑变得敏锐非凡、灵活非凡，同时也卑鄙非凡。

所以，每个人都憎恶他们、鄙视他们，这也是合情合理的。这些收税人为达到目的，不得不使用诡计、欺骗等阴暗的手段，使人们对官员们的贪婪盘剥只好听之任之。除此之外，很多家庭还因为他们的敲诈勒索而变得悲苦不堪。这些人每年收税两次。从收税开始到收税结束，他们在整个的收税过程中都想尽办法敲诈、欺骗，让那些被他们管制的农民变得更不幸。

多数不得不缴纳税金的中国人都生活贫困，让人看见就心生怜悯。他们实在不知道该去哪里筹集这些钱款。女人们或许会拿出打扮自己用的发夹、金耳环，男人们或许会去附近的当铺当掉自己的农具。等着那些无法拿出税金的人的，则是粗鲁残酷的待遇。没有人会对他们手下留情。他们家里唯一一口做饭用的锅，他们身上那点可怜的衣物都会被掠走。

有一件事中国人非常拿手，就是让富人们在规定的时间内交不上税金。这些贪得无厌又冷漠无情的收税人最喜欢做这件事。做这件事的方法非常简单，他们只要抓住时机就够了。办事拖沓，这样的习气在东方十分盛行，就连做事极有效率的西方人，到这里不久之后个性也会发生微妙的变化。他们会觉得自己脚步变慢了，做事也开始变得拖沓。

一个男人带着税金来缴税，这时缴税期已经过去几周了。收税人面色愤慨，问他为什么拒缴税金。这个人要倒霉了，他不知道自己面临着敲诈。他态度谦卑地解释说，因为他觉得晚一两周缴税金不算什么大事。“不算什么大事？难道你想拒绝缴税给皇上？这是特别大的事，你会明白的。你要缴纳双倍税金，这个昂贵代价就是对你行为的惩罚。”这个不幸的人只好妥协了，他知道就算向官府求助也没什么作用，这个地方的所有官员都跟收税人立场相同，他们会下这样的判断：这个男人不但拒缴税金，还无礼地攻击了收税人，伤害了他。

收税人有多年跟卑微农民打交道的经验，他们早就已经成了训练有素的老手。有时候会出现这样的情况：一个农民有几小片土地但是没有家属，他逝世就等于一个家庭不存在了。人有生有死，但土地永远存在。拖欠土地税是不被允许的，所以这块土地会被重新注册，并且仍然要缴税。

收税人负责这块土地的缴税事务。这笔钱他肯定不会从自己腰包里往外拿，他要想办法让别人拿。他走进一个富裕农民家，拿出那张没有主人的土地税票，提出自己的要求。农民听了很生气，他拒绝说，这块土地跟自己完全无关。收税人听见他的话，面带微笑，平和地说："我知道的事可比现在的状况好多了。你私自占有了这块土地，还偷偷在上面种了庄稼。这可是千真万确的消息。"

这位收税人完全是在胡说八道，可这些话比真话更能激怒农民，让他发脾气。这才是收税人的目的，是他最想看到的事。收税人揪着农民的衣领朝门口走去，边走边说要带他去官府，让官员裁决。农民觉得事情不公平，他被自己的情绪控制了，平时的审慎、理性全都消失了。他忘了眼前这个人的身份，只想着保护自己，开始还手。他有两个强壮的儿子，他们也过来帮他。没多久，收税人就被打倒在地。

这样的结局也在收税人的意料之中。他虽然感到暂时的屈辱，但心中仍然是欣慰的，因为他明白自己的计谋成功了。他躺在地上不起来，高声呻吟，假装自己受了很重的伤，痛苦得难以自抑。他的一个跟班见状，马上跑回城。没多久，他带着收税人的妻子和五个警察回来了。收税人的妻子大哭大闹起来，恐吓说，她丈夫执行收税任务时，这些人居然敢对他下毒手，她一定要给他们点颜色看看。

这出喜剧编排的精彩程度可以称得上"后无来者"了，可它的表现形式却是悲剧。要知道，几乎每个人的表演都只能惹人发笑。当然，农民和他的两个儿子除外。中国人总是容易被舞台效果吸引。他们有大量戏剧演员，这或许就是他们能不断排演新剧目，并且在他人面前扮演好自己角色的原因吧。这个剧目包含了剧中的所有人物，是每个人都喜欢看的优秀剧目。现在,反派角色正躺在地上,痛苦地滚个不停。

打倒收税人后，农民开始害怕。他面色发白，心跳加速——他自己都没感到。收税人的妻子披头散发，手指天空，情绪异常激动，正粗鲁地高喊着什么。警察们目露凶光，一脸残酷的表情。四周围满了旁观者，他们看起来都十分害怕，十分惊慌，十分恐惧……这一幕如果搬上舞台，效果肯定难以被超越。构成这一幕的所有因素都经过精心谋划，剧目正式上演前已经在幕后排演过多少次了。

这个无赖看到效果已经达到预期，觉得闹剧可以结束了，于是做出一个可以谈判和解的暗示。农民当然愿意和解，他也只能和解。要知道，如果事情闹到官府，他身上的每一枚铜板都会被搜刮走，他会变得一文不名。这些穿着官服，有政府做依靠的强盗开始跟他讨价还价。一番激烈的争执后，农民拿出十个英镑，了结了这件事。收税人和他那几个名声极差的伙伴对今天的收获格外满意，他们带着钱挤眉弄眼地走出了村庄。一到村外，他们就开始哈哈大笑。

中国人之间的争执，最多的是因土地而生的争执。人们普遍贫困，几乎一半以上的中国人都背负着债务。为还清债款，他们用自己的土地做抵押。这很容易想明白，如果一定要用什么做担保的话，没有哪样东西比有永久属性的东西更安全了。不过，如果中国司法审判中出现重大错误，错误恐怕就要被无权无钱的普通人承担了——他们根本没办法保护自己。而那些常发生的争执、常出现的欺骗行为，只有永久属性的土地根本无力阻止。

举个例子，一个人与富邻签订契约，将自己的土地抵押给了他，契约年份到期后才能赎回。然而契约年份来到后，他却没有比当年借钱时富裕一点。这块他祖上传下来的土地被别人占用着，他做梦都想赎回来，然而这种想法无异于伸手摘月。一年年过去了，他家中的经济状况一点儿都没有改变。等到他的儿子或者孙子那一代，他们有了钱，想赎回这块地时，五六十年已经过去了。可这时，邻居已经把这块地当成了自己的财产，已经不准备归还了。

如果碰上这么不讲道理的人，最常见的方法就是把问题交给官府处理。可官府会无止无休地拖延审判，敲诈诉讼者，并且向诉讼者索要昂贵的费用。穷人会因此倾家荡产，而钱财则会进入作恶者的口袋。除此之外，还有一种常用方法，就是造一张假契约，用这张假契约证明这块土地的所有权不存争议，它就是现有者的合法财产。这么做是需要技术含量的。契约要用常规法律术语书写，写好后埋入地底。过一段时间，它会被染上一种略显陈旧的颜色。然后准备一口铁锅，把契约放进去用文火烤，直到契约变成棕色——这种颜色就像用几百年时间变成的。用这种方法做出来的契约足以以假乱真，就连专家也难以甄别。

类似的事很多年前就曾发生过，爷爷抵押出去的土地孙子去赎回。中国人对祖先总是心存崇敬，家族有了繁盛的希望后，孙子想把祖先留给子孙的财富找回来。然而土地现有者否认土地是抵押得来的，他们说这块土地在很多年前就已经是自己的了。为证明自己所言非假，他们还拿出了旧的、颜色都变了的文件。他们找到了县官，请县官裁决这件事。县官是位学者，对中国历史有过深入研究。他抱着公平公正的原则仔细查看契约，不放过上面的每一个印迹。他紧盯这些褪了色的棕纸卷，像要穿透纸卷看见旧印迹后面隐藏的秘密那样，眉头紧皱，默不作声地思考着什么。

原告提供的契约看上去是真实的，可被告拿出的文件也充满了古旧气息。只要弄明白哪方提供的契约是真的，哪方提供的契约是假的，案件就可以裁断了。县官脸上忽然现出一丝笑容，他转身对被告说："你伪造契约的技术非常好，这张契约肯定能骗过普通人。不过它们终究是假的，这你也知道。证据很明确：契约中你写的皇帝名字是那个时代根本不存在的人——你对中国早期的历史应该不算熟悉。所以，你应该立刻归还土地给它的法定拥有人。"案子判得公平公正。不过我们也可以想象，如果官员不秉持公平心也没有学识，那么被判错的案子就太多了。

说到土地所有权该分给谁的问题，通常都有明确的法律条文，没有哪条法规规定，土地所有权一定要由最年长的儿子继承。如果父亲去世，那么土地要平均分给各位儿子。不过也有例外，如果父亲离世后长子变成了一家之主，那么他就可以多分一些地了，因为他承担起了家庭责任，这是给他的报酬。女儿无权得到土地，因为她们要结婚，要有新的生活，婚后她们就变成了丈夫家族中的人。没有哪个女人会嫁给自己家族中的成员。

祖辈们留下来的房屋归儿子们共有。他们的居住习惯是，儿子们跟他们的家人住在同一栋屋子里。这是英国人非常讨厌的习惯，中国人却不这么觉得。他们跟我们不一样，不觉得各个家庭应该独立居住。他们处理这座房子的理想方式是，分掉祖先的房子，带着各自的家庭生活在房子的各个房间中。中国人的生活经验跟我们完全不一样，他们希望能跟同胞在一起，他们简直为这种希望发了狂。对他们来说，这是最舒服的环境。可如果我们英国人被这样安排，那么我们会争吵不休，我们之间的关系也会被拉远，我们会难以忍受这样的公共生活。中国人修街道时，会尽量把房屋建得挤挤挨挨，把街道修得极窄。他们这么做不是因为土地缺乏，他们只是凭着自己的感觉在做事，就跟河狸在河边的小空间里凭借感觉挖隧道一个样。

中国人闭关锁国太多年了，他们在这片土地上出生、成长、死去，他们已经扎根在这里了。他们不了解外国，觉得外国是野蛮俗气的，他们对外国人的态度也是粗鲁无礼、看不起的。他们没什么见识，只喜欢同与自己相关的人来往，对范围更大的人群则缺乏关爱。他们完全不爱国，就算现在“美”和“善”两个字已经在人们心中萌芽了，他们也仍然不知道这两个字的确切含义是什么。

中国像个大而拥挤的公共场合。在这里，人们出生成长，繁衍发展。他们之间的姻亲关系让他们的个性变得越来越相似。一个想开鞋店的人会被直觉驱使着走到街上，没想到街上所有的店铺都变成了鞋店。布店也没有分布在城市的不同地方。它们集中在一两条街上，出了这一两条街，你会发现就连一码布、一束丝都难买到。

之所以所有的中国家庭都像兔子一样窝在一处，正是因为他们有这样相同的天性。环境永远喧嚣，人们耳中不断听见各种声音。安静不是中国人需要的东西，交往才是，而喧嚣杂乱的声音则是他们耳中最动听的音乐。坐在挤挤挨挨的人群中，跟周围的人一起看街边表演，看得入迷——这是中国人最喜欢的享受。街边表演的演员们又吼又叫，敲击铜钹和锣的声音能让西方人发疯 —— 声音太大，都要把人们的耳朵震聋了。

从祖上传下来的土地依次往下分，一代一代地分，结果是中国农田变得越来越零碎。但在中国，没有哪部法律讲到长子继承权问题，这个国家人口又多，招来巨大灾祸、出现各种问题的可能性极大，而这种分配方式或多或少也算解决了这些可能的潜在问题。中国人思想保守，风俗迷信得近乎极端，这对地下矿藏的开发利用是有一定损害的。如果父亲离世时，把所有土地都给了长子，那么在中国这种土地制度下，其他儿子会被饿死。不过，即使从前的古老历史已经被人们遗忘了，这个古老的帝国还是能一代代延续下去，不断有新的希望。这是因为中国人有着对勤劳的极度热情，他们在任何环境中都能生存。正是这些，给这个古老的王朝带来了新希望。

第二章　帝国统治之道

可以肯定的是，在中国，朝廷模式与家庭是相似的，并且治理国家正是以和睦的家庭为榜样的。这种模式并不是现在才出现的，它和孔子一样，从古就有。

为了方便理解，我们首先要说明的是，在中国，家庭成员之间的关系比英国家庭成员间亲密多了。英国家庭中的子女，成年以前被父母教导，成年后就会脱离父母的家庭，结婚并且组建自己的家庭。中国却不同。在中国，永远脱离家庭、不再被父母管制的只有嫁出去的女儿；儿子永远不能离开父母家，永远不能脱离父母管制。无论儿子是否娶妻生子，是否组建了自己的家庭，哪怕已经白发苍苍，他们也都要在从前的家庭中生活，像童年时一样遵从父母的权威。对他们来说，随着时间流逝、年龄增长，老一辈权威会有松懈的情况根本不可能发生。

维系中国家庭成员之间的纽带，除了情感外，还有一个就是契约。

这个被称作“责任”的契约有种神秘的、充满潜能的力量，它无法被看见也无法被触摸到，然而由它交织而成的网就连时光也无法割裂。英国人大概完全不能理解这种契约在中国人心中的意义：它被人们信服、拥护，没有形迹却笼罩着每一个家庭、社会的每一个环节。它的影响无处不在，就像一只有魔力的手杖，指点着官员的行为，也影响了政府的作为——如果没有外力影响政府的运作、改变政府的意志，政府或许就会做出非正义的决策。

在东方的整体观念中，家庭是一切的根基。在东方人看来，个人必须将自己的个性、意志融入在家庭或家族中——这种模式是被社会其他方面广泛接受的模式。在家庭中，每一个成员都要对其他成员负责：如果家庭成员中有人行为不端，那么作为家长的父亲要对其负责；反过来说，如果父母犯了错，那么儿子也是要被追究责任的。正是这种模式导致了中国历史上黑暗、惨痛场景的出现。如果哪位朝廷命官因越权被判刑，那么等待他的将是满门抄斩——他自己要被处以最残酷的极刑，他父系和母系家族中的所有成员，无论男女老少也都会被无情地杀害——这场屠戮直到所有人都死去后才会停止。

而且，不只家庭中使用这种彼此负责的体制，事实是，这种体制贯穿在社会的每一个角落。在这个国家，所有人都在以这样或那样的方式为彼此负责。我们或许可以把这个国家看作一架构造极其复杂的机器，机器内部那些旋转不休的轮盘，组成方式是最杂乱无章的。与此同时，亿万名普通百姓要彼此协调、彼此适应，以达到尽可能完美的状态。正是因为有了这种完美，机器的运转才没有陷入混乱无序的状态或者出现闪失。

中国社会体制根植于这种观念，从古至今。社会中的所有人，无论高贵还是低贱，也都只是社会大机器上的一个小零件罢了——存在目的不过是为了维持社会生活运转。

中国有各种各样的职业和行当，这些职业全部归于各自的区域行会中。各个行会都有会长，会长的职责是处理突发事件，保护行会中的人。之所以出现这种体制，正是因为彼此负责的社会契约已经得到了人们的广泛认同，人们对这种契约形式已经达成了共识。很明显，行会会长在中国各地都有。如果出现难以解决的事，他们是最能帮得上忙的人了。举个例子，如果你雇船到码头，等待被雇的船工躺在那里对你不恭敬的话，你可以去找码头会长，把你的意见告诉他。只要他认为你说得对，就会立刻让对你不恭敬的人给你下跪。那以后，哪怕你在他们身边停一千次也不会再出问题，我保证。

中国责任体系遍布生活的每一个领域。如果你在中国生活一段时间，认真研究它的体制，这种责任体系一定会对你的思想造成冲击。这种体系的特点肯定不是松散、不确定。它的结构是极其严密的，严密到你拿到了什么样的证据，关系到什么人的毁誉，在什么样的情况下能打击到谁，这些你全都能准确预料到。

中国社会自动分成了几个不同部分，这种自动分类正是为了适应中国无处不在的这种观念。各个部分都有会长，成员遇到困难时都可以找他，向他寻求保护。这么说吧，各个行业都有会长，会长尽全力维护行业利益，乃至每个成员的微小权益。镇中当铺会推选一个人为代表，这个人代表其他人，为成员们解决诉讼或者官吏欺压等问题。中国所有的村子都有村长，所有的县、城镇、重要街道都有会长，就连一文钱都没有、衣服破破烂烂、名声极差的乞丐都有会长。会长的职责不仅是帮大家争取应得利益，他还要站在自己的同伴和压迫者之间，出面协调，以维护彼此的权益与地位。

同样，责任契约思想也笼罩着官场。这种思想在官员间比在普通百姓生活中更普及，更广为接受。中国官员都要对比自己级别高一层的官员负责，就这样一直负责到皇帝。

举个例子吧。中国官场中级别最低的官员是村长，在中国叫地保。中国城镇被划成了很多村子，这些村子组成了郊区群落，地保就是村子的管理者。这些人没受过太高的教育，也没有太高的社会地位。很明显，他们的作用异常庞杂，职能也没有是非可言。他们要了解村中每一个人的情况，熟悉村民们的职业；知道他们白天晚上分别做什么，脑中想什么，个人收入从哪里来……他权力很多，但这些权力多数有违常理。比如，他可以不需经过任何法律程序，只用一句话就把那些没钱贿赂他又可能给社区惹麻烦的游民赶走；他还有权力不让不知来路也不知品行的人住在自己的管辖范围内。

地保的职责之一是，他要向自己的上级官员报告自己村中发生的所有要事，所有自己知道的事以及众多自己或许不知道的事。在他的管辖区域内或许会发生一些他根本不知道的事，他或许会因此而被打成肉泥，所以他要时刻保持警醒，他必须要有丰富的想象力，要处事圆滑、面面俱到，还要能言善辩。不用说，任何村庄都有很多劣迹斑斑的人。他们有的因为抽鸦片而倾家荡产；有的因为赌博而倾家荡产；有些人以偷盗为生；还有些人成群结队地躲在街道的黑暗角落中，像刚从下水道中爬出来的那样，他们是一些不务正业专唱下流歌曲的流浪歌手。

地保对这些人的事全都一清二楚。这些人必须向地保进贡，如果他希望平平安安地过日子，或者不被检举揭发，让那位可以轻易把他赶出居住地的当地官员知道他的话。地保命如蝼蚁，不过比自己辖地中的这些危险分子略强些罢了，所以如果事情还有转圜余地，没有弄到针尖对麦芒、人尽皆知的地步的话，他是很愿意假装不知道，得过且过的。尽管如此，有些事还是不能更改的，比如那些被允许待在他管区内的人的行为是他必须要负责的；他随时可能被召到上司面前受皮肉苦，因为发生了他知道的，或者除非他能够眼观六路耳听八方，不然绝对不可能知道的事。

中国人心中的责任契约理论是，就算事情的发生不是哪个人可以预料或阻止的，也要有人为此而认罪并接受制裁。这种理论深植于中国人心中，它完美得让人无可挑剔，它排除了西方人能想到的所有平常借口。

为了清楚表达我的意思，现在举个例子。在镇上某个冷清的地方，有一间不容易被看见也不容易被找着的房子。凌晨两点，两个人在里面赌博时起了争执，双方都动了手，其中一个人把另一个人刺死了。这时，城镇中的所有人都在睡梦中，地保和他的家人也不例外——对这个惨剧，地保一无所知。可是，当他为自己辩解说这件事自己完全不知道时，得到的回复却都是冷笑和同一句话："所以，你该知道。"地保只好毕恭毕敬地说："但我怎么会知道呢？"上级回答："怎么知道是你自己的事，我不管，你负责管理村庄，就应该对村子里的人负责。"接着，几个一直用期待和饥饿眼神看着他的衙役不由分说把他按倒在地，就像用竹杖教训村民那样把他好一顿教训。这通管教足以让他在未来一周中不能起身。

县官是地保上面好几级的官员。比县官职位高的官员有很多，但比他实权大的官员却几乎找不到。来自最高层的所有指令，只要下发到县里，都要由他传达。他是真正负责指令实施的人。在老百姓心里，他才是大小官员中最重要的那个。

县官是县里的执政者，他的职位很重要，职权也很广泛。他的大堂要解决与民生、捐税、诉讼、量刑有关的一系列问题。有一个加在县官身上的称呼得到了人们的广泛认同，这个称呼全面而准确地表现了县官与百姓之间的关系——"县官，百姓们的衣食父母"。

中国人的目标，或者说中国政府的理想模式就是家庭模式。这种观念被中国的统治者和被统治者们摆在了首要而关键的位置上。百姓们管县官叫“县太爷”。这个称呼提醒县中的执政者，不管为官还是做事都要像父亲那样，智慧、慈爱、公正、严格，处理公务活动时心中牢记父权思想。

举例说明。一些小偷到临近的县去抢劫，当铺被抢，几个为保护财产而反抗的居住者被杀；两个私下有恩怨的村庄起了争执，双方都有人受伤有人身亡；儿子学坏，沉迷赌博，把自己的所有家当都赌光了，于是想办法偷父亲的东西，两人起了争执，儿子杀掉了父亲。这些违法犯罪的事发生后，人们归罪于县官的心理远胜于归罪犯事者本人内心的邪念。原因是，有一个听上去可笑的说法早就把县官的角色圈定了：“县官就应该了解县里的情况。”如果不是因为县官本人行为不端正或者治理无方，那么根本就不会发生这些事件——县官的上级深信这一点。在他们的理论中，如果做官的人有高尚的节操，生活、品性都让人无可指摘的话，那么百姓内心就不会产生邪念，不仅如此，他们还会愿意跟随上天的指引，将更高的良知带进每个人的心中。

中国人有关责任的理论的确存在不少缺陷，但不可否认，可取之处也很多。在英国历史上，无论民事还是军事领域都曾出现过很多次灾祸，然而却没有人因为要为此负责而遭受惩罚。在中国，这样的事根本不可能发生，事情总会被看成是某人的失误，总有人会为此负责并受惩。

这么说吧，无论出现什么情况，战舰舰长都要对战舰负责。就算战舰被狂风暴雨、巨涛大浪冲进了避风港，舰长也不应该以此为借口安慰自己。战舰是皇帝的财产，他有义务为皇帝保管好这件神圣的物品，使之完好，因为皇帝将其托付给了他。既然舰长同意指挥战舰，这就意味着他完全清楚自己肩负着什么责任，他已经准备好了随时负担起不可推卸的已知责任，随时准备接受责罚。

1884 年法国舰队向福州港的中国舰队发起进攻时，我有一位朋友是海防舰舰长。多数中国战舰都很快就被击沉，战舰残骸间漂着侥幸活下来的水手。这位朋友清楚，自己的战舰将和其他战舰有相同的命运，于是他抛锚将战舰驶进了一条小河道。战舰被沉在浅水中，躲开了法国人的炮火，完好地保存了下来。这位舰长的想法是，敌人退走后，战舰很容易被打捞上来。说到这里，人们或许会想，他保全了战舰，应该得到奖励。这么想就全错了。清廷认为，他的做法丢了军机处的脸面，所以政府把他流放到阿木尔河流域的荒郊野地，仅免去了他的死罪。他为自己辩护说，自己的确保全了战舰，然而法官对此毫不理睬。问题出在哪里？问题出在他根本没有权力把皇帝的战舰沉在水里，他对战舰负有责任，他有义务使战舰既能幸免于风暴侵袭，也能幸免于敌人的枪炮轰击——让战舰始终完好是他的使命。

对于到中国旅行的外国人来说，这样的责任理念反倒是让人欣慰的事。旅客住宿的旅馆中，掌柜唯恐客人住店时发生什么事，危及生命或财产安全，所以客人入住后他会格外谨慎，生怕自己担负责任。这件事无从考证，说有一天一个旅馆掌柜追一位凌晨离店的客人，追了好几里地。他追得气喘吁吁、满头大汗，追上后，一脸虔诚、满心高兴地递给了对方一件东西，说是客人留在店里的——这件东西居然是一个空火柴盒。

如果我们沿高低不一，级别、类别不一的国家官僚体系一直往上看，跳过这个庞大体系中不值得提起的那些官员，最后看到皇帝本人身边的时候就会发现问题——皇帝该对谁负责？要知道，如果遵循中国圣贤们的理念，就连皇帝本人也不能摆脱限制，就连皇帝本人也不得不遵循法则，就像他自己统治下的所有人那样。

人们把皇帝称作“圣上”，这个头衔的含义是，皇帝不必向任何人解释自己的行为，他可以置身于批评之外，他是这个国家可以这么做的唯一一个人。朝廷虽然设有六个大部门，可以协助政府统治全国，不过对这些部门拥有绝对权威的只有皇帝本人。皇帝可以随意推翻这些部门的决定。

看上去，枢密官好像也有权力质疑皇帝的决定，不过他们的言论并不能改变道义以外的方面。而且，如果皇帝的做法让他们觉得损害了国家的利益，他们每提出一次质询就要冒一次生命危险。他们提出的建议、他们的做法如果冒犯了皇帝，他们很容易就会被流放，或者被处以极刑。

然而毕竟有绝对法则管辖着皇帝，在这一法则之下，皇帝不过是个最普通的臣子，所以皇帝只需要向上天赋予他的绝对法则负责，他也只需向上天负责。人们通常认为，皇帝的人选是上天的安排，皇帝之所以能坐上皇位，是因为上天给予了他足够的权力，使他可以掌管国家事务。如果皇帝心中有正义，为人民谋福利，那么上天就会护佑这个国家；如果皇帝荒淫无道、不理政事，那么他的过错也会产生同样的反作用力，他的臣民们将不得不忍受饥饿和瘟疫，他的国家或许会出现战争、叛乱。在中国，这个道理的古老程度几乎等同于这个国家的历史。中国有一部名叫《礼经》的经书，书中记载了因为皇帝荒淫无道，导致天狗吞日，致使整个国家人心惶惶，大片土地受灾的事。这部公元前 8 世纪的书中写道，因为恐慌，就连高大陡峭的山峰都倒伏在地上，引起了河流拥堵，洪水泛滥，大片土地变成了荒地。上天这么做不过是想给皇帝一个警告，告诉他上天知道他犯下的一切过错，如果他仍不悔过，不积极治政的话，那么他将得到更严厉的惩罚。

“道义”是中国国家体制中一种极强的统治力量，这种力量无论统治者还是被统治者都相信且认同。我们的感官能够感受到的国家机器，它的组成部分是活生生的人。国家机器如同一张巨大无比的网，里面满是结扣，连接这些结扣的神秘的责任契约把社会各阶层紧密地绑到了一起。除此之外，冥冥中还有一种无形的力量，这就是上天的力量。上天的眼睛能洞察一切，它双眼检视的唯一对象就是道德。

要知道的是，皇帝的王位是上天的赐予，他既然被称作“天子”，那就有义务接受上天的监督。上天的力量非尘世力量所能及，也非凡人所能察，这种力量对皇帝和草民都平等相待。上天的眼睛能看见每个人的劣行；上天会为此而对人们实施惩罚，它的惩罚不偏不袒，不受身份地位影响，不会让任何人提出质疑。正因如此，上天的强大力量才会被从地保到官员的所有人畏服。在官员们的意识中，自己对官位更高的人负责是理所当然的事。同时，他们下意识里明白，因为自己的所有过错都有上天在记录，所以除了对官位更高的人负责外，自己还应该对上天负责。

在南方的一个大城市，很多人曾因致命的热病流行而濒临死亡。医生对此无能为力，这种热病似乎无药可治。每个家庭中都有受病痛折磨的人；狭窄的街道上，死去的男女挤挤挨挨。年富力强的小伙子、年轻貌美的姑娘、白发苍苍的老人以及还被抱在怀中的孩子，全被死神无情地带走了生命。城中到处都能听见痛苦的呻吟声，悲伤的情绪笼罩全城。人人畏惧死亡，可死亡的消息有增无减，这些可怖的谣言让城中人心惶惶。高悬的太阳俯视着这座不幸的城市。烈日炎炎，折磨着这些原就挣扎在痛苦中的人，让他们的痛苦加倍。

灾难如此严重，这座城市的执政者终于不得不承认，自己的责任难以推脱。他决定请求上天的帮助。第二天一早，他站在原野中，抬头望着灰白色的天空，祈祷上天能将疾病驱逐出城。他祈求道：“我知道我自己不是一个好的管理者，犯了很多错，所以您才会降死亡给百姓。我感到十分痛苦，请您让我自己弥补自己的罪过。如果我的死亡能让百姓免于灾难的话，我情愿这么做。”

这个帝国的建立，就是以这样的道德为基础。皇帝的权力是上天的赐予，所以皇帝只需对上天负责。上天的操纵力，我们在叛乱、杀君和天灾造成的王朝覆灭中都能看到。一旦统治者不再有资格坐在龙椅上，那么，为了让更优秀的人取代他，看不见的正义能量就会将他赶下。

有一种信念会激活扎根在中国人心中的民主精神。这种信念被广为认同：上天会在关键时刻做出最后的裁决，比如因统治者治理无方而使政局生变、国家发生内乱的时刻。这样的信念拥有无形的力量，像沉睡千百年的庞大怪物，经历了岁岁年年，却始终没有找到肯定自己的合适时机。帝国西部的山峰高峻挺拔、直入云端，像无法跨越的屏障，将带领这个国家走入新生活的思想阻挡在外。官员们故步自封，西方文明和革命思想传播到沿海省份是被每一级官员坚决遏止的。

伟大的变革有着狂风巨浪一般的力量，让人热血沸腾，让帝国为之震动，这正是这个国家需要的。就像人们说的那样，英国枪炮的回声响彻大清帝国，正是这种回声为这个国家带来了最初的震动，开启了帝国如今这种全方位的新生活。回声不会停，将来还会有西方的其他声音涌入。人们眼中已经看到了西方的崭新人生观，崭新国度和人世景象。点石成金的双手编织出的传奇和诗篇带出了全新的观念，这些观念中有关于政府统治之道的全新设想，这样的设想是这些国人的先辈们连梦都梦不到的。这些观念给了他们以新的启发。

第三章　军事制度

在西方确立常规军事制度之前，中国就已经建立起了自己的军事制度。之所以如此，是因为频繁的战争。在这个国家形成之初，创建者们将血腥而残忍的战争作为日常生活的一部分。在当时，中国的版图还很小，却有众多诸侯。虽有一个名义上的最高掌权者，但当诸侯们认为自己已经足够强大，不应再屈居人下时，独立、反叛无疑成为必然。在诸侯之间，为了自卫、壮大而发生的交战十分频繁。最终，在那位“中国的拿破仑”的领导下，他的王国获得了胜利。他击溃所有对手，完成了“大一统”，秦朝在此基础上建立起来。他封自己为统一中国后的第一个皇帝——始皇帝。中国的战争体系自那时就确立了。从根本上讲，今时的中华帝国的建立，就源自这种体系。

“中国人，整体来说并不好战。”作为一个西方人，如果你不熟悉中国的历史，可能会有这样的想法。但如果你认为他们畏惧战争，害怕在战场与敌人殊死搏斗，就完全错了。在历史上，如果说世界上还有哪个国家的军队能像英国军队那样经历过如此多的战争，也就只有中国军队了。为了摘取胜利的果实，无数的生命在数不尽的战争中消逝。即使那个部落以凶狠好战闻名，仍然要去征服；即使士兵的尸骨堆得像山一样高，依旧要翻越过去；哪怕忍受饥饿，也要去占领那一望无际的平原。中国最终成为世界上疆域最广的帝国之一，正是由于有这些勇敢的中国人。他们凭借着不屈不挠的毅力，在以死亡铺就的道路上奋勇向前。

中国的士兵具有优良的素质。除了征服外族，他们的勇气在面对强敌入侵时也毫不逊色。在这个国家的北部和西部的边疆上，生活着很多好战的民族。他们为了得到这个美丽的国家那肥沃的土地、洒满阳光的平原和硕果累累的山谷，一次又一次发起血腥的战争。鞑靼人便是其中活跃的一支，他们的铁骑几番入侵，但都以失败告终，他们不得不一次又一次灰头土脸地逃回老家。

事实上，堕落腐化的官员与昏庸无能的帝王为外族的入侵创造了不少机会，致使国家主权数次落入外族人之手。然而，这个民族具有强大的包容力，他们接纳入侵者，并同化他们。现在的清朝就是如此，它的统治者是曾经的入侵者——满族人。鞑靼人大约在三个世纪前赢得了这个国家的权柄，他们推翻了原本汉人的统治，建立了清朝。现在，鞑靼人的士兵像以前一样驻防在各省，由满族人担任全国十八个省政府部门以及军队的重要职位。但除了这一点，很难找到满、汉两个民族的差别。现在，入侵者与被征服者的后代站在一起，他们无论是在服饰、语言，还是思考方式上都没什么不同。

中国的士兵在外表上很容易让人产生一种去嘲讽、鄙视的感觉。这与他们是否强壮无关，即使是一个大块头，他看上去也总是那么滑稽。之所以如此，是因为当官的从不曾告诉过他们要如何做才能展露出自己的聪明机敏以及军人特有的气质。在西方人眼里，他们接受的训练极不正规，简直不值一提。没人要求他们抬头挺胸，他们也毫不在乎地浪费了自己原本的身高。没有人要求他们去学习如何走正步，这对中国的士兵来说，真是太幸运了。因为他们原本就没有左腿、右腿的概念，正步对他们来说将会是一种精神折磨。中国的士兵因为没有受过正规的行军训练，所以着装十分随意，充分地展示出了个人喜好。在行军的路上，如果环境恶劣，他们的队列会十分松散，不过这并不会受到上级的指责。

中国士兵的卫生习惯真是糟糕透顶。长官们并不在乎下属的穿着，当然也不在乎他们留给别人的第一印象如何。士兵们不喜欢水，也不亲近肥皂。他们就像是一直都穿着军装睡觉，看起来又脏又邋遢。早上起来，他们不洗脸，不换衣服，即使那件外衣看起来满是褶皱，闻起来汗味儿十足，也全不在意。在中国的南方，部分省份的士兵甚至是光着脚的，看起来一点军人的气质都没有。在行军的时候，他们保护双脚的工具不过是一双草鞋。而平时，他们的做法简单极了，就像是一个普通穷人一样什么都不穿，将自己的双脚运用得十分彻底。

温和的秉性似乎刻在中国人的骨头上，他们宽容而且随和，这一点并不会因为成为士兵而有一丝更改。他们如此地单纯，充满了童真，看起来全不像是被国家征来打仗的。如果你在中国看到下面的场景，完全不必惊讶，因为这没什么可稀奇的：一群老百姓将一个正在执勤的士兵围在中间，不时地摸摸他的步枪。那个士兵以中国人惯常的方式蹲在地上，为他们讲解这把枪的结构，并十分谦虚、含蓄地表示：这枪也没什么了不起的，并不比原本的矛厉害多少；至少矛这种东西不用做细心的养护，生了锈也不妨碍使用，枪就不行了。

中国的政府从来就不为士兵的军服操心。他们将这件事做得非常简单，除了前胸后背那个显眼的“勇”字，士兵们看起来和大街上随处可见的普通百姓没什么差别。如果不想让别人发现自己是当兵的，只要将军装翻过来穿就行了。

中国的军装只包括上衣和裤子，它们并不合身，看起来又肥又大。中国人常常摆出这样一个姿势：坐在地上，下巴支在膝盖上。当然这并不雅观，对于英国人来说，维持这种姿势不用说太久，十分钟就足以让他们身心俱疲。然而对中国人来说，这是一种休息方式，舒服极了。他们那肥大的裤子，正是为这个姿势准备的。

如果有机会见到正在执行任务的士兵，你会发现观察他们是一件非常有趣的事，无论是行军，还是装备。他们把枪扛在肩上，人手一把扇子。扇柄插在背后的领子里，另一端伸展出来，靠近耳朵，这样就不会影响他们的行动了。当天气炎热的时候，他们会将扇子固定在头上，这并不难。先将扇子打开，盖在头上，然后他们用辫子缠绕固定。这时扇子就化身为屏障，将灼热的太阳挡在外面了。

竹制的烟枪对于他们来说也是不可缺少的装备，其重要性直逼扇子。他们如此热爱吸烟，如果要在烟枪与肩上的长枪之间做选择的话，恐怕长枪将会输得极其惨烈。在长途行军中，不时地来上那么一口，除了可以缓解疲劳，对于抵挡由饥饿引发的疼痛也颇具功效。为了避免烟枪占用双手，他们一般将它横插在背后的腰带上。

第三件重要的装备是雨伞，这是一件关系到他们脸面的装备。一个军人如果缺少了雨伞，人们会怀疑他作为军人的基本素质——勇，大家会认为这个人没有用尽全力。中国人非常务实，他们相信军人的尊严、素质与你是否被淋得像个落汤鸡关系极大。雨伞有很多缺点：它们很沉，不够精美，而且不易携带，不像烟枪、扇子那样可插在背上。但一旦下雨，雨伞可以免除他们的淋雨之苦，所以这所有的缺点都不妨碍士兵们将它带在身边。

长长的队伍就这样经过我们面前。士兵们神情肃穆，专注行军，全不为外物所动。他们的祖先是那些和他们一样受过严苛训练且英勇无畏的战士。他们如同先辈们一样，渴望成为英雄，英勇无畏。中国之所以能一点一点地扩大自己的疆域，成为世界上最大的帝国之一，正是依靠他们。

如果想要成为军人，就要通过公开的考试。考试的内容包括对剑、盾牌以及弓箭的运用，当然，力量也是考察项目之一。观看他们的入伍考试是一件非常有趣的事：在考点周围，那些人随意地走动着，看起来十分悠闲。他们在等待这次考试的考官。不一会儿，那位考官来了，他的坐骑是一匹鬃毛杂乱的小马，看来他并不喜欢打理它，也许从没这样做过。考官大步走到早已为他准备好的座椅前坐好。接着，考试开始了。应试者们被依次叫上前，轮流表演。叫号声非常响亮，满含着命令的意味。

这是一个身材魁梧的小伙子，穿着普通的蓝色棉衣和一条肥大的裤子，表情沉重，从面相上看并不精明，以第一印象来说就是随和与笨拙。在他身上看不到半点激情，整个人也似乎与英勇二字沾不上边，看起来就好像只要对手一发起进攻，他就会立即逃跑。他一手短剑一手盾牌，为他安排的对手是一位手持长剑的年轻人。虽然这个年轻人的剑比他的长，不过，他比对手多了一个盾牌，理论上来说，这对他要有利一点。一声令下，两人摆出防御的姿势，戒备地看着对方。眨眼之间，那个呆笨的小伙子消失了，他双目炯炯有神，像换成了另一个人。显然，他的激情完全被掩盖在迟钝的外表下了，现在它们瞬间被释放出来，将他整个人变成了个初入剑道的武者。

他的对手非常谨慎，忽然，那人向前迈了一步，挥剑向他猛刺。他微微弯着身体，在盾牌的上方看见对手的动作，他可能有些紧张，但动作迅猛，一手持紧短剑，另一手迅速地移动盾牌挡住那刺向自己的剑。接着，在对手反应过来之前，他凶猛地回敬一剑，使得对手不得不全力闪躲。这时，兴奋的表情出现在二人的脸上，无疑他们都将为这场战斗拼尽全力。进攻、防御转换得非常快。最吸引人眼球的是那位使用盾牌的应试者，他对于盾牌的运用令人眼前一亮。他的动作极为迅速，这一刻盾牌还挡在身体的前面，下一刻马上就会出现在脚前，这会儿挡在身侧，瞬间又移至头顶。在他进攻时，我们只能看到上一刻留下的剑影。此刻，他挥剑猛刺对手，转瞬，又提剑上挑。他的身手如此矫捷，几乎让人目不暇接。这时，这场对战对他来说好像已经不是一场简单的比试，他将自己的生死融入对武器的运用上，竭尽所能。对于这种演示，有时我们会觉得它非常可笑，不太像一个军人需要的功夫，更像街头卖艺的杂耍。不过，耳边不时传来的叫好声告诉我们，其他人显然并不这样想。在他们看来，这是一场武术表演，并且十分精彩，他们毫不吝啬地为表演者精湛的武艺喝彩。

接下来要考察的是射箭。他拿到了一把弓和三支箭，目标是大约50码外的靶子，如果他不能射中，就会落选，到时只能回去多加练习，等到可以达标时再来。好在他的三支箭全部正中靶心。

由于武器使用得非常漂亮，他得到了考官的认可。接下来对于力量的检测是最后一关。他要做的是将那些散乱地摆在地上的石头搬到别的地方。他最开始选中的是其中一块最小的，不过，即使是这块也要超过五十磅。他试了一下，看来这个重量对他来说不算什么，他的肌肉所受到的锻炼让做这件事变得非常轻松，这块石头在空中停留一下之后，就被举过头顶。接下来，他所搬的石块一块比一块重，最后的那块足有一百磅，他需要把它举到脸的高度。这对他来说有点困难，这个重量无疑达到了他的极限。他的脸因为要提起全部的气力而变得通红，他的身体也在石块的重压下不停地颤抖。不过，最终他还是成功了。人们认可了他的力量，在战场上就是抓起敌人扛在背上也不是问题，因此，他入伍成功。以后，他的名字将和这个帝国的其他战士连在一起。

步枪的使用按要求也已加入考核，不过在中国的大部分地区，仍旧普遍采用上面的考核方式。现在，一些军队按照西方的方式训练，在考核方面，采用一种新的方法。不过，在中国的各个省市，传承已久的老方法仍旧十分盛行，采用新的考核方法的地方非常少。

新兵会被分配到具体的连队中，他们受到的待遇远不如英国士兵。众多二十五英寸的方形房间构成了他们的军营，每间房十人。政府为他们提供的生活用品非常简单，五张床、一口锅、几副碗筷、几张小桌，再加几条长凳就是他们的全部家当。

每个月士兵得到的军饷只有十四先令，不管是吃饭，还是其他开销全都在这儿了。只要不是接受检阅或执行某些任务，他们就要自己做饭，十个人轮流来。没有任务的时候，长官不会干涉他们，不检查营房，也不管士兵怎样穿衣服，当然，也没有一定的卫生标准。士兵们完全可以自己选是每天洗澡，还是一个月或者更长时间一次也不洗。因为想要洗澡而提出申请，这对他们来说完全是笑话。如果某个士兵这样做了，那么，他的整个服役生涯恐怕都要在嘲笑中度过了。

在行军的时候，伙食由沿途的官府负责，免费供应。他们会将士兵的数量以及将会驻扎的地点这些信息写下来，事先送到沿途的驻扎地。由于饿极了的士兵希望一驻扎好就马上饱餐一顿，所以那里的人要先为他们准备好足够数量的米饭、咸鱼、腌萝卜以及豆腐。

对于沿途的店主来说，这些军人并不讨喜，他们害怕这些人。这种害怕，在需要军人与敌人拼死搏杀的时候会越发严重，因为原本就不严格的军纪在这种时候就会更加糟糕。士兵们认为自己马上就要为国家去浴血奋战了，所以稍稍放纵一些也没什么关系。因此，他们所经之处的店老板们只能忍痛贡献出自己的货物，不敢稍有反抗。一次，有一支一千人的队伍从某地出发，他们走的时候是没有帽子的，等他们出现在二十里外的另一座城市，每个人头上就都有了一顶崭新的帽子。当然，这是“免费”的。

如果哪次的驻扎地没有营房，他们一般会选择当地最大的寺庙。他们这样做自有他们的道理，因为人们相信上天会庇佑这些士兵，保佑他们在战斗中获得胜利，所以，他们并不觉得有任何不妥。不过，士兵们在寺庙里的神像面前可不会有丝毫避忌。在神像的注视下，他们全无顾忌地吸鸦片、打牌、争吵谩骂，而且随手乱扔垃圾，一两天后，这座寺庙就和垃圾场差不多了。

对于老百姓来说，士兵的到来是一件非常恐怖的事。清朝的官吏在为士兵们提供伙食的时候往往要从中取利，所以士兵们到口的伙食不是数量不足，就是质量问题严重。如果士兵们将这一情况向管理粮草的官吏反映，那么，他们将会受到严厉的责罚，名义是士兵这么说表示他们认为政府从他们身上榨取利益，所以士兵们不敢这么做。没办法，他们只能将这种委屈转嫁到老百姓身上。就这样，一些胆大的士兵开始胡作非为、抢掠百姓，或明或暗，将原本平静的小镇搞得鸡飞狗跳、人心惶惶。在这群凶恶的士兵面前，稚嫩的雏鸡也要唧唧大叫着落荒而逃。生机勃勃的小猪也会莫名其妙地消失不见，只留下女主人呼叫它们回来吃食的声音，不过，它们再也不能回家了。很快，寺庙里的神像就闻到了烹饪食物的香味，原本肃穆的神情也变得疑惑起来。那些野蛮的士兵贪婪地盯着锅里的食物，不停地咽着口水，对于即将到来的大餐万分期待。这帮无赖赊买各种水果、点心以及其他各式各样美味的食物，完全不顾主人家的反对。或许他们会保证明天就把钱送来，不过，实践诺言的可能性基本可以忽略。

虽然也有通过考试而来的军官，但是大多情况下他们来自于士兵的升职。考试内容和入伍考试一样，但这时它们要难上很多，而且对能力也有更高的要求。除此之外，买通考官的钱财也是必不可少的。军官可以得到人们最高的尊敬，以及最深的畏惧。因为在面对敌人的时候，他们更加勇猛无畏，这让他们看起来出类拔萃，自然获得了士兵们的敬畏。那些想成为高级军官的人，几乎每一位都要凭借自己卓尔不凡的勇猛以及高超的军事才能来获得上级的认可。

数年前，在我居住的地方有一位姓林的将军，他就是这样的。他年轻的时候，十分粗野狂放，总是率性而为。他不甘于平淡的生活，也不肯为惯常的所谓社会准则折腰，结果他成了一个依靠偷和抢而生活的流浪汉。忽然有一天，参军的想法在他脑中出现，他认为这也许是他的出路。当时，朝廷的军队正在和台湾土著打仗。那些土著们披头散发、残忍嗜血。他们在原始森林里伏击那些士兵，割下头颅，鲜血淋淋地带回山中的聚居地。军队伤亡惨重，急需新的血液。林这样体格健硕、力大无穷的人用于对付土著非常合适，正是他们急需招募的人才。

对于这一选择，林尚没有来得及多想，就在几天后随着部队穿过了被狂风暴雨笼罩的台湾海峡，靠岸上岛了。

这座岛屿是林的福地，它结束了他的流浪生涯，使他成了一名受人敬仰、颇有名望的人。他很快就凭借自己不凡的勇气获得提升，手下有了十名士兵。

在这之后没多久，就爆发了一场与土著之间的激战。中国的军队在土著迅猛的攻击下不住地后退，不计其数的土著动作迅猛地冲出丛林，有如闪电。林扛着军旗随着队伍后撤，猛然间发现自己的剑不见了，想来是在混战中遗失了。丢失兵器对于一个军人来说，不仅是一种耻辱，还要丢官罢职，若是让上面知道，连性命也要不保。当时他想：与其因此被处死，还不如战死沙场，无论如何也要把剑找回来。就这样，他毅然决然地冲进正在追击的敌人中，他的手下紧随其后。虽然他们并不知道林为什么要冲回去，但紧随军旗是军人的本能。本来狼狈后退的敌人突然反攻，这着实让土著人大吃一惊。本以为敌人已经被击垮了，现在却又冲过来，他们相信这一定是敌军派来对付自己的后援，这种想法让他们产生了恐惧。很快，原本胜利在望的土著人被击溃了，四散奔逃。战斗结束后，将军将林叫到跟前，当着全军的面表扬了他，称这次之所以能够取胜，林的英勇就是关键。自然，林再次升官了。在此之后，他开始不断地升官，最终成了一方统帅，所管制的辖区不仅大而且非常重要。

以目前的素质以及训练情况来说，中国的士兵并不能让人发自内心地去敬佩。他们受到的军事教育太差，因此素质低劣。他们表现得不够勇敢，但这并不表示他们天性如此，而是环境造成的。如果中国人完全没有胆识，这个国家绝不会成为东方的霸主。中国的士兵目前缺少两样东西，一个是受过正规训练的、英勇的将领，一个是相比于他们目前的军营生活来说，更加积极、更加尚武的环境。在如何将一个新兵训练成一个合格的士兵这方面，戈登将军就做得非常不错。他的士兵勇敢无畏、战功赫赫，绝对对得起“常胜军”这一响亮的称号。

在威海卫兵团为夺取天津与义和团发生的激战中，我们可以看到中国人的秉性，一九零零年九月五日的《北华捷报》提到了这场战役：

“大多数人都不相信中国人也能成为一个好的军人。这导致他们对威海卫兵团持有偏见。当然，到目前为止，还没有什么能证明这只是偏见。在天津城下，威海卫兵团的士兵们作战英勇，他们捍卫着自己的文明与作为人的本质，尽管当时他们并不知道这些抽象的概念。

“总有不少评论说中国人只差一个好的领导，威海卫兵团就用其短暂的生命证实了这一点。就像追随沃森上尉的那些第四连的士兵一样，当人们相信自己的长官，愿意舍命追随他冲过枪林弹雨，他们就不会像普通士兵们那样绝望。一个战士护送驮着弹药的骡子来到前线，长官们和骡子都中弹牺牲了，他仍旧坚守着自己的职责。一个团队能培养出这样一个士兵，就绝不会无所作为。在奥利维特上尉死后，目睹这一壮举的欧洲人都表示：这位中国士兵应该获得一枚维多利亚十字勋章。”

我在上面那段文字里尽我所能对中国的军队进行了描述。的确，是有一些按照西方的方式组建、训练的军队。如果你不熟悉实际情况，可能就会以为在那儿采用了全部的西方制度，然而事实并不是这样。在中国的大部分地区，军人的情况基本没什么变化。而在目前这场革命中，取得胜利的那一方也基本没受过什么新式训练。他们憎恨入侵者，渴望从征服者手里获得自由，这给了他们胆量和勇气——一切为了理想。最终，他们取得了胜利，新生的共和国诞生了。未来，他们会意识到：严格的训练对士兵是多么重要，不如此，就不能在入侵者面前守护住国家的尊严。

第四章　学者

当一个中国家庭有一个男孩儿降生的时候，这个男孩儿的父亲对儿子的期望就是他可以成为一个有文化的人。从孩子一落地，这一愿望就在父亲心中点燃，孩子是整个家庭的未来与希望。无论贫穷，还是富贵，所有的父亲都可以在这一愿望中畅游，因为在中国，任何阶层都有获得财富与荣誉的机会。除了妓女、演员、剃头匠和一些特定职业者的儿子不能获得学历外，只要你愿意，任何人，无论身份、地位都可以成为文人，都有权利获得这个国家所授予的最高荣誉。因为，教育是获得荣誉最通顺的大路，至少理论上如此。

读书人，是这个国家对行政官员最基本的要求。只要想想管理这个国家如此广阔的地域要有多少行政人员，就可以想象出文人阶层在这个国家的地位以及它的影响力了。此外，还有为数众多未能通过任何考试的读书人，他们或许没有得到官职，但在自己的家乡，影响力仍然不可小觑。他们所受的教育将他们从普通百姓的地位上高高抬起。

他们总是处于领导地位，这是因为无论是在人民与官府的抗争中，还是在不同村落的争斗中，或者是阶级斗争中，人们总是愿意征求他们的意见。如果他们形成紧密的同盟，彼此互相支持，那么，与他们发生冲突就十分危险。这是因为除了背后的同盟者的支持，每个人背后还有与他同宗的村民们，那些人会不计后果地跟随他，不惜任何代价。文人，从整体上看，更像是一群无耻之徒。为什么这么说？因为他们在获得教育、提高智慧的同时，在道义上似乎也变得麻木起来。他们拖住了这个国家进步的脚步，他们对于外国人有着最强烈的憎恨，深入骨髓，无论你来自哪个国家。

读书人成功地通过了考试可以得到三种称号：秀才、举人、进士。从字面上来说，秀才是指聪慧而且有才干的人，举人是指地位高贵的人，进士是高级学者。通过乡里的考试就可以成为秀才；通过省里的考试可以成为举人；通过北京的考试的人可以成为进士，当然这要先通过前面的两次考试。而且成为进士后，一些人还可能被皇帝点选为翰林——中国的皇家学府中的一员。

从一个西方人的角度来看，获得这些称号或官职所需的知识少得可怜，如果是我们英国的学生恐怕会觉得十分可笑。对儒家经典的透彻理解，就是中国学生所要掌握的所有的知识。先不说英国大学生需要学习的那些高级课程论，就是那些基础课程中国人也知之甚少。数学、天文学、几何学、地质学……几乎所有这些名词，中国学生连它们代表的是什么都不知道，更别提英国青年必学的纯科学的知识了，他们听都没听过。

但所有这一切，并不意味着中国学生的学习内容是非常容易的。在很多方面，相对于英国学生的课程标准，中国的要求要严格很多。学生们要将所有的经典以及这些经典的解释全部背下来。这些内容常常非常深奥、晦涩，很难让人提起兴趣。它们与人们的日常生活无关，集中于道德和哲学这些抽象的问题。无论是现实思想的内容，还是研究自然以有所创造的课程，他们都没有。整个学习过程非常地枯燥，由于所有的书都是由那些看似神秘的象形文字构成的，所以一个学生首先就要掌握数以千计的汉字，然后按照那些文字在书中的排序背诵，牢记于心，无论书中的哪个词、哪个短语都必须非常熟悉，以便在任何需要的时候，都可以准确地引用出来。在这两方面，任何一个英国的学生都没办法忍受，这是一种令人恐惧的精神和肉体的双重折磨。在中国，究竟有多少读书人在这可怕的令人过度疲惫的学习过程中被压垮，恐怕只有那些专门研究这个问题的人才能告诉你了。这些可怜的人啊，只能带着他们永远也不曾实现的梦在山侧长眠了。

必须通过四门考试才能成为秀才：五言诗或七言诗，字数在六十个以内；格律文，长短不限，主要描写著名建筑物或古物；小品文，可从正反两面来写，主要针对一些经典的词句；评论，主要针对一些重大事件，可以是古代的，也可以是现代的，具体看考官的心意。

诗讲究韵律，所描写的东西要韵味十足，依靠景物发挥想象，并以诗歌的形式表现。下面是一些以前的考题，它们因为表现得非常完美，极具韵味，被刊印成册，以便后人学习。“古林无人径，深山何处钟”描写的是从孤山之中的寺院里传来悠扬的钟声，飘到在山中独居的人的耳中；《别有人》描写的是一个有名的官员离开任职的地方，返回遥远的家乡的情景；《玉镯春水》描写的是春雨之后，溪水在山间蜿蜒而下，欢快地流向山下的平原，太阳照在溪水上，为它镀上了一层翠玉般的色彩。此外，还有《鸟鸣涧》和《春天的石榴》等。

有很多诗都极具韵味，读起来朗朗上口。它们展现了诗人惊人的观察力以及丰富的想象力。一些西方著名诗人因为受到这些想象的启发而收获了不少荣誉。中国人的观察力与想象力显得非常可贵，因为单凭第一印象，你很难联想到他们内心竟然燃烧着诗的火花。尽管这些中国人看起来呆笨、麻木、粗俗，身上完全不存在诗的味道，但即使以一头老牛或者犀牛为对象，他们也能迅速地找到它们生而有之的闪光点，描写得既雅致又细腻。

中国人的外表看起来鲁钝、麻木、完全不存在艺术方面的修养，你永远也想象不到在那层表象下所拥有的天赋和才华。但其实他们在很多方面颇具才能。而且在内心深处，他们对大自然充满热爱，只要一眼就能发现它的魅力所在。他们似乎拥有在自然中发现美的天赋，不仅如此，他们还能用诗将这份美展现出来。大自然是如此地羞涩，它常常将自己的美丽掩藏起来，也只有那些真正具有艺术眼光的人才能发现。

从本质上来说，格律文所描写的东西并没有什么诗意。但在马丁·塔珀形式之后，格律文就不再像是散文，因为它有了严格的韵律规范，看起来像是一个即将成为诗词大师的人所写的文章。在以前的考试中，主考官曾经出过这样一个题目:《阿房宫，铜雀台》。为人称颂的铜雀台建造于三国时期，那时候中国分裂成了三个国家，它们互相敌对。为了能提前得到敌人的消息，其中一位篡位者修筑了铜雀台，站在它上面可以看到很远的地方。再来的一个考题是“宫花”。相传，在汉朝的时候，有一棵石榴树，它给人感觉就像是会睡觉一样，每天有三次会垂下自己的叶子，小睡片刻后，就又精神十足地把枝条伸展开来。

小品文的论述是这样一个过程，考生通过对那些从经典中引用的词句进行批评，进而引申出自己的观点。下面列举了几个以前考过的题目:《饥与渴》《有朋自远方来不亦乐乎》《德不孤,必有邻》《心诚则灵》《以德报怨》。

评论的对象非常广，上至远古，下到当下，相对于其他的文体来说，评论是一种更加普通的方式。以前有过这样一个题目——《论秦始皇焚书坑儒》。这是要求考生找出秦始皇要焚书坑儒的原因。焚书是指秦始皇为了使人民变得愚昧，烧毁了当时所有的经典，使人们没有书读。在秦始皇为新帝国推行一系列政策时，那些饱读诗书的读书人成了他最大的麻烦，这是始皇帝焚书坑儒的主要原因。“对万里长城进行描述，并对铁路以及铁制船做出评价”，这一考题出现在光绪帝时期，这个题目的提出，除了在考试选题上给了考官们一个新方向，也可以看出光绪皇帝当时有了改革的想法，在一八九八年他开始着手改革。

透彻地理解经典中的每个字、词，了解这些字、词公认的解释是写出小品文以及评论文的基础。且不谈还要写出文章，单是记住这些字词的工作量就已经十分庞大，足以将其他国家的任何一个人压垮了。由于每一部典籍都有各自不同的内容，特点不一，所以都要分别学习。他们非常看重引经据典的准确性，一旦有一处引用错误或者书写出错，这篇文章就算废了，考官不会再往下看，考生自然也没了通过考试的机会。

这样想象一下，一些文字——方方正正的，像是来自诺亚时代一样古老，五六千字的样子——放在面前。这些字既生硬又枯燥，就像数字一样，但每个都有故事掩藏在点画之后。要想将这些文字变成各种各样的故事去讲述那些爱恨情仇、阴谋爱恋或者人类那薄弱的自控能力和令人敬仰的理想，就要了解每一个字的意思，并且掌握它们的笔画结构。由此我们就能想象出要完成这样一份工作是多么地困难了。

尽管如此，这也还只是这项工作的一小部分。此外，还要牢牢记住那些经典图书的全部内容，尽管那些词、短语是写于三千年前，也一样要清楚地掌握它们每一个的意思。考生除了这样做别无选择，因为赐予称号的权力掌握在那些思想保守的主考官手里，不如此，怎能配合他们？

在枯燥乏味这件事上，再没什么东西能超越那些书了。在经过所有的这些重压后，那些一流学者的脑袋里竟然还有残余的智慧，不得不说，这些学者本身都算是一座纪念碑了。那些古代的思想家、哲学家们似乎并不欣赏普通大众的人性，在那些经典之中他们也很少加入人类的生活元素。可能是那些先贤生活太忙，不能详细地解说，也可能他们从没学过写作，所以那些典籍中的文字才总是如此干脆、简洁。这些书通篇都在讲些高尚的道德和美好的情操，又长又啰嗦，完全不存在浪漫、刺激的元素。它们游离于现实生活之外，既没有成年人的言谈，也没有孩子们的欢笑，甚至不存在其他任何与人类有关的声音，在读书的时候，我们常常希望看到这些，但在这些书里我从没找到过。《圣经》就不是这样，它的语言惟妙惟肖，像活的一样，透过它们，我们几乎可以看见鲜活的人物在我们面前经过，它的语言如此直白，易于理解，清晰地描画出人的喜悦与悲痛，好像我们身在其中一样。

省试、乡试的内容一样，不过前者对于文章的简洁度、规范性要求更高，此外，考生的知识面要求更宽，对知识的掌握也要求更加深入。省试的考点设在省会。为了到那儿，不少考生要赶两三百英里的路，花费近一个月的时间，之所以会如此，除了地域广阔之外，交通不便也是主因。赶路的辛苦暂且不提，一路所需的花费也是个大问题。对于大多数考生来说，他们首先要解决的就是盘缠的问题，因为考生里的大多数人都非常穷，和约伯以及教堂里的老鼠有一拼。

有不少故事是说这些考生的，讲他们为了获得荣誉如何历尽千难万苦，最后得以千古留名。在中国南方的某个地方有一座山，有一条重要的通往考场的路从它的内部穿过，那座山非常陡峭。有一个广为流传的故事就是关于这座山的。很久很久以前，有一个穷秀才要去考举人，他要到那紧系着他的命运的省会去，从他所生活的小山村算起有两百多里路。他翻过高高的山峰，越过难走的险滩，在人口密集的平原上穿过，凭借自己不凡的勇气、强健的身体以及坚忍不拔的毅力终于到达了目的地。

在这个时候，他身上已经没剩多少钱了，好在勉强坚持一下还可以撑过九天的考试。果然，等到考试结束，他真是一穷二白了，他一点办法也没有，虽然举目无亲，但只能先留在这座大城市里。尽管在中国的经典里救助陌生人这一品德受到了高度评价，不过在现实社会中你很难找到它，没有人会帮助这个穷秀才。但他没有因此而感到绝望，因为他是一个勇敢而且自主的人。尽管学富五车，但他并没有因此轻视体力劳动，也愿意老实地干些活儿。因此，他在轿行里找了一份活计 ——抬客返乡。轿夫在中国社会的地位很低，这个穷秀才愿意做一个受人轻鄙的轿夫，暂时将自己高高在上的秀才地位放在一边，这恰恰展示出了他的胆量以及别具一格的思维模式。

他抬着轿子翻过高山，攀过峭壁，穿过平原上稠密的人群，不停地走，一直走了整整一百五十英里的路。一路上，他不停地想着考试的事，翻来覆去地揣测考试结果：放榜了没有？我考中了吗？如果他有足够的钱，就能在城里等着结果揭晓了。他的两个肩膀由于长时间抬轿而高高地肿胀起来，上面还有轿杆磨起的水泡，他的生活正被愁云惨雾笼罩着。这一天，在他的路途前方又迎来了一座山，又高又陡，他站在山脚仰望山顶，觉得气都要透不过来了，但他还要抬着轿子爬过去。就在这时，“报喜官”的锣声在他的身后传了过来，那些人一边骑着马飞速向前跑，一边高喊着那些幸运的中榜者的名字。“报喜官”以此为生，一放榜他们就上路，去给那些上榜者的亲朋好友报喜，他们选择的人都居住在较远的地方。他们一行一般有四个人，不时地敲两下锣，高喊中榜者的名字，很容易就能认出来。

随着那些人不断走近，秀才的心剧烈地跳动起来，他非常紧张，竖起耳朵，生怕错过什么，终于，他听到了自己的名字，现在，在省里面他也是一流的学者了，因为他不仅上了榜，还高中榜首。以后，他的生活中将不再有贫穷与苦痛，无论是金钱，还是荣誉，他都能轻易获得了，他整个人都被兴奋这种情绪充盈着。他把轿子放下来，表示自己不再抬轿了。然而，客人并不这么想，提醒他说，按照约定他得将自己送回家乡。秀才想了一会儿，决定遵守诺言，不过面前那座山实在是陡峭高大，他希望拿到更多的报酬，客人同意了。于是，他们再次起行，轿杆又回到了那满是水泡的肩上，不过此时，秀才步伐轻快起来，他抬着轿子向上攀援，心中响起愉快的歌声。用不了多久，他的声名就会在省里家喻户晓，本省，乃至全国的书院，甚至每一个秀才的家里都会出现他的名字，尽管目前他看起来和普通的苦力没什么不同。从那以后，就是为了纪念这件事，轿夫每当抬轿经过这里，都会在山脚停下，要客人增加报酬，才会继续上路。

成为进士、翰林的考试地点在北京，通过考试的人将收获光明的前程，尤其是翰林，如果能通过这个考试就能在这个国家得到一个非常好的职位。只要是上榜者，无论原本身份如何，地位怎样，都可以成为这个国家上流社会中最显贵的人。如果在翰林的考试中高中榜首，就有成为两江总督的可能。两江总督负责治理两个省，生活在那儿的四五千万的百姓都归其统领，在那里他有绝高的统治权。

《瑞普 · 凡 · 温克尔》中有这样一句话："沉睡的日子已经过去，再也不会回来了。"正可以用在这里。几百年来，这个国家血管里的血一直重复着同一种缓慢的旋律，现在，一种新的思想正在扩散。古老的舞台将成为历史，这个国家的年轻人正在睁开他们的眼睛，充满好奇地看着外面的世界，面前的景致告诉他们，他们必须扮演一个新的角色了。

对于那些书和题目，他们不再像父辈一样热衷，这些再不能吸引他们。众多西方思想涌入中国，它们像一曲鲜活而动人的歌，彼此应和着穿过平原，跨过高山，越过峡谷。人们的心灵被一种新的生活观念惊醒，这种观念从不曾在那些伟大的诗中出现过。一个新的乐章奏响了，原本已经死亡的梦想在人们的心中活了过来，引领着他们那卓越的想象力。

渴望知识的少年们把全国各地新建起来的国立学校挤得满满当当。他们为所看到的西方大陆吃惊地张大双眼，以前他们并不了解这块大陆，现在，当他们开始明白西方思想的奥秘时，这块大陆终于展现出来了。

在中国，历史翻开了新的一页。那些曾经容纳上万人的考试大厅，已不复有原本的辉煌，大门随风摇摆，巨大的蜘蛛在那儿安家落户。这些大厅已经被人们丢弃，孤寂地站在那儿。仔细听，那些曾经在这里得到荣耀的人的感叹声，那些为国家所遭受的磨难而痛苦的人的叹息声，如同幽灵的轻吟传过来。

第五章　经典书籍

尽管中国已经转移视线，开始注意西方这片土地以及自身的未来，但无论是学富五车，还是目不识丁，这个国家里的所有人依然深深地受着中国经典著作的影响，在支配他们行为的思想中那些经典仍占据着主导地位。所以这一章我们探讨的，就是中国的经典著作这一最古老但又很现代的问题。

在当今的思想家和学者看来，这些典籍处在一个什么样的位置，我会在谈论它们的同时尽最大的努力让读者们了解到。对于这些典籍的发展史以及传播情况，我觉得可以用现在时，因为与从前相比，它们的地位没什么变化。

尽管不是神学意义上的至高无上，但在中国人心中，那些经典著作绝对地位超然。只是他们还没有像部分外国学者那样称呼这些经典著作为“中国的《圣经》”罢了。

即使心中出现了一个很大的疑问，人们也并不能在这些经典著作中找到答案，纵使想要弄明白一些与未来有关的事，这些经典著作对你也不会有什么帮助。大多数中国人从不看这些书，如果遇到道德方面的问题也不会找它们，因为他们不识字。这些书并不能满足一个人的精神需求，即使这个人满腹经纶，认识书里面的每一个字，他也不认为它们可以帮他。我认识不少这样的学者，而且就偶像而言，它在我所遇到的每一户人家都是存在的，这个偶像通常非常普通而且没什么文化，然而却被那户人家所有的成员崇拜着。这些经典里既没有神的指示也没有神的启示，与神学没什么关系，至少与西方人所认识的宗教书籍不同。这些书之所以能拥有如此崇高的地位并受到中国人的高度评价，是因为它所包含的道德理念，中国人行善以及以理服人等观念的树立正是受到这种道德理念的影响。

在中国还有大量涉及其他领域的著作，但无论是声名还是权威性，它们之中再没有一本能达到那样的高度。这些经典著作遍布这片大地，社会成员人手一本，所获得的尊敬甚至超过帝王。尽管可能只是年轻的时候偶尔看两眼，但你可以在每日劳作的老农手里发现它们；或许将它们当作守护自己的神灵，每日在繁重的体力活的重压下生活的苦力手里有它们；因为要研究它们才能名扬四海，所以那些才名在外的学者自是拥有它们。这些经典著作，从某种意义上讲，已经和这个国家融在一起了，这个国家任何一个阶层的成员，无论是思想还是想象力都由它们统领。除了外国的《圣经》，再没有哪本书能像它们这样，具有如此大的影响力。这没什么可奇怪的，因为只要认识到这些经典对中国人的非凡意义，就不会感到惊奇了。这些典籍是这个国家唯一一种教科书，在过去近二十个世纪里从没变过，别的书连竞争的机会都没有。

这种像是格言一样的真理被每一代中国人学习，也就是说，从国家选择教科书的角度来讲，其他的书籍在“适合”这方面做得总是不如它们好。一千多年以前，天刚刚亮，中国的男孩们就要起床，揉揉惺忪的睡眼，看看屋子外面正在追赶黑暗的日光。由于学校已经开门，老师已经在等他们了，所以他们必须立刻起来。这时，阳光从村庄穿过，光线闯进树林，教室里那面富有沉郁气息的墙壁也被一道金色的光线照亮了。孩子们飞快地爬出被窝，因为先生那严酷的面庞出现在他们脑海：两条眉毛紧紧地皱在一起，目光中充满威严。没几分钟，在上学的路上，就可以看到他们的身影了。刚刚升起的太阳放出万道光芒，在阳光的照耀下，远处的高山一眼就能看清楚，由于昨晚的黑暗尚流连不去，平原有些模糊，看来只要新的一天没有完全到来，这种模糊是不舍得离开了。

在这些孩子们匆忙上学的路上，在田间的小路上会出现另一些孩子，还有一些孩子出现在榕树林中，那沐浴在清晨阳光下的榕树林满含着露珠，此时显得格外可爱。很快，钟声响了起来，充斥在破旧的教室里的沉闷气息被二十多个吵闹着冲进来的孩子打破了。

之后，这些枯燥乏味、印刷粗糙的经典们就被塞到了孩子们的手里。整本书你找不到哪怕一副插图，总之，看起来沉闷极了，没有一点生气。由于它们实在是太深奥了，所以对于书中讲的到底是什么，从开始学算起，大约四到五年的时间内，孩子们完全不知道，而先生们也完全没有讲解的意思。这就像是一个美国的小伙子得到了一本柏拉图的书，但这本书的语言是未曾翻译的希腊文，所以这个小伙子只能一个人苦想这本书的每个词到底在说什么。

而现在，中国的学生们所经历的教育模式与他们那十个世纪前的前辈们一模一样。教学书籍也好，教学方法也罢，与原来的并没有什么不同，所有的学校都没有开过校务会议，更别提讨论一下，是不是用现代的教学书籍以及新式的教学方法来替换那些已经过时的书和教学方法了。更换教科书以及教学方法对于这个国家来说无异于异端邪说，这会将整个国家推到骚乱之中，生长于这片土地的学生与思想家们也将不会再像原来那样柔顺。所以直到现在，也没有人在这方面提出过具有参考价值的意见。

这些经典著作崇高的统治地位不仅是在小学中不会受到相关教育部门以及朝廷的干涉，即使是在中国的高等教育中，也从没被威胁过，所有人都认可了这些书对学生思想的影响。这种想法从不曾在中国人的头脑中出现：把这些已经被翻得残破不堪的，让他们多次头疼欲裂的书籍扔掉，如同解脱一般宣告“现在，我觉得快乐极了，我以后将和你们再无瓜葛”。当然不会，对于他们来说，或许这些书曾令他们异常烦乱，或许在学生时代曾让他们感到无比厌倦，但正是这些书，在进入高一级的考试中，他们参考它，也正是因为研究这些经典，他们获得了荣誉，如果足够幸运，这些书会为他们带来一省总督的职位，到那时，他将对省内的整个辖区拥有绝对权力。

为什么中国人会对这些书如此敬重？其实你完全不必感到奇怪。如果一个人就算读了这些书也不能变成一个满腹经纶的学者，那么，他早把这些书像那些看不看都无所谓的初级课本一样扔得远远的了。即使这位学者的生命到了最后一刻，这些书也会是他的伙伴。对于他来说，想要在学历以及思想层次上有所提升，或者实现自己的梦想，这些经典著作无可替代，其他读物只能在闲暇的时候看看，当作一种放松心情的方式。

这些经典著作官方说法就是“四书五经”，学者们都这么叫，一共九本。在以下的介绍中，我会按照中国人对它们的排列顺序来讲。如果要在“四书”中找到一本在趣味性以及重要性都名列前茅的，当属《论语》。这本书收集的是那位伟大的孔圣人的言论，在孔子离世后由他的弟子们编著而成，那些言论往往充满智慧且鞭辟入里。这本书涉猎很广，从它的题目就能看出来。因为孔子的弟子众多，有的希望孔子可以就那些深奥的、令人困惑的问题为他们答疑解惑，有的希望知道孔子如何看待当时的那些名人权贵，所以这里面的不少论题都是由他们提出的。

在这些对话中，我们可以看到孔子的一些见解。这些包含着他伟大的智慧的见解，深深地影响着一代又一代的中国人。中国那些传统思想之所以能形成，它们功不可没，甚至对当代社会各层人民来说，在达成理想的路上，支持他们走下去的力量也正是来自这里。算上孔子思想体系的形成，《论语》一共包括六个部分。这本书里的那些学说造就了整个中华民族对于高尚道德的追求，以及这种追求想要实现的理想、达到的目的和行为动机。孔子被尊为圣人，甚至被神化了，在我看来，他为中国带来了不少好的东西，但也有不好的，中国现代社会的所有的优缺点，无论是思想、社会还是政治生活层面上的，有相当大一部分是受到了他的影响。关于这一点，我相信如果你研究过《论语》中的某些言论，会跟我得出一样的结论。我们先来看看“天”这个字。在孔子之前，不少哲学家都喜欢用“神”这个字，不过孔子并不喜欢，至于原因就不得而知了。虽然看起来不喜欢“神”，而热衷于“天”，不过他并不能完全不受神的影响，在一些比较深奥的思想问题上，我们可以发现这一点。如果没有将一些属于“神”的特性挪到“天”里面，他在这方面的问题上所表露出来的思想将更加耀眼。在他看来，纯物质方面的力量既不能理解人的喜乐，也不能明白人与人之间的争斗，所以，与它们相比无疑天更加重要。他曾经这样认为：上天监督着自己所做的一切。对于这种想法，只要天认为是对的，就算别人不明白，他也会非常开心。

一次，他感到非常灰心，那些政治主张自己坚持了一辈子，但诸侯们却并不愿意采用，他对自己的徒弟说：“莫我知夫。”他的徒弟马上问道：“何为其莫知子也？”孔子自言自语似的回答道：“不怨天，不尤人。下学而上达，知我者天乎？”在那个时候，他的思绪还被浓浓的挫败感笼罩着。不仅仅是这样，在他看来，一个人如果对天表示不满，是非常不智的，因为在天的意志之下，没有人有反抗的余地，天是什么，天是一种力量，它统治着世间所有凡人。此外，他还表示，如果一个人不肯遵循天意，那么在整个宇宙之中都找不到哪怕一个能帮助他的人，这种思想已经深深地扎根在中国人的生活以及思维模式中了。

对于人类来说，漠视神的存在是一件不幸的事，后果比他们想象的要严重得多。这种后果从宗教那方面来说，几乎是一场灾难。天在客观上存在但并不清晰，人们用它来替代掉心里原本的神，将神抛到了脑后。把原本仅属于神的属性赋予了天。上天安排所有的这些：这个人是死还是活，是承受苦痛还是拥有幸福，是王侯将相还是乞讨为生。人们拥有为希望筹谋、努力的权利，但能否实现，要看天怎么安排了。尽管人们把天当作信仰，相信天会为那些受到委屈的人洗雪沉冤，但追根究底，天只是人们头顶上那个广大的空间，对于人类所承受的苦难，天既不会伤心落泪，也不会满心同情。显然，在宗教这个问题上，中国的学者和思想家们坚持的无神论是由孔子引起的。“天”这个字孔子使用的频率非常高，虽然他未曾给它下过明确的定义，并且告诫他的徒弟们在面对神这个问题上要非常谨慎。

“孝”这个字在孔子的著作中也经常出现。孝这一美德在这位孔圣人的教导下融入了中国社会的每一个角落，如果一个人不是在中国长大的，他不可能了解这种渗透已经到达了什么样的程度。如果你问一个中国人，你的生活状态最大的标志是什么，什么是你最根本的责任？无论那个人处在社会的哪个层面，他都会马上告诉你，毫不迟疑：对父母的孝顺。

在中国，为了纪念那些以孝顺而闻名的孝子贤孙，修建了不少牌坊，它们非常宏伟，也花了不少钱，走在大街上，你经常会遇到它们。在所有的美德中，孝顺所得到的敬重最高。如果一个人在孝顺这块儿做得不好，他会受到非常严厉的批判，这种批判远远超过他在其他方面的不足所引起的。在孔子的家庭观中，孝顺至关重要，对父母的敬爱顺从不仅影响到家庭的稳定，就连国家的安定也会受到它的影响。孔子在这方面的工作做得非常成功，中国人就像接受神谕一样接受了这一思想。

“君子”这一形象的建立可以说是一个非常伟大的构想，孔子受到灵感的启迪，他描绘出这样一个形象：一个具有高洁的品性的人，这个人做人的根本准则就是高尚的道德。他永远葆有仁爱之心，无论遇到怎样令人惊惧的事，遇到什么样的危险，这一点都不会变。在这个人所生活的环境中，仁爱无处不在，所以他永远不会做那些卑鄙龌龊的事情。

还有一种形象叫“小人”，他所做的事，所想达成的目标与君子完全相反，在他的反衬下“君子”的形象变得更加高大。即使是在表现自己高尚的情操或是某些优点的时候，小人做的事也总是给人一种他正在暗地里筹划着什么感觉。对于整个国家来说，像一个君子一样去生活的理念对其影响非常大，君子所具有的那种高洁的生活境界是每一个人都应该去追求的。君子以一种固定的形象扎根在中国人心中，甚至在整个国家的价值体系中也是如此，之所以会这样，是因为在学习这些经典的时候，一代又一代的学子们都不得不仔细研究君子这一完美的形象，他们还要全方位地分析君子所具备的性格特点。尽管是这些先哲们的后代，但中国人的路途无疑已经远远地离开了君子所呈现出的形象。中国人之所以没有比现在更加腐化、堕落，这要感谢那些思想家前辈们，他们是如此地富有智慧，创造出了这样一个伟大的形象。这一形象，对于这个国家因漠视神灵造成的损耗来说，尽管不多，但总算有些弥补。

除了上面说的那些，还有两个字孔子非常喜欢，他赋予这两个字荣光，人们的思想受到它们的控制。首先是“忠”这个字，它给中国人带来了一种振奋感。在这个字的刺激下，那被懒散的表情所覆盖的爱国心将会被激发，那积压在内心深处的激情也将不再沉睡。“忠”这个字会带给人勇气，在现实生活中，几乎所有的传奇故事都来源于这个字。在形式非常恶劣的情况下，无论敌人怎样强大，那些人也绝不退缩，但也并不进攻。在被团团围住的防线内，那些士兵就算遭受猛烈的攻击，就算被饿死也绝不投降，所有的这一切都是因为“忠”，它拥有一种魔力，会让人们将自己当成那些古代神话中的英雄。在很久以前，一个国家即将灭亡，它的一个国民为它而死，这个国民死后，后人们为他的事迹所感动，视他为英雄，在那片土地上，人们供奉他如同供奉神灵，之所以如此，仅仅是因为他对君王的忠诚。

还有一个深深吸引孔子的字是“诚”，不过尽管这个字所代表的意义非常美好，但如果想要在这个国家的道德体系之中，找到一个具有这么高的道德品质的人几乎是不可能的。中国人对“诚”这一品质是十分钦慕的，这一点毋庸置疑。在与中国人的接触中，一旦我们之间真诚成为需要，一旦我们之间遭遇真诚危机，这个字就会对他们产生影响，亮光在他们眼中出现，严肃的神情也变得柔和起来。生活在二十个世纪以前的这位伟大的圣人，他的思想似乎具有一种神奇的力量，可以触及人们内心深处的某些情感，这种思想所具有的魔力形成一种旋律带领着人们的心弦随之跳动。孔子曾经表示，他总是弄不明白一个不诚实的人怎么能活着。这对他来说是一个最不能理解的问题。除了这些，孔子还提出来这样一个观点：诚实是天自身也要遵循的准则，假使一个人的品德之中缺少真诚，那么，他必不能得到全方位的发展。后来，孔子表示自己可以与天相比，甚至将自己称为神，就是因为在他继续深入“诚”这个问题后，孔圣人发现自己离理想中的贤者越来越近了。

“四书”中的第二本是《大学》。主要讲的是人才的培养、得体的家的管理、封建社会的朝廷以及如何统领国家等问题。在这本书的开篇就已经点明了这本书的写作目的：“古之欲明明德于天下者，先治其国；欲治其国者，先齐其家；欲齐其家者，先修其身；欲修其身者，先正其心；欲正其心者，先诚其意。欲诚其意者，先致其知。致知在格物。”也就是说如果一个人真正地循着这些原则走下去，那么他就能成功地统治这个国家，即使是这个国家之外的东西，他也将有所收获。在这本书开篇之后，为了证明上面的阐述，引用了大量君王及名流们独到而睿智的言论。

传说孔子的孙子著作了“四书”里的第三本——《中庸》。这本书的内容非常深奥，主要研究的是美德的本质，并将那些完美的人类——君子，作为典型来研究。

《孟子》是“四书”里的最后一本，是孟子著作的合订本，主要内容是讲统治策略，即以公正、正直为原则，统治者如何才能管理好他的臣民。与孔子一样，孟子对于“君权神授”这种论调并不赞同。他认为只有那些德行优秀的人才能做统治者，如果一个帝王不合格，他就应该被拉下来。在孟子的著作中经常能见到仁爱、正直这两种美德，因为他非常喜欢这两种品质。人性也是孟子喜欢讨论的一个话题，并且在这一问题上，孔孟二人观点相同——人性本善。孟子极力主张这一点，并通过人最起码具有四种品德的论调来证明人本性正直。这四种德行，首先是恻隐之心，孟子认为这种品质是由正直引发的；其次是仁慈之心，孟子认为正直是这种品性的根之所在；第三个是恭敬之心，他相信这种品质是出自于人内心深处本有的礼貌；最后这个是善恶之心，他相信分得出是善还是恶是人与生俱来的能力。孟子认为只要让这些天性在人的发展中尽情释放，大家的生存环境就会变得充满良善。对于孔子所描绘的君子形象，孟子也十分推崇，并且在孔子的基础上，孟子认为君子应该永远保有仁、义、礼、智、信五种美德。在中国，社会的各层人民将这五个字作为一种辨别是非的标准。

《周易》是“五经”里的第一本，也是中国最著名的经典著作中的一本，从某些方面来讲，这本书无疑十分深奥。中国人相信它包含着宇宙的源起、做人的哲学、卜算问卦以及其他隐秘法术的秘密，认为这些都能够在这本书那深奥的文字和构成这本书的论点和根基中找到，那些最有智慧的思想家和学识最丰富的学者对于这些奥秘也总是摸不着头脑。

《周易》在超过三千年的时间里一直被当作卜卦、预测的基石，中国的思想家们也对占卜、预知抱有浓厚的兴趣。尽管《周易》被推崇至此，人们使用它的时候也往往只是为了那些鸡毛蒜皮的事，例如，在中国的大街上我们会看到那些卜算摊儿，算卦先生用模棱两可的语言告诉人们未来的吉凶，《周易》上那些神秘莫测的文字大多会成为他们卜算的依据，然而，在西方人看来，这些文字完全不具有意义，而且非常荒唐。

《尚书》是“五经”中的第二本，主要讲的是尧舜一直到周朝这段时间的历史。随着时间的流逝，这些文献的书写稿被遗失在历史的长河中，孔子将其中流传下来的那些收集到一起，汇编成册。不过，尽管孔子收集了其中八十一篇，流传到现在也只剩下四十八篇了。值得一提的是，如果哪个史学家想要著书讲述那时候的历史，《尚书》是他们唯一的参考文献。

《诗经》是“五经”里的第三本，对于整个中华民族来说这本书意义重大，它深刻地影响了中国人民族精神的形成。古代的民谣、民歌是这本书的主体，就像《荷马史诗》一样，这些诗代代相传，直至今天。相传在周朝初年（公元前1120年），周文王将这些诗歌收集到一起并为它们谱了曲。然而，相比于当时，现存于我们手中的只是其中的一个边角。这些流传至今的诗歌种类很多，有的是民谣，得以在全国范围内流传，有的是用于祭祀的诗歌，还有一些或长或短的赞美诗，它们按照不同的类别被整理到一起。这些诗歌与那些伟大、崇高的事情无关，所有的这些诗歌都有一个共同点，那就是缺少震撼人心的激情，读这些诗歌，你既不会激情澎湃想要做一番轰轰烈烈的大事，也不会心驰神往想去让自己的精神境界的层次获得提升。

《礼记》是“五经”中的第四本。由于这本书与中国人内心深处的喜好以及偏重产生了共鸣，所以所有的中国人都非常喜欢它。相传《礼记》是由孔子编著的，主要内容是在不同的场合各层人士应该遵循的礼仪规范，在一些比较重要的场合中人们如果想要让别人注意到自己应该怎么做，要想不让自己失礼于人要遵循哪些行为准则。这本书对以上所有的这些问题都有详细的解说，适用范围广，即使最笨的人也能看明白。

不过在《礼记》中，女性应该怎么做，这位孔圣人并没有说。他要是生活在现在，将会发现自己要学的东西还有很多，不过由于受到自身的人生观的限制，尽管这些东西对于他的日常生活很有帮助，能够开阔眼界，但他恐怕也并不能完全做到这些。

《春秋》是“五经”中的最后一部,所有人都相信这本书是孔子写的。它是一本史书，讲述的是公元前七二二年到公元前四八一年之间发生的事,在《尚书》的基础上又延长了二百四十二年。虽然是史书,不过,这本书并不好看，尽管孔子在文学方面颇有才华，但在这本书里一点也体现不出来，因为整本书像是记流水账一样记录了一些国王的功德和恶行，完全没有融入自己的感情。对于那些远古时期的重大的历史事件，他的记录就像是一个搬运工为了记住火车出发时间而做的备忘录，枯燥极了。这位孔圣人只是简单地描述了一下历史事件的大致轮廓，至于其间到底有着怎样的迂回曲折就完全靠读者的想象才能补全了。这本书能流传至今全靠了作者的赫赫声名，要是原作者换成个籍籍无名的，保准已经被人扔得远远的了。

在以上九本之外，由孔子所著的另一本书——《孝经》也被普遍认为是一部经典著作,在人们的心目中,几乎能和“四书”“五经”比肩。内容讲的是孔子与弟子们对于孝顺的本质、来源的探讨，以及为了将这种美德发扬光大在平时的生活中应该如何做。不少有名的评论家都研究过《孝经》，因为这本书的著作者是赫赫有名的孔子以及中国人在骨子里对于孝顺这一品质的强烈尊崇，所以尽管这本书对于中国的学者们来说不如“四书”“五经”重要，但他们仍在中国的古典名著为它留了一个位置。

西方的学者一般思维缜密，有很强的逻辑性，然而中国的这些经典著作在处理论题的时候往往将所有的材料简单地罗列在一起，给人一种拼凑感，所以最开始看这些书的时候，他们很轻易地就会感到失望。例如，这些著作人在处理政治经济学的问题的时候，所采取的方式非常随便，只是在那些非正式的或者随性的谈话中讨论一下，与为人所熟知的逻辑推理毫不相干。在讲述这个文明古国的历史的时候，这些作者不会加入自己的看法。或许这些人觉得后人们想要看到的只是这些被草草记录的事件摘要，并不准备在看了之后发表一下自己的看法，或者再给别的人讲讲，所以他们在记录那些意义非常的事件时，甚至都没想过把这件事仔细地查证一下，看看它是不是真的。有一些特定的方法是为伦理学的传授准备的。那些崇高的理想的表述采取的是一种断断续续的名言警句，由于在逻辑上这些话次序紊乱，所以在说服力上不尽如人意。

上面所描绘的这些情况对于那些普通的读者以及一般的哲人来

说，可能会成为一种警示，他们或许会认为在如此漫长的时间里，中国人完全没有必要将那些所谓的经典著作放在如此高的位置上，从而造成今天这样的局面。

在思维方式上，东方人和西方人存在根本的差别。西方人热衷于演绎、推理，主张充满逻辑的推论，为了让整个情况每一步都清晰明了，所以在推理的过程中，步骤之间的关联性非常强。然而，东方人却非常鄙视这种方式，因为这样做既枯燥又缺少诗情画意，所以他们不屑于如此。相比于纯粹的理论上的推理来说，他们更喜欢诗，喜欢让思绪漫步在想象的世界，喜欢用魔法变幻出来的神奇幻境，这些幻境可不会来自那些推理。东方人的心态我们可以在那些经典中窥测一二，他们只接受这种教学模式，这一点我们可以从那些伟大的哲人传授自己思想的方式中看出来，他们将自己的学说藏在那些崇高而且深奥的名言警句中。

这些经典著作感染并鼓舞着整个中华民族，它们有一种神奇的力量。但有一点却让人感到非常奇怪，那就是它们没有为原始未开化的人启智的能力，这些书的内容对他们的感情以及思想完全不具备影响力。举个例子，《荷马史诗》因为描写了军队征战的壮阔场景、声名显赫的武者的英雄事迹，所以激发了整个民族的战斗意志，让这个民族更加好战，年轻的小伙子们因为它变得激情澎湃。也就是说《荷马史诗》这本书具有强烈的感染力，能将埋藏于希腊人心灵深处的最炽烈的激情唤醒。而这样的力量，即使是一点点，也不存于中国的经典著作中。正直良善、忠心耿耿、仁爱世人、道德崇高才是他们的追求。如何生，又如何死，从来没有任何源于神的启示来告诉他们这些。那些创作了中国经典著作的人也没想过这些问题。因为他们在人生这个问题上认识不足，所以为了弥补这一点，他们在自己的作品中，着重突出对人性的看法。不过可惜，这种弥补方式显然不够清晰、明快。

君子形象的建立确实非常伟大，但这只是来源于偶然出现的灵感。君子以它如此美好的形象震慑住了整个民族。虽然只是一种虚幻的存在，但它非常圣洁，已经在中国人的思想里开花结果了。翻遍中国所有的书籍，你再也找不到一个被塑造得比君子更加完美的形象。

长期以来，这些经典著作一直处于一种高高在上的位置，在历史的长河中，它们深深地影响了中国人性格的形成，但现在它们的地位已经不如以前那般稳固了。人们的心中出现了一些新的观念，它们对经典书籍的威信造成了冲击。新的力量已经产生，神将为这片土地送来一个引导者，牵引这新生的力量给中国那些先贤们并没有了解透彻的美德带来更多的深意。人们将会逐渐淡忘这些著作，但这种淡忘并不会将他们与外面宽广的世界分隔开来，与之相反，人们会发现自己与世界各族人民的联系更加紧密了。

第六章　教育

中国人非常相信教育。所有人都对教育持有一样的观点，并不会因为这个人的身份而有不同，无论这个人是位高权重还是平民百姓，富有四海还是一穷二白。只要这家人不是太穷或者父母实在是管不了这个孩子，所有的孩子都会去上学。在这方面人们的思想如此统一，当然是有原因的。因为如果一个人想在朝廷那里得到荣誉以及金钱的话，相比于其他途径，读书是一条更加宽敞与正规的路，而且对于年轻人来说，只有读书才能保证自己脑海中那奔腾不休的野心最后能够实现。西方人想成为一个出色的人才或者想在社会中得到一个较高的地位，他有很多路可以选，例如成为国会议员，或者某个政府部门的主管，想要与公众互动，这些职位都不存在问题。但在中国，除了从学校毕业那一条路，别无他选。

尽管如此，但这也不意味着没有读过书的中国人就没有改善生活的办法。其实在中国，除了所有人都渴望的上学的路，其他的路也不会因为你没上过学就走不通。举个例子，你可以当个能挣钱的商人，买房买地，让自己因为有钱而远近驰名。不过，商人的地位并不高，就算你再有钱也只是个商人，那魅力十足的上流社会也许永远也不会对你敞开，那卑微的头衔或许连一个最没用的酸书生也能拿到，却不会给你。

从另一面来说，一个读书人，无论别人如何看他，但就算是面对着一个富甲天下的商人，他也总是能将腰板挺得更直一些。尽管他或许穷得就像寓言里那只生存在教堂的老鼠；他的父亲可能只是个苦力；也可能他自己也无才无能，连养活自己的钱都挣不到。但那又如何，每个读书人都有成为总督的可能，到时候他将有权管理两个省，超过两千万或三千万的人受到他的管辖，至于他是否有这个能力，没有人有权怀疑，包括他的上级。

不知道有没有一天能够发生下面的奇迹：不需要法律限制，也不用政府出钱，无论在哪儿，是在人口众多的城市，还是虽不太富裕，但还能请得起教师的乡下，学校都建得起来。一直以来，不管计划能不能成，会不会被执行，人们总是习惯性地制定自己的教学计划。因为政府没有专门负责乡村教育的部门来解决农村学生的教育问题，所以乡下或者住在城郊的一些较有威望的老人，会在年尾的时候聚聚，商量一下学校的事。为了能请到一个有能力的老师，他们需要筹到足够的钱，所以这些人要走访那些有孩子的父母，弄清将有多少孩子会来读书以及明年一年能拿出多少钱。这些都办妥了，就要去找校长。由于校长的人选对于教师以及村民都非常重要，所以这一步是最难办的。运气好的话，校长的人选在本村或者当地就能找到，他要有出众的人品以及才能，并被证实可以胜任，然后就可以成为校长了。在接下来的一年里，他对学校所做的每一件事都会非常顺利。如果本地没有合适的，那么教师们就要去别的，传言有合适人选的地方找。在通过了漫长的面试、推荐以及以证实学识人品为目的的暗访后，他才能成为校长。这件事一旦确定，他会有一年的任期，在这段时间里，除非他自己不想干，任何人都无权辞退他。与中国现存的这种方式相比，米提亚人和波斯人惯常的办法更有弹性一些，不过孔圣人恐怕不会喜欢这种做法，因为他们可以通过协商来决定是否解雇教师，一旦解雇的意见通过，就会付诸行动。我们不如来做一下这样的设想：现在，新的学期开始了。寒假刚刚结束，今天是农历正月十七，阳历的话，大概是二月中。人们开始为新的一年筹划起来，过节以及喜庆的氛围随着新年的远去已经找不到了。尽管在两天前，人们还在为元宵节的到来欢欣鼓舞，放眼望去，每一家都挂红灯、系彩绸，热闹非凡，不过现在，元宵节过完了，这些也就都消失了。因为过年而被暂时放在一边的生意、买卖、教育等，又被人们拿回来继续干了起来。

那些生活在村子里的长者们，虽然还没正式开学，但已经为即将到来的学生准备好了所需要的东西。中国人为这些学生都准备了什么呢？让我们来看一下吧。毕竟这些学生可是中国未来的学者、高官，甚至他们中的某些人可能会成为一个统领一方的总督。大家可以把这所学校当成一个范例，看到它，我们也就差不多知道中国所有学校的情况了。中国人对校舍并没有特定的要求，除了要遵循传统的理念外，什么样的校舍都有生存权。这所学校的校舍只有一间，孤零零地趴在那儿，不起眼不说，连一点美感都没有。屋子里也一团糟，去年的学员尽了最大的“努力”把地面弄得极其肮脏，而且坑坑洼洼。在墙面上既没有悬挂地图，也没有悬挂字画。教室内到处都是凝结的污垢，如果一定要找出一幅“图画”，那就只能是那些又大又黑的墨迹了，这些“图画”来自于未来的画坛圣手们的涂鸦。年复一年，这些污渍在没人清理的情况下随意累积，形成了厚厚的一层。蜘蛛在角落里自由自在地结网，一点戒心都没有，没人会打扰它，它也对此非常自信。

相比于乌漆麻黑的墙面，白色的墙面当然会让人感觉更舒服，如果屋子给人一种鼓舞的感觉，那么，学生们在这里学习也能充满热情。不过，在中国从来没人考虑过这些，也可能有，但他们并没有将这种想法用于孩子们的校园生活中。在这样的屋子里，孩子们将度过他们的孩童时代。孩子们的母亲以自己的柔情来弥补这里环境的艰苦，这种柔情是这个民族特有的，她们对孩子充满慈爱，希望孩子们的身体以及心灵都能够在这里得到发展。

这所房子的窗户有两扇，看上去没什么特别的，做工很糙。长两英尺，高二点五英尺。因为它上面有不少又细又直的木条，所以在防贼，还有透光这两方面有不错的表现。坐在屋里，透过窗户，夏天你能感觉到轻轻吹过的微风，冬天你能听见狂风的怒吼，那声音非常沉重，就好像在告诉你，它非常痛苦，因为它的心被撕碎了。这间校舍的条件确实很糟，让人感觉非常失望。但房子的外面倒是有一番优美的景致，打开屋门或者那扇小窗，向外望去，你会看见一棵榕树，这棵榕树非常大，一副枝繁叶茂的样子，伸展出来无数的枝杈以及那些好像永远也不会变得再浅一点的叶子，侵占了院子的一部分领空。这美丽的景色霸气十足，它有让人忘记其他事物的能力，又脏又乱的教室里那乌糟糟的墙壁、坑坑洼洼的地面以及浑浊的空气。大榕树看起来非常感性，在不同的情景下，表现出不同的情感，对于那些必须在此度过童年的孩子来说，这棵大榕树将成为他们那大好年华里快乐的源头。当阳光普照大地，它看起来快乐又悠闲；当日薄西山时，它看起来压抑又忧伤；当暴风雨降临，它内心深处的情感似乎也将随风雨喷薄而出，无论最后如何，它都希望将自己躯干之下所包裹的力量展示人前。对大榕树来说，学生们的生活如此地枯燥与乏味，不过这和它到底没什么干系。

学生们随着学期的开始慢慢地汇聚到一起。各种年龄段的孩子都有，小的有七八岁，大的有十七八岁。这些孩子里有一些似乎对于即将到来的学校生活十分陌生，所以不知如何是好，在他们脸上，腼腆和胆怯如此明显。还有一些则看起来兴致勃勃，跃跃欲试。和世界上所有的孩子一样，属于孩子独有的天性在他们身上显露无遗，他们漆黑的眼睛不时地闪现出快乐的光芒，他们欢笑着，在玩闹带来的愉悦中奔跑着。这些孩子与差不多大的英国孩子相比，看上去野蛮而且没什么教养，对他们之中的任何一个来说，像绅士一样彬彬有礼都是不可能的，所以很难让人喜欢。尽管真相并不是这样的，但他们确实都长着一副卑微相。之所以这样，是因为他们的衣服，中国的衣着不仅质量很糟，而且样式也非常死板，这使他们给人一种身份低微的感觉。看看这些孩子，他们的衣服就非常不合身，上衣和裤子都松松垮垮的。这些衣服是孩子们的母亲自己做的，它们原本是自家织出来的棉布，都是深蓝色的，母亲们将它们裁制成衣，给了它们相同的样式，在它们的衬托下，所有的孩子都如此地普通。如果两个孩子个头差不多，那么就算是穿错了也不会有人察觉，因为这些衣服在尺寸上没什么要求。他们看起来身份低下的另一个原因是外表，他们的长相缺少贵气。事实上，中国人的五官所具有的特色导致了他们很难漂亮。所有的这些——高高的颧骨，宽大的嘴巴，过小的黑眼珠，以及枯黄、缺少血色的肤色——都意味着一张平凡的脸。生活中，大多数人都长成这样。

一张长方形的小桌子和一个高一点的凳子，是孩子们的必需品，当然，这些由他们自己准备，为了方便放置书本，所以一般桌子会有两个抽屉。原本空荡荡的教室，随着孩子的涌入，瞬间就被填满了。二十几个孩子选好自己满意的地方坐下，在未来的一年里，那个地盘就属于他们了。以一个西方人的角度来看，这真是太挤了。在我们的卫生观念中，这间屋子，如果考虑到对孩子们的健康的影响，装十个人都嫌多。对于这种情况，孩子们倒是不在意。在这样的环境下学习，对孩子们来说没什么不妥当的，因为悠闲、舒适的生活离中国人太远了，他们习惯了现在的一切，在中国这片广阔的土地上，人们的日常生活中，污浊的空气、肮脏的环境、恐怖的味道、坚硬的桌椅已经成为了其中的一部分。然而，在这种环境下学习，任何一个英国孩子都得看大夫。

老师在孩子们入座的嘈杂声中走了出来，在接下来的一个学期内，他的家就是和教室相连的那间房了。教室在他进来后马上安静下来，二十个孩子目不转睛地看着他，想要掂量出这位教师的分量。他们想知道接下来和他们相处的人性格怎样，严厉？宽容？他们将要面对怎样的学习时光，是悲惨的煎熬，还是快乐地过？如果是后者，那么这需要老师有一颗宽厚的心，只有这样才能把学习这件事变成一种快乐。这些问题在孩子们的大脑中飞旋。他们需要抓住每一个细节，以找到可以获得答案的那些微小讯息，即使那位老师看起来如此严厉，就像一座“狮身人面像”。

村里的长者们特地为这位教师准备了一套座椅，他在椅子上坐好。在他面前的桌子上，有一个很大的砚台，一个装水的小瓷瓶，一个棕色的小茶壶以及与之相配的两三个像是来自小人国的茶杯，其中那个瓷瓶里装的水是用来研磨的。一根戒尺摆在桌子上最显眼的地方，它是用一块又粗又硬的竹子做成的。在上课的时候，教师们通常戒尺不离手，这似乎成了教师的一种标志。

孩子们看着这个人，眼睛里充满了急躁与不安，不过这个人一语不发，他的脸孔上没有一丝笑意，让人不知道他在想什么。他既没有发表一些充满热情的言论，也没有被眼前这些孩子打动，至少没有一丝如此的痕迹，尽管这些孩子的面庞充满童真。他当然不会在孩子们面前流露出自己的真实想法，因为要是这样，孩子们就会发现自己对他们感兴趣，或者发现自己在内心深处对他们抱有怜悯宽容之心，那么，在过去的传统面前，自己将会成为反叛者，人们会认为他缺少气魄，品性懦弱，而且在接下来的时间里，他在孩子面前的威信也会受到影响。

把学生按照不同的情况区分开来，是教师开始要做好的最重要的事。首先要弄清楚学生都读过哪些书，然后再根据他们各自不同的情况因材施教。学生们在任务下达之后，就在各自的座位上开始读书。为了镇住那些顽劣的学生，所以教师一般对此要求非常严。现在让我们来看看那些用于认字的书吧，首先，把视线调到孩子们的肩膀上方，看到了吗？这些书看上去非常奇怪，带着一种古旧感。接下来看看这些书的内容，在破旧、乏味、奇怪这些方面，再没有什么书能超过在孩子们手中的这些中国课本了。也许在作者著书的时候，就从没考虑过让学生喜欢它。要是说这些书哪里做得最出色，就是那些活泼开朗的孩子从不曾因为这些书而感到一点轻松快乐。这些书看上去死气沉沉，乏味、单调到了极点，完全不存在诙谐、机智等因素。在中国学者以及智者看来，西方人那种从"猫""狗"开始的学习方法实在是过于简单幼稚，所以他们不屑于这样做。中国人开始学习生活的方法，是让那些八九岁的孩子看一本充满了深奥的道德理念的书。由于这本书由一系列仅有三个字的句子组成，所以这本书取名《三字经》。"人之初，性本善"是这本书的第一句话，颇有一种信条的感觉。对于这一观点究竟正确与否，两个派别的学者们一直争论不休，一派认为对，一派认为不对。对比一下吧，一个英国孩子，大约十岁，这样开始他的一天：读一个轻松有趣的小故事或者看一副漂亮的图画。而中国的孩子们，摆在他们面前的是那些艰深而且抽象的问题，他们必须得探讨这些摸不着头脑的东西。所以中国孩子的校园生活，在开始的时候是多么地枯燥乏味，一想即知。

接下来，马上被放到孩子们手中的是中国的经典著作。这些书相比于孩子其实更适合成年人，里面满是一些抽象细致的描述以及一些艰深的道德探讨或者其他什么，主要谈论的是一些治理国家的问题。事实上，中国的小学生们所看的那些书正是那些老人们穷其一生的研究成果。但是这对孩子们来说，并不是一件幸福的事，因为他们真是太可怜了，他们能从那些书里得到什么呢？反正不是快乐，他们要在无尽的填鸭式的浇灌下，透过那些糟得不能再糟的印刷，将那些文字记在心里。而且这些东西离他们平常的生活非常遥远。欢笑、玩闹仿佛成了一种罪过，是孩子们不应拥有的。在他们稚嫩的脸孔上，我们只能看到冷静与严肃，看起来非常僵硬，缺少应有的光彩。他们目不转睛地看着那些课本，没有一点声响，没有欢乐的笑声。尽管这些孩子也一样喜欢笑闹，有幽默感，但《少年和姑娘》《杰克和豆茎》《杰克盖的小屋》这些书却不能让他们的双眼显露出激动的神采。事实上，中国人的世界里关于孩子的东西非常少，他们总是将目光放在成年人身上。在中国，所有的学校的教科书都一样，既没有图，也没有图说。之所以如此，是因为在两千年的时光里没有一个作家为孩子写过故事；所有的艺术家们，无论是哪一个朝代，都不曾把给孩子带来欢乐作为绘画的目的，也不曾将孩子的生活人画，专门描画这些；那些学者们，无论是谁，都没考虑过为孩子编写一套易于学习且富有趣味的教科书。这些课本看起来一点也不美观：它们所用的纸非常薄，而且很脆，文字间的缝隙很小，乱糟糟地挤在一起，字迹非常模糊，封皮的角也很容易就弯起来了。

现在，再回过头来看看孩子们吧，他们已经在桌边儿坐好了。功课安排好后，孩子们开始认真学习自己要掌握的东西，而老师也开始做自己的工作，他要为孩子们准备好以后临摹字用的字帖，他看起来十分严肃，将脸板得又冷又硬。我们当然希望教室能一直保持这种安静的状态，不过很快它就被打破了，安静的时间结束。整个过程让人感到非常奇怪：先是在教室的一角传出来一丝微弱的带着一点颤抖的声音，接着，几乎是瞬间，另一个有点儿低沉的声音在对面传来。一个，又一个，不断有声音加进来。所有人都高声朗诵课文，像呼喊一样展示着他们所能发出的最大音量。这些嘈杂的声音在我看来是每个人所需记忆内容的混合体。在整个教学体系中，这种大声的朗诵被中国人看作是一种最有帮助的事情之一。这些合声从孩子们的嘴里喊出来，既不协调也没有节奏，但站在外边的大人们却听得非常高兴。这种教学方法起源于两千多年前中国历史开始的时候，现在这些人仍尽自己的努力让这种教学方法继续流传下去。

我对中国的教育方法所处情境的看法是：非常尴尬且毫无意义。首先，中国的教学方法导致孩子们的学习时间过长。早晨六点前后，孩子们就背着书包上学去了，他们的老师板着脸，好像从没学过怎么笑似的，正在那儿等他们。一直到八点，孩子们才能回家吃早饭。一个小时后，他们必须回到各自那高高的凳子上，摇晃着脑袋，继续大声地背诵来自两百年前的文章，这次他们要一直念到吃午饭的时候才能够回去。孩子们飞快地用筷子将米饭划拉进嘴里，配菜是那些被虫子啃食过的圆白菜，以及锅里那些蜗牛和蛞蝓，这些蜗牛和蛞蝓被弄成黑乎乎的一团，看起来就令人作呕。午餐之后的读书过程是上午的翻版，孩子们只得再次回到凳子上。等到太阳沉到山下，昏暗占领了榕树以及教室的领地，原本就不清楚的文字变得愈发模糊。孩子们因为阳光的离席再也不能和那些瘦小的文字玩了，放学的时间终于到来。孩子们回到家吃过晚饭后，就可以睡觉了。

其次，在培养孩子的学习兴趣这方面，中国的学童教育方法非常不好。当一个学生第一次拿到书本，结果这上面全是一排排按照不同笔画拼合成的图形，这些图形都有各自的某些特性，从而和别的区分开来。这些图形相互独立，既没有彼此联系的桥梁，也没有各自内涵的最本源的解释。这些图形如此地神秘，它们构成了中国的书面语，与它们相比，亚述碑文上的楔形文字实在是太平常了。

开始的时候，老师只告诉学生这些字的发音，并不为他们解释这些方块字的含义。就像是最准确的意思只有那些发明这些字的学者和先贤们才知道一样。这种想法当然不是真的。事实上，随着时代的变迁，这些字的发音已经和原来不太一样了，在中国不同的地区，这些字的发音也有所不同。由此我们可以得出这样一个结论，这些字具体如何发音关系不大，完全是随意的，它们对字本身的含义没有影响。然而，直到将所有课本都看完为止，这种对发音的学习要持续四五年。在几年的时间里，学生们因为只学到了如何发音，所以什么新思想都学不到，他们的思维才智不会因为上学而有所不同。可想而知，这样的生活是多么地缺少生趣。单调乏味的习字之后，孩子们迎来了一个比较有意思的阶段，在这个阶段，老师开始为他们讲解他们所学过的所有课文，这时整本书不再是些对头脑半点启迪也没有的奇怪的图形了，它终于活了起来。孩子们的读书声中终于出现了感情色彩，在这时，文字也终于成为了人类的声音，它们可以被人听见，而且魅力十足。孩子们努力想要抓住这些来自于几千年前的声音，他们与这些声音似乎被一些看不见的丝线连在一起了，在未来，他们的思想之所以总是透露出这些声音的形迹，正是因为在孩童时代孩子们的思想就受到了这些声音的影响。

孩子们在与这些声音不断的碰撞中度过了漫长的时光，所有的碰撞所花费的时间都很短而且碰撞出的结果也不协调，长期以来，他们成长的脚步总是那么地沉重，因为从不曾有人领着他们去浪漫、随性的领域。在整个学习过程中，单调乏味无时不在。课间休息这个东西要是存在的话，也许还能缓解一下整个学校的沉闷气氛，学生们可以互相打闹玩耍，用十分钟的时间暂时忘记学习的枯燥与痛苦，以及教室的压抑和限制。然而，孩子们休息的时间只有一两分钟，这是他们仅有的可以放松的时间，而且每次只能一个人。在老师的桌子上有一根竹签，如果有谁觉得非常累想要休息一下，他随时可以把这根竹签拿起来放到自己的桌子上，休息好了，再把竹签放回去。这样老师就能知道谁出去了，以及出去了多久，所有人都在老师的注视下学习。学生在学校的大多数时间里，都生活在教师严格的看管下，那些刻板、生硬的纪律规范总是被严格地执行着。学校里的惩罚主要是针对懒散、不上进，其他的纪律，即使没有遵守也很少处罚。戒尺是最常用的处罚工具，被摆在讲桌最明显的位置上。若是哪个学生不好好学习，老师就会让他把手伸出来，用戒尺打上几下，通常学生都会被打得嗷嗷直叫。跪在地上是另一种处罚方法，只有学生的课程达标了，他才能从地上站起来。再有一种惩罚方式是站砖，要求学生双脚站在砖上不能动，那块砖大约一平方英尺，如果他总是不能在老师面前将功课准确无误地背出来，他就要一直这样站着。

就像我们所想的那样，老师在性格上各不相同。他们是这个国家的绅士，坚守着自己的权力与骄傲。自负、傲慢、古板守旧，视所有舶来品，包括人，为敌人。他们所犯的错误，在我，或者说以一个英国人的视角来看，非常明显，他们如此地愚昧，可以说无可救药。在教学内容上，既没有任何文科方面的论题，也没有算数、地理或者历史这些基础学科。他们不停地、重复地教导那些孩子的，只有那些经典著作，而这些东西的作者甚至是生活在二十个世纪以前的。他们逐字逐句地重复着这些东西，非常仔细、用心，对于这些书的内容采用众所周知的解释。

尽管这些经典在某些方面对人们的思想是一种启发，并且对于人们的理论水平颇有促进作用，但在扩大知识面这个方面，起到的作用实在是不足。有些知识那些英国学生觉得非常熟悉，但这些中国教师却几乎全然不知。对于别人的干预与指责，所有的中国老师都不能忍受，因为在各自的学校，他们就是王者。一旦有谁有胆子对他们的行为表示不满，这个人就要做好吃官司的准备。对于那个胆大包天的家伙，官府会出面对他施压，直到他对那些老师表示“心悦诚服”，并为抚平老师们那脆弱的心灵花上大笔银钱为止。这种事在教育界十分常见，即使那些教师本身行为不端，对于学生缺少起码的责任心，也会这样。举个例子，有个老师完全不把教学工作当回事，只教了几天学就出去享乐了，几天甚至几星期也不见人。或许大多数学生对此异常兴奋，但是对于家长来说，心里必然气愤难平。可是他们只能把这种愤怒藏在心里，在背后悄悄地议论几声，万不敢把这种不满传到教师的耳朵里。教师的这种行为可能会持续上整整一年，到最后，他上课的时间摞起来也不过几个星期，但他的工钱少一分都不行。一年之后，长者们虽然不会跟他续约，但在嘴上，他们还是会毕恭毕敬地说上一些赞扬的话，说得他就像是一位模范教师一般。无赖是他留给人们的印象，在以后，人们再也不敢找这样的人来当老师了。

“游方学者”是存在于中国农村的一群非常特别的学者。这些人通常聪明，富有才干，但在人品这方面，真的让人不敢恭维。他们在社会上四处漂泊，对于学术界来说，他们非常可耻。他们之中大多数人都有烟瘾，因为固定工作所挣的钱有限，不足以换成足够的鸦片来缓解烟瘾发作带来的痛苦，所以他们很难在稳定的工作岗位上坚持下去，总是四处流浪。在游荡的路上，沿途的每一所学校都会接到他们的拜帖。在这片土地上，有这样一个惯例：如果有一位学者路过某地，当地的教师必须请他吃顿饭，若是天色晚了，还要提供住宿，并在那位学者离开的时候，给他准备好盘缠。一想到那些黑心的游方学者不定什么时候就会出现，用尽各种招数手段把自己的储蓄耗干，老师们就直冒冷汗。要是这个老师满腹经纶、身强体健倒还好一些，要是他资质平庸、学识一般就糟了，被坑一笔将无可避免。举个例子，一个老师正在给学生们上课，这时，一个游方学者走了进来，他打量一下那位老师，发现他只不过是个酸儒，一脸倒霉相，自己也没比他差多少，于是这位学者马上摆开架势，脸上满是严肃、愤怒的表情，说："你这么平庸的人，哪配教这些孩子，要想知道你是不是真有才华，也不难，我考考你，不过，你要是没才，最好马上走，换我来教他们。"除了中国，这样任意妄为的事，我敢肯定，绝不会在其他地方发生。这位游方学者确实很聪明，他的话很快得到了想要的效果。为了能从无赖的手里逃出来，那位可怜的老师只好迅速地掏出钱来跟他交涉。最后那位游方学者终于走了，他一脸的志得意满，原本惨白的脸孔又添了一抹凶狠的笑意，冲着大烟馆飞奔而去。鸦片的雾气在烟馆内缭绕起来，那位学者终于可以畅快淋漓地享受鸦片烟了，他慢慢地睡着了，嘴角犹挂着笑，毫无疑问他对于自己的才智非常满意。

在中国的广大农村地区，上面所描述的这种学校仍然非常多。截至目前，只有在比较大或者重要的城市，才能见到由政府创建的学校。尽管总是要想尽办法去应付那些不断上涨的学费，仍有很多孩子到这里来上学。其中有不少学生是为了将来能在政府部门任职，或者其他的什么原因。

让孩子去政府兴办的学校读书并不是所有家长的意愿。有一些仍然能够接受传统的教学方式，因为他们觉得孩子只学点东西能够算清楚账目就可以了。

毫无疑问，新的知识早晚会影响到中国的每一所学校。但中国地域如此辽阔，要想让这种影响完全实现，恐怕还要等很多年。与旧的民办方式相比，新生的共和国创建的学校无疑将会得到更迅猛、更正规的发展。对于政府来说，民办学校采取什么样的教育举措，它们也很难干预。而且，我们必须意识到，整体而言，中国旧有的教育体制仍在沿用。因为短时间内他们别无选择，毕竟新式教师的培养，以及新的教学方法推广要花很长的时间，想想中国那不计其数的学校吧。所以在培养出足够数量的新式教师以前，这种情况会一直延续下去。

第七章　崇拜祖先

对祖先的崇拜，是我们在中国发现的一种“宗教力量”，它的影响力以及控制力都非常强大，并且广泛适用于社会各层。如果要对祖先崇拜所处的地位做一个说明的话，我想说的是，就算仅仅是一秒钟，也没有任何信仰可以替代它。我这样说吧，偶像具有可选择性，可以崇拜，也可以不崇拜，一个人既可以坚定不移地拥护偶像，也可以凭借着怀疑的精神质疑那些偶像，他究竟怎么想没人介意。不过一个人如果胆敢表示他不崇拜自己的祖先，那么，暂不提他的亲朋好友，就是左邻右舍也会对他表示鄙视。对于那些胆敢信基督的同胞，中国人常常辱骂他们埋没祖宗，因为对中国人来说，对祖先的嘲讽、侮辱，是最恶毒也最能挑动人神经的一种方法。

这种崇拜在中国历史开始的时候就已经萌芽了。对于典礼中应该遵循哪些礼法守则，孔子在《礼记》中有详细的要求。“礼”的特征现在已经与孔子当初所描绘的有了本质的不同，从前的那些在祖宗祠堂里举行的仪式，更倾向于一种追忆，目的仅在于让活着的人不要忘记那些已经去世的、他们曾经爱过的亲人，从而唤起一些曾经的回忆。

但现在，在历史推进了几个世纪后，原本的想法被延伸了，人们开始这样想：祖先创建了这个民族，即便现在肉体已经消亡，但族内目前所拥有的金钱以及人命依然受到他们的影响，因为他们的精神还在，并具有强大的控制力。对于祖先的崇拜随着这种思想的发展，慢慢地融入到整个民族的血液中。现在对这个民族来说，祭拜祖先已经成了一件十分重要的事，在遵循一定礼教规范的基础上，一刻也不能停止活人与死者的联系。因为整个民族的荣辱都系在那些已经死去的祖先身上。人们拜祭祖先再不是因为想要忆起原本那种亲密的关系，而是因为担心一旦落下什么，就会失去财产，并祸及子孙。

中国人相信人有三魂，死后，其中一魂就会去阴间报到。在中国人心里，阴阳两界非常相像。阴间可以说是阳间的翻版，只是阴间环境更差，且毫无生气，至于其他的，阴间到底什么样，人们并没有一个清晰的认识。另一魂留在坟里，而第三个则去了祖先排位里。与祖先崇拜相关的就是后两个了。

在祖宗祠堂里有那么一个区域，要想把排位放在那儿，生前要足够优秀。要是这个家族的头领当然没问题，不过如果只是一个普通人，他的排位就只能在家里找个合适的地方放着了，那些为他离世感到伤心难过的人可以去那儿拜祭。在每年清明的时候，人们会去拜祭在坟墓里的一魂。在中国可以见到很多有趣的事，这种拜祭方式从某些方面来说，位列前茅。中国人喜欢将遗体埋在山里，中国的南方有很多山地和丘陵，所以常常能看见人们的坟冢。埋身山野并不是因为山里的环境更优美，而是因为封建迷信，他们对于风水之说非常相信，认为死去的祖先能够凭借强大的风水之力为子孙后代带来好运。

在清明节去山上的墓地拜祭已经成为了一种习俗。男女老少带着愉快的表情三五成群地到山上去。这件事对孩子们来说更像是一次野餐，既有意思又有魅力，一年以来，他们早就盼着这一天了。男人们将锄头扛在肩上，女人们将装满了食物的篮子提在手里，那些食物是拜祭用的供品，通常种类很多，味道也不错。在拜祭仪式结束之后，家庭成员们就可以享用它们了。

在清明的时候，山上的风景真是美极了，像画儿一样，明快的阳光在人们身上徜徉，高山上有一处陡峭的悬崖，形状怪诞，阳光照在它身上形成一条影子印在这块耀眼的画布上。天空飘过一片云彩，为沐浴在阳光下的山坡围了一层暗色的薄纱，这片山坡看起来更美了。在春雨的抚慰下，原本被冷厉的寒风欺压得又枯又黄的草地，终于换上了一件绿衣裳。炽烈的阳光将远处的青山围了起来，原本发黑的山沿儿透出一种微微的红色。

山坡上那层层叠叠的坟冢在这画儿一般的景色的映衬下，变得生机勃勃起来。众多的男女们身穿深蓝色的衣裳，炽烈的阳光打在他们身上，看起来有一种褪色、黯然的感觉，那些小女孩们穿着白色的裙子，上面还有一些粉色或紫色的小花儿，她们就像是一条条银白色的丝线连接着阳光下的每一处影子。这片地上原本是那么地沉寂，没有半点活气，现在人们却从中闻到了罗曼蒂克的味道，这是因为这幅图画如此富有诗意，那阳光、那白云、那在山冈上缠绵的光与影共同造就了它。

当人们到了墓地，由家里的男人负责修补坟冢，在过去的一年里，坟墓可能会被雨水冲坏，他们带着锄头就是为了修坟的。如果坟变矮了，就给它添点土。在坟头通常有一块石板，女人和孩子要将供品摆在上面，亡灵们已经饿了一年，现在可以吃饭了。准备工作结束后，作为一家之主的父亲会合十双手在墓前站好，开始慰问亡灵："我们带了些祭品来看您了，现在家里还不宽裕，否则我们会给您带来更好的食物，比您离开我们时所能吃到的最好的食物还要好。来吃吧，千万别嫌弃，希望您一如既往地爱我们，就像您离开人世去地府之前那样。”

接着，他会把家里的一些情况告诉那些亡灵：“这一年来，我们过得不太好，买卖做得不顺利，家人也被病魔伤害过。虽然我们勤勤恳恳地工作，节省每一分钱，但仍然只能勉强过活。看在我们这么恭敬的分上，希望明年您能保佑我们。用您的力量为我们祝福吧，带给我们一些好事，爸爸，听我说，救救您爱着的人吧，让我们脱离贫穷和困苦。”

这家人在拜祭仪式结束后已经非常饿了，好在亡灵们的进餐活动结束，现在轮到他们享用了。孩子们肚里的食物早就被山中的野风吹光了，他们直勾勾地盯着那些糕点、鸡肉以及水灵灵的瓜果，他们居住的那座残破的城市就在山脚下，在那儿，他们从没吃到过这么美味的食物，今天对他们来说，真是再美好不过了。这时，他们的脸上再也找不到一点阴暗的颜色，一天就这么伴随着美食与欢笑过去了。

在人们还没有察觉的时候，太阳就下山了，阳光不再晃眼，变得柔顺起来。黑暗把阳光从大地上赶走，占领了整个天空。人群慢慢地离开了。祖先们知道了过去一年家里发生的事，留恋了一会儿尘世后，就再次回到了地下，那里宁静极了。在之后的一年里，他们的生活将充满孤寂，留下来陪伴他们的除了自然之外，也就只有偶尔路过的行人那急急忙忙的脚步声了，雨水依旧会把坟墓冲开，野草也仍然会将它们埋没。

就像山上的坟墓一样，放在家里的牌位也要每年供奉一次。家族领袖以及氏族的创始人的牌位被供奉在宗庙内，人们相信他们的灵魂永不消亡，在每年的春秋两季，全体氏族成员都会去拜祭他们。这种祭祀仪式究竟在中国人心目中有多重的分量，他们在这一活动中表现出了怎样的想象力以及恭敬、虔诚，我相信只有通过对它进行翔实的描述，读者才能了解到。

举行仪式的地方是一个既大又坚实的大殿，容纳六七百人不成问题，周围那些又小又破的小庙与它完全不在一个档次上。这座殿堂不仅被修建得十分结实，而且也一直被精心照顾着，修缮得非常好。

这一日是秋天的祭日，全族的人聚在一起拜祭祖先，希望他给族里的每个人带来名誉和财富，场面盛大。族里的男人们聚在一起议论纷纷，他们刚刚刮过胡子，把辫子编得非常漂亮。今天的饭菜无疑将非常丰盛，他们因此感到兴致勃勃，对他们来说今天是个好日子，值得举杯庆祝。他们的欢笑声，无论走到哪里都能听见，欢快的笑容以及喜悦的神采一直浮现在他们脸上。

这个聚会非常正式。人们脱掉了平时穿的破破烂烂的旧衣服，换上一套最好的。所有人都很重视这次盛会，有些人的着装近乎是官服了，不过这些服装让人们看起来都怪怪的。有一个人我们竟然没认出来，因为他穿得实在是太奇怪了。这人是个农民，平常你要是在田间地头看见他，可能会把他当成乞丐头儿，不过他和乞丐还是有区别的，因为他是个劳动者。然而今天，他是坐着一辆豪华的马车来这儿的，他的衣服既干净又漂亮，头上戴着老式礼帽，看起来，尽管不大，但却像个官儿。另一个一身华丽长袍，看上去像个贵族的家伙，也许某一天，你会在他家中见到他穿着一件有三十年历史的破衣服，他会自豪地向你介绍它。

嗡嗡的交谈声在一声号令下戛然而止，人们脸上满满的笑意瞬时被肃穆替代。同时，十个头戴官帽、身披长袍的人来到放着牌位的长桌跟前。这些家伙是各个分支家族的家主，尽管他们看上去德高望重，但事实上这也只是看上去罢了，内在不过是些伪君子。他们在几百年前拥有同一个祖先，现在他们各自代表着一个大家族。这十个人中的两个站在桌子的两端，其他人站在桌前。那两个人中的一位，大约三十岁，面相上精明强干，看起来很有学问。尽管这人看来身体不太强壮，脸色有些苍白，但在他的眼睛里，我们能看见满满的神采，他的脸孔也告诉我们这人非常能干。他是一个读书人，拥有秀才学历。在一大群人中非常显眼，这与他做工精湛的秀才服、华丽的帽子以及漂亮的纽扣脱不开干系。

在他的对面站着的是另一位学者，这位学者的身上也有这个阶层的人所特有的性格特点以及行为举止，尽管在外表上他给人一种恭谨谦逊的感觉，但他的灵魂却桀骜不驯，在那些伟大的祖宗牌位面前，或许他竭尽全力让自己看起来虔诚、恭敬，但他的自大和无礼却不时地溜出来，不信你可以仔细观察一下，他微微歪着脑袋，黑黑的眼珠不时闪动着放肆的光芒。

在那些读书人的理想中，他就是一个典范。他的颧骨很高，看起来非常明显，一双杏仁般的眼睛，微微眯缝着，光芒闪耀。他的嘴很大，不过并不难看。扁平的鼻子，看起来像是被摔瘪的，或许他小时候从篱笆上掉下来，但没有养好。他的样貌并不好，气色看起来也不健康，皮肤原本是黄色的，不过在阳光的洗礼下，现在有点发黑。一点也不用奇怪，他满是皱纹的脸上为什么会透出一种烂菜叶般的枯黄，因为那金黄色的田地他从不曾亲眼见过，那从山楂栅栏里吹过来的空气他从没有呼吸过，那果实累累的果园他也从没迈进去过。旧势力的印记在他们身上仍然发挥着作用，他们视自己为皇亲，中国那混乱、不正常的文明因他们而逐渐没落，这个伟大的国家，它的百姓的生机几乎被这种文明压榨干净了。今天这场祭祀的司仪正是这样的两个男人。

大殿装了至少五百个男人，却一个女人也见不到。女人在这个神圣的节日里，没有一点位置。没多久，在立着的人群里出来一个又高又壮的男人，他走到灵位前，按照指示在三个小杯里分别倒好米酒。他两膝着地跪好，将酒杯高高举过头顶，一边摇动，一边大声道："您的第十代子孙跪在这里了，我们为您带来了祭品，请享用吧。"各种各样的供品满满地摆了一桌子，不过在先人们对这些美味佳肴表示满意以前，它们仍然会继续增加，至于怎么知道先人们是否已经满意了，这就全看他们自己了。

接下来，一个长长的卷轴出现在一位学者的手里，这是用来告慰先人的，在那上面是所有分支家族的名字以及各支子孙的数目。在家谱中，女人是没有权利出现的。女人在家族中没什么地位，按照中国的说法就是“嫁出去的女儿，泼出去的水”，女人对本族不会有任何好处，因为她们生来就注定要嫁到别人家。这张令人乏味的统计报表最后会被扔到火里，人们认为通过这种方式，它就能被直接送到先人在地府的居处，在未来的六个月，先人们要是有空就可以看看。

这个奇怪的拜祭仪式有一个非常激动人心的结束式。那位主持仪式的人一声号令，大殿内所有人应声而跪，对着灵位行叩拜之礼。在这个时候，屋子里的每个人都心无杂念，诚心敬拜，五百个头颅磕在地上，发出的声响清脆又洪亮。为了能让孩子们将这件事铭刻于心，在以后的人生中把拜祭祖先当作一件至关重要的事，有些父亲还把自己的孩子带到这里和其他氏族成员一块拜祭，以保证他们能真正融入到这种仪式中。

在这个结束式上，他们要磕五个真正的响头，恐怕只有中国人才会不觉得疼。拜祭一结束，所有的人立刻飞奔到放着珍馐美味的桌子前，那些食物是厨师们精心烹饪的，量非常大，都快将桌子压垮了。直到这时，这些人的本性才显露出来。没什么能比一顿丰富的饭食更能让中国人全情投入了。就像我们对圣诞节的企盼一样，他们对于这顿大餐也是时刻盼望着。那些食物光是香味儿就能让人胃口大开，有令人垂涎欲滴的大肉块，有晶莹剔透的米饭，还有香脆可口的腌黄瓜，除此之外，主桌上的食物更丰盛，像鸡啊，鸭啊，燕窝做的汤啊等等，数不胜数。这些景象实在是太美好了，他们一在桌边坐好，美食就在眼前出现了，当可以真正享受这份快乐的时候，所有人都禁不住要仔细品味其中的美好。人们一样不落地享用每一道佳肴，随着食欲的增长，胃口也不断变大。这顿大餐如此丰盛，而且用不着自己付钱，还有什么比这更让人高兴的呢？除非遇到一件更大的喜事，否则他们会一直回味这顿盛宴带给他们的愉悦。在中国人看来，那句“节俭的人坚信饥饿是人生最好的调剂”简直蠢到家了，在他们的观念里，没什么比一顿免费的大餐更能让人胃口大开。在宴会开始的几分钟，没有人会说话，只有那些声响不断地传来：碗筷间的碰撞声、人们为了让米饭尽快凉下来从喉咙里发出的吹气声。中国人把这些动静当作是一种优美的韵律，可以加快进食的节奏，当然对我们来说，这非常不礼貌。

经过一段时间的补充，原本那种饥肠辘辘的感觉逐渐淡去，嗡嗡的交谈声在人们吃饱喝足后，再次响起来。米酒又热又辣，它慢慢地开始发挥效力，人们的脸涨得通红，整个大殿到处都是嗡嗡声。也许这顿大餐让人们感到十分满意，所以他们逐渐浮想联翩起来。这次盛宴，人们在半年前就开始想了，他们在桌边围成一圈，把酒言欢，享受美食，直到吃净所有东西，才放下筷子，表示自己吃饱了。时间就这样不知不觉地滑走了。

还剩下那么几个人并没有放下筷子，他们的食量非常大，并对此非常自豪，所以故意邀请那些失败的“对手”继续和他们一起吃。而那些可怜的失败者已经吃不动了，他们摇摇头，拍拍自己的肚子，表示已经很饱了。因为“饱”这个字给人一种粗鄙感，所以我们一般不在正式场合用它，但这个字在中国却很常见，并且还有些说法：用来表达肉体所获得的极大的满足。在中国，一个人向他的朋友问好，他不像我们那样含蓄地说：“你好吗？”他说：“吃了吗？”回答的那个人会说：“吃了，你呢？”他点点头，道：“嗯，也吃了。”然后他们会因为知道两人都已经得到了巨大的满足，并没有受到霉运的伤害而露出愉悦的笑容，即使这满足只是暂时的。

我认为，祖先崇拜能流传到今天，这些盛宴功不可没，要是有一天将它们抹掉，那么拜祭祖先这件事也就没什么精彩的地方了。

正是因为这些大餐，祭祀祖先这件事才能持续到今天并且被发扬光大。氏族的创始人非常聪明，他们知道光是依靠感情并不能让后代们永远怀念自己，所以要有别的东西。他们采用的办法是捐赠遗产，他们将自己的遗产作为公共地产，今后，子孙们祭祀所需的所有费用都从这里面出。为了避免氏族中某个有权有势的家伙私吞这笔钱，所以由每个家族轮流监管，在支付完祭祀活动的所有花费后，那个在管这笔钱的家族有权先花剩下的钱。这种做法除了可以加强信仰，还能激发人们祭拜的热情。

祭拜祖先可以让每一位氏族成员受益。既可以免费吃一顿大餐，还可以在监管那笔钱的时候任意花费。正是因为可以在其中获得利益，所以这种习俗才能够深入人心。人们对先人们的崇拜，在拿走土地、取消盛宴之后，恐怕剩不了多少，这种惯例式的祭祀最后也会消失。为了确保国家的某些制度能够一直延续下去，而将捐献遗产作为一种手段，并围绕它形成某些习俗，这些习俗一般会成为于国不利的陋习。但这种做法，在世界范围内，绝不止中国一家。

这次卓越的聚会终于随着盛宴的结束而落下帷幕。人们离开了原本围绕着的，曾举杯共饮、把酒言欢的饭桌，回家去了。他们沿着田间的小径行走，或单个，或成群。那些衣服、帽子被细心谨慎地放到箱子里，确保它们能够不沾染一点尘埃，它们已经完成了此次的任务，暂时改变了主人们破衣烂衫的形象，为他们长了脸面，在以后其他的庆祝场合，它们会再次被拿出来。现在，大殿的门已经关上了，今年掌管祭祀的家族已将宴会所剩的食物拿走了，那些寂寞的先人们将要靠仅留下的那一点儿供奉度过随后的六个月，这种祭祀活动每半年一次，完全是公事公办，全无半点诗意、情趣。那些人，来参加上面所描写的这种祭拜活动，并不是因为他们对祖先神灵的热爱。那些祖先一百多年前就去世了，他们和今天来拜祭的人从没相处过，人们不了解他们的为人，也没有想去了解的愿望。是什么将生者和死者联系到一起呢？这个东西非常玄妙，人们相信，每一位曾经在这片土地上劳作、生活过的先人，在他们死后去了阴间，并被赐予了一种可以影响后世子孙是福是祸的力量。人们活着的时候所具有的宽容与良善，在黑暗的世界里，被悲痛与苦难消耗殆尽。地狱是真实的人世，魂灵们再不能感到快乐，复仇之火不断在心中燃烧。一夜暴富对于穷汉们是不可能的，这个新的世界既没有阳光，也没有欢乐，魂灵们在这里仍然要奋发图强，努力的程度甚至要超过活着的时候。一个人被砍掉了头颅，做了鬼也只能是无头鬼，它四处飘荡，悲惨到了极点。它再也不能和人类做朋友，连内心到底在想着什么也没办法告诉别人了，就算你再怎么对他报以同情，他内心的苦闷也不会得到一点儿缓解。

显然，在中国人看来，只有靠着阳间的亲友，那些在阴间生活的鬼魂才能获得舒适的生活。这些魂灵每年的吃穿用度都来自于祭祀。一旦有所短缺，魂灵们就会觉得被忽视了，会因此而生气，并且报复阳世的亲友，给他们带来痛苦和危难。

这种观念在中国人心中根深蒂固，所以为了告慰那些没有亲人在世或者被人遗忘的，不得不在阴间忍饥挨饿的魂灵，人们特地为他们设立了一个节日。时间定在八月份，在露天的大坝上摆一个桌子，上面是人们为其准备好的各种美食，当然人们也有所求，希望这些魂灵可以向阎王求情，在未来的一个月放世人一马。此外，鬼魂们为了报答世人的良善，也会少用一些神鬼之力，减少给他们带来的灾祸。

这种拜祭活动带有一种交易的色彩，但相比于在大殿进行的那种，去坟前拜祭看起来更有人情味，因为在坟前祭奠的人一般都是死者的亲友。亲人不在了，他们非常悲伤，泪水不禁滑落，甚至放声大哭。那些人如此难过，他们一次又一次地来到坟前，向魂灵们倾诉他们心底的悲伤。例如，一个女子，她的丈夫英年早逝，他们本来相敬如宾，形影不离，生活十分平静，从没想过有一天会天人永隔。在中国，无论夫妻间如何相爱，都不能将这种感情表露于人前。忽然有一天，一种在华东地区猖狂游荡的疾病击倒了丈夫，对这件事的严重性，那位妻子还没真正地体悟，她的丈夫就忽然离世了。

这个意外袭来的灾难实在是太大了。原本埋藏在心底的巨大的情感冲破所有藩篱，汹涌而出，她终于把自己浓浓的爱恋之情诉说了出来。在丈夫活着的时候，她身上被强加了太多来自于社会的枷锁，现在丈夫去了，它们也随风而逝，她终于可以将自己最深的爱意毫无顾忌地表达出来，这种爱在每一个西方女性的身上都能看到。她悲伤地哭着，在众多邻居面前，所有人都能从这哭声中看到她对丈夫的爱，不过在这个时候，没人会指摘她的妇德。上帝给了我们各种风俗习惯，它们不尽相同，甚至截然相反，但世界上的每一个人，他的心脏都按照一个节拍跳动，当自然发出召唤，所有人都能知道他想表达什么。

我相信世界上最让人悲伤的事，就是站在坟前聆听妻子唱给逝去丈夫的歌。有一天，我去散步，路上经过一个山坡，上面的坟冢连成一片，彼此紧紧地挨在一起，连个立锥之地都没有。有一些坟很明显就能看出还很新，它们盖着的泥土是新的，周边的草有刚刚被清理过的痕迹。还有一些坟已经很老了，它们在雨水以及大风的侵袭下，逐渐被削平，几乎成了平地，旁边长了满满的杂草。这是一座公墓，历史悠久，好几千人在此长眠。

这一景象还在我都脑海中奔腾，忽然，隐约之间，一个女人沿着坟墓间弯弯曲曲的小径走了过来。她停在一座新坟前面，双膝着地跪了下来。她长得很美，可惜脸上没有一点笑容，若是她笑起来，必然十分惹人怜爱。而现在，说不尽的伤痛和悲苦将她的脸占得满满的，她用双手遮着脸，这无疑是一个悲伤欲绝的寡妇，她在向她死去的丈夫倾诉心中的苦楚。尽管那份悲伤几乎将她压垮，她恨不得号啕大哭，但在最初的时候，她仍然只是默默流泪。慢慢地，她的哭声大了起来。她哭号着，声音中满含着感情："啊！可怜啊可怜，我的命怎么这么苦啊！我受不了了。啊，让我去死吧！让我去死吧！我再也受不了了。"她完全被悲伤笼罩了，哭喊声不断加大，她开始哭诉自己不幸的人生，用世间最哀痛的词汇来发泄自己失去丈夫的痛苦："我的丈夫啊，我的命，为什么，你为什么要将我一个人丢下？我的心如此地寂寞，还有谁能向你一样听我吐露心事，还有谁能像你一样触动我的心弦，再也没有了，为什么你要离开我，为什么你要离开我啊，我的心都要碎了呀。"她是那么地悲伤，以至于在诉说这些感伤时，声音又一次拔高了，现在她的哭喊声几乎可以称之为呐喊、哀号了。泪水滂沱而下滑过脸颊，眼睛哭得又红又肿，看上去她已经悲痛绝望到了极点。她想要丈夫醒过来看看她，看看她有多疼，她用尽一切词汇，用所能想到的所有蕴含着满满的情感的词来呼唤她那沉睡中的丈夫。中国的女性都很实际，浪漫的爱情很难触动她们，通常她们一生也不会炽烈地燃烧一次。但此刻，墓前的这位女性，从她们中脱离出来了，似乎她来自别的国度，那个国家的人如火一般富有激情，在他们心灵深处满满的都是浪漫与爱情；爱在那个国家是一件崇高圣洁的事，它具有一种神奇的力量，可以让一个人在精神上获得提升。在事实上，这个女人当然是这片土地的女儿，这个国度的每个人按照他们自己的习俗将心里最浓烈、最炽热的情感寄放在心灵深处。

这一幕情景确实非常哀婉，极具戏剧效果，让看到它的人感触良多，但在这里面，我们还要注意到一件事。她呼唤她的丈夫，向他倾诉自己的悲伤与绝望，但在这个过程中，没有一处可以体现出，她认为他们还有机会再相见。这种想法并不会在一个中国人的思想里出现。她的丈夫走了，以后再也不能依靠他，离别为她带来的苦楚撕心裂肺。在她的生命里，丈夫离开了，无论她去哪儿，她都不可能再见到他，她所有的努力都没有任何意义。

这一幕令人非常伤感，两个英国姑娘的出现，为它添加了一些不一样的音符。她们穿过坟地，因为内心的同情，满含惊讶地走过来。她们在坟边停下脚步，聆听这个女子的辛酸事。看着女人扑簌而下的泪水以及满面的愁苦，她们渐渐为她难过起来，不由得走上前去安慰她:“别哭了，你今天已经哭得太多了，要是再哭，身体都要弄坏了。”她们轻轻地搀扶着女人的胳膊，将她从地上拉起来，女人十分诧异，她抬起头，看到她们充满真诚与怜惜的脸，接受了她们的好意。和那两人闲聊几句后，她离开那里回家去了。

神秘莫测的祖先崇拜将死去的人与活着的人联结在了一起，但事实上，对亡故的亲人的思念并不能给生者的未来予以任何帮助，所以活着的人除了回忆什么也没有。在这个问题上，所有的圣贤都不曾提出指导性的建议，也没有哪个见解独到的天才曾在这方面抓获过一星半点的灵感。对于世界的未来，基督的描绘既神秘又别致，而这个国家的人民，在西方人为未来世界惊奇时，正怀着浓浓的期盼，热切地期望着一切巨变的发生。

第八章　风水

物质世界并不像表面看来那样是死的，完全没有生命特征。其实在我们欣赏风景的时候，我们看到了高山、流水、丰饶的平原，以及在其中镶嵌着的村落和已经成熟了的金灿灿的谷子。我们细致地观察这些景物，以为我们看到了全部，然而，那些自然的孩子，这片土地上的居住者告诉我们，情况并不单单只是这样。在他们看来，高山不是静止的，在它上面有迷失方向的游客急急奔走的声音，有飞鸟们翱翔天际时扇动双翼的声音，有雨水从天上滑落击打碰撞的声音，这些声音破开了山林的静谧。在他们的认知里，仙人们住在山上。他们头脑中的神仙和我们先辈告诉我们的不太一样，在我们的脑海里，神仙会在林间的空地上，沐浴着银色的月光翩然起舞，或者是在小溪边唱着婉转动听的歌，是将音符洒落在山林间的精灵。但中国的神仙，往往是一些须发皆白的老人，他们的胡子长长的，满脸的皱纹，眼睛里充满智慧，看起来正气凛然。

那些峡谷里的松树长得又粗又壮，将阳光完全屏蔽在外面。传言，很多神仙就住在那里。他们在太阳落山，或者皎洁的月亮升起，将银丝般的光线洒到树上时就会出来。然后，在太阳升起的时候，又会离开。在中国有很多传说，这些传说把他们、人世以及众多浪漫的故事糅在了一起，那些故事往往改变了很多人的命运。

在那里不光有为人们带来好运的神仙，不少妖魔也喜欢住在那儿。他们在山林间四处游荡，寻找一切可以迫害人类的机会；他们具有变化的能力，可以让自己以任何形态出现，就像圣·邓斯坦（St.Dunstan）那样，他们有时会变成一个非常美的女人，有时又会变成一个老人，看上去是那么地善良，满口的仁义道德。如此伪装，使得他们轻易就能得到想要的东西。他们吃掉了很多人，在他们的毒计下，数不清的金银珠宝不知所终。

中国人的想象力很丰富，除了创造了这些善良的神仙以及恶毒的魔鬼外，他们还有其他的发明。他们相信除了这些魂灵之外，还存在一种力量，这种力量可以在一定程度上控制人类命运的轨迹。它既可以为人类带来财富，也可以带来灾难；既能让一个地方兴盛，也能让这个地方衰败；能让一个地方山洪暴发，颗粒无收，使人受尽饥饿之苦，也能让这个地方风调雨顺，五谷丰登。

这种力量非常神秘。谁也不能说出它具体是什么样的，也不知道它来自哪里。它按照自己的意志，想怎样就怎样。某一刻它在山谷里徘徊，某一刻它又在平原上奔跑；它在高山上攀援，在山顶上休息；它在海边的高原上狂奔，发出的怒吼声就像暴风雪来临时那样。它宣告要以一种神秘莫测的方法控制生者与亡灵的命运。在中国，所有超越自然的神力中，风水被看作是最强大的力量之一。有很多东西拖慢了中国前进的脚步，风水之力无疑更大一些。在中国，风水已经成为了一门学问。有一些“专才”凭借着风水术过上了舒适的生活，他们宣称自己已经掌握了风水运转的规则，并可以在处理一些日常生活中的问题时，将风水术运用进去。

风水的发展经历了一段很长的历史时期，从它的发展史来看，人们使用它更多地是去伤害，而不是祝福。狠毒、自大、脾气暴躁是这种力量的属性。要是没有一种别的更加强大的力量去改变它，诅咒将继续下去，不能转变为祝福，它会给人们的生活带来灾难。正是因为这样，所以中国的每座城市，每寸土地都有自己的卫士，它们是自然界中的某种东西，凭借它们可以抵挡那些肉眼看不到的伤害。简单来说，就是风水。人们相信自然界中的这种东西力量强大，特别在它与某种生灵存在相同点的时候。

举例来说，某个乡下城镇，它的风水是这样一片土地，以市中心为一点，从郊区开始，所有的土地都向这一点倾斜，看起来就像一只蜗牛，人们认为这座城市能够繁荣发展的根源就是这种奇异的造型。事实证明，这是真的，力量确实存在，风水给这座城市带来了一些不好的东西，它将这些坏处凝聚在城市周围，并予以转化，变成祝福。因为相信这块土地可以影响这个地区的兴衰以及个人的荣辱，所以当一个新的掌管者一来到这座城市，他首先要做的就是到这块蜗牛形的土地上拜祭，清楚地告诉它，它需要守护的土地的范围以及方向。无论是谁，要是有胆子在这块土地上修建建筑物，不管这建筑物是干什么用的，他必然要走背字、倒大霉。对他的这种行为，生活在那儿的人也会感到非常恐惧、愤怒，他们会杀了那个家伙。由于在这个城市当官非常轻松，传言那些在这儿干了很多年的官儿，一件烦心事也不曾遇到过，因此所有的官员都喜欢这儿。

在他们任职期间，从不曾出现过这些情况：百姓因为对他们不满而去上访；因某些问题被罢职；官员之间争来斗去。所以这里的官员在任期结束后都能够衣锦荣归。他们相信所有的这一切，都是因为那块土丘，它默默地保护着这座城市。大自然是多么地仁慈啊，它为人们提供了那么多与某种生灵相似的物质，或是一片土地，或是一块石头，经过风水先生们仔细的观察计算、冗长婆妈的分析解说，这些物质被宣告拥有神力，可以保护这片区域，为它抵挡人类看不见的巨大灾害。有时，对于某座城市，自然界实在是不曾为它提供合适的风水，这时人们会制造一个，通过人造的风水来解决这一难题。如果一个城市的外围到处都是残忍嗜血、抢掠成性的盗匪，那么人们一定会为它建造一座坚固的城墙，所以，明知城市的外围有着不可捉摸的危害，人们自然不能忍受没有风水的保护。

在中国的南方有一座城市，在时间的长河中，它经历了一次又一次的灾难，现在几乎已经要被毁掉了。瘟疫无情地收割着人们的生命，洪涝灾害给他们带来无尽的苦楚。绝望的情绪笼罩着他们。为什么会有如此多的灾难？人们开始寻找造成这一切的因由。最后，人们得出这样一个结论：没有风水。这座城市的街道窄窄巴巴，人们的房屋拥挤不堪，瘟疫是怎么看上它的？现在，人们这样解释瘟疫蔓延的原因：不是因为卫生环境不好，排水设施不到位，而是因为风水，不好的风水导致了邪恶力量在城市内部肆虐。

为了解决这个问题，人们找来了风水先生，他在附近颇有名望，可以说远近驰名。风水先生的解决办法是在城市的东西两端分别建一座宝塔。人们依言而行。为了建塔，城市的所有居民有钱出钱，有力出力，踊跃捐赠。最后，塔终于建起来了，它所在的地方非常显眼，城市里的每一处居民都能看到。

凭借着宝塔的守护，人们的心安定下来。他们相信宝塔镇住了那个攻击这座城市、为它带来灾害的恶魔，它已经夹着尾巴回家去了。现在这座城市兴旺发达起来。省里其他城市的商人们来到这里，交易买卖，填充着它的每一条街道，使这座城市变得喧嚣热闹。这个国家的各处都有来自这座城市的人才。这一切都要归功于那两座镇妖伏魔的宝塔。

直到现在，我们都这样相信着，风水是一种与人们的生命轨迹息息相关的力量。然而，在相关程度上，与生者相比，风水和亡者更亲近，更加令人恐惧。在中国人看来，亡者有祝福或诅咒活着的亲友的能力，他们的力量人们看不到，但这种力量确实存在，一般汇聚在死者的埋骨之地附近。而这种力量强大与否，很大程度上取决于坟地所在地的地形。具有强大的风水之力的土地，要求在外形上与某种动物相似，而且这种动物的力量越大，这块土地的风水之力也就越强。要是谁死后被埋在这样的地方，他的子孙后代也将人兴家旺、平安幸福。中国的每个农夫都知道这些，要是一片土地看起来像一只趴着的老虎，他们会十分渴望以后可以在那儿长眠。因为中国人认为老虎是百兽之王，可以统御其他动物，所以外形与它相像的土地也必然风水极旺，对于人们生活的影响无可抵挡。人们认为在这块土地上，虎头、虎爪两处风水最好，力量非同凡响，要是能埋在这里，死者家属的生活会瞬间发生翻天覆地的变化,从此过上非常幸福的生活。当然,可想而知,相比于普通人，有权有势的自然更容易得到这样的土地。风水先生自然非常喜欢自己的职业，他们可以找出那些特别的位置，使埋在那儿的人最可能为家人带来财运。在找墓穴位置的时候，他们拿着指南针，仔细观察山丘的位置、河流的走向以及土地的趋向，最后在分界线上标出的那一点就是了。为了不出一点纰漏，在下葬的时候，这些人也要在旁边看着，以防坟墓的位置偏离那条汇聚着风水之力的线。

在通常情况下，为了找个风水好的地方，有钱人死后，他们的尸身要在几个月之后才能下葬。而穷人们因为不可能买得起那么贵的墓地，再加上尸体长时间那么放着会给家人带来很多不便，所以他们的尸身往往随便找个地方很快就被埋掉了。要是有一块土地，被证实能为一个家族带来财富，那么那些更有权势的家族就会来争抢，用尽一切手段。各家族之间为了争夺那些风水先生口中的风水宝地，你争我夺成了世仇。在争夺中，某些地方甚至沦为战场，上千人拼死厮杀。不过有一点很有意思，在成为坟地前，那块土地从不曾比别的地更值钱，但在那之后，埋在这儿的死者获得了祝福或者诅咒人类的能力。

无论我怎么描述，读者可能都不能对“幸运之地”有清楚的认识，不如举个例子吧，相信这比任何描述都有用。这个故事的主人公是一个非常有钱的中国商人。他十分厉害，讲价功夫炉火纯青，总是能做成大买卖。目光敏锐，什么东西将会畅销，什么东西最挣钱，他总能看出来。这个商人体格健硕，又高又壮，气势不凡，很能镇住场面。他向来说一不二，要是有一件事他不答应，无论别人怎么讲也很难让他改口。在五十年以前，他家还很穷。一家人住在一个又矮又小、残破不堪的房子里，他家的田地少得可怜，只能维持最基本的生活。那时正赶上英国的舰队来袭，他们想要用大炮攻击护卫城市的堡垒。人们对此感到非常恐慌，因为政府官员们用最恐怖的词汇来描绘这些英国人的残暴：他们吸食人血，非常疯狂，会挖出孩子的眼睛，将男人们一块块分割开。人们被吓得四散奔逃，凡是能跑的都跑了，我说的那家人也在其中，在离开之前，他的父亲就死了，在一片兵荒马乱中，他们在路上随便挖了坑，匆匆忙忙地把父亲的尸体埋掉了。

过了一段时间，人们发现英国人并不像描述的那么凶残，所以又陆续回来了，那家人也回到了这儿，那个儿子这时找了个风水先生想要给父亲找一块“幸运之地”，从而借助风水的力量给原本一贫如洗的家带来些好运。在这里我要提一下，那个父亲被埋的地方是一个三岔路口，一条主路，两个分叉。那个风水先生一看到那位父亲的长眠之地，就猛地退了一步，他非常惊讶，说：“不用换地方了，你捡到了一个最旺的地方，用不了多久，你们家将远离贫穷，你将会变得非常有钱，看看这两条路，”他接着说，“从这一点，它们分开，和那条主路正好形成了一把大剪子，你父亲所葬的位置是最强的一点，就像是连接两个刀片的钉子，这块风水所有的力量都汇聚在那儿，你们家将会因此兴旺起来。”

果然，一切如风水先生所言，一一应验了。因为躺在那把剪刀的铆钉上的亡者，以及那看不见的以掌控死人骨灰为乐的力量，他们家从那一刻起开始走运，这家人积蓄了大笔的金钱，一座富丽堂皇的宅邸取代了原本矮小破旧的茅屋。他们之所以能够获得这些财富，那位儿子当然功不可没，他坚忍不拔，而且具有绝佳的全局控制力。但人们却看不到这些，他们始终坚信，要是没有那种力量不停地为他带来好运，他最终还是会失败。

中国人之所以一直没有对地下含量丰富的矿藏进行发掘，正是因为风水之术的阻挡，它成了中国最大的祸患之一。直到近期，人们还不敢开矿挖煤，生怕影响了地下的龙脉。几千年来，在中国大片土地之下，那些埋藏数量庞大的煤炭以及铁矿资源一直安安稳稳地在那儿躺着，而中国的人民却正饱尝贫困之苦。镐头的敲击声会惊醒原本在地下睡得香甜的龙，在土地中聚会的亡魂会受到铁锹、铲子的伤害。它们将因此而狂怒起来，将无尽的、令人恐惧的灾难降到人间，饥饿、瘟疫、战争将不期而至。所以人们忍饥挨饿，即使地下埋藏的财富足以让那里的每户人家都过上舒适的生活，也不为所动。当有人提出要在中国建立电报网的时候，这个国家的所有人都感到非常恐慌，让他们害怕的是两件事，第一个是为了竖起电线杆而必需的挖掘，这会惊扰到在地下生活的龙和别的亡灵；第二是长长的在国土上空穿过的电线，会影响在天上生活的神灵，它们会因此将人类当作敌人。那个提出这个建议的人在此期间会非常危险，因为发生的所有麻烦、灾难都会被推到这件事上。一个孩子因为生麻疹死掉了，是因为这件事；一只猪掉到水沟里淹死了，是因为这件事；庄稼失收也是因为这件事，所有不好的事都是因为那些电线杆和电线。

在一次搭电线的时候，电线路经某户人家，要从他家的房子上空穿过去，这家的主人非常生气，强烈要求电线改道，以绕过他家房顶，这当然是不可能的，这位房主当时就跪下来了，他的声音非常可怜，请求他们的怜悯，希望能摆脱这可怕的灾难。工程师们再次拒绝了他，他忽然不再说话，整个人安静了起来，默默地等待着某些不可预知的灾难的降临。过了几个月，他有儿子了，他的妻子为他生下了一对双胞胎。他非常高兴，马上想到房子上面的电线，并认为这些哼哼着的家伙给他带来了好运，形成了非常好的风水，不但没有灾祸，反而给了他两个儿子。这件事传开以后，附近的人都表示，他的运气实在是太好了，并希望电线可以从自家的房顶上空穿过。

很难算清整个中国因为风水这种迷信遭受到了多么巨大的损害。在阻碍国家进步这方面，再没有什么东西能超过风水了，它将中国的大部分地区都拖到了贫穷的泥沼中。举个例子，某些地方藏有大量的优质煤炭，但那里的人却一穷二白，为了生存，每年有大批的百姓逃离那里，去别的地方讨生活。他们家乡的土地那么贫瘠，产出的大米、土豆对快速增长的人口来说，是多么地微不足道啊。大地之下的丰富矿藏确实可以让人们吃饱穿暖，他们可以建工厂，摆脱饥饿过上幸福的生活，但那又怎么样，没有人敢下一铲子，万一磕着龙的脊梁，让这个并不随和的家伙发起火来，它会降下疫毒报复人们的。

二十多年前，有个来自英国的工程师在一个我熟悉的山区测出了铁矿，含量巨大，中国这么大的国家用上一千年都不是问题，他将这份报告上呈给当地的官府。这件事对那里的一部分人来说，真是个振奋人心的好消息，他们主张马上行动，建造炼钢炉，从英国请一些有经验、有技术的钢铁工人，让人们从此不再挨饿，富足起来。然而，大部分群众却不这么想，他们惧怕风水的力量，不敢往前走一步，尽管也希望生活中可以充满安逸、幸福、财富，但那些看不见的力量正守护着那些煤和铁，人们又怎敢与它们为敌呢？那些矿场在这么多年之后仍然在那儿躺着。有一家英国公司曾经表示愿意出极高的价格购买那片土地，承诺开采所需的一切费用由他们来出，愿意给开采人员提供高额报酬，并长期雇用他们。尽管这些极具诱惑力，人们还是拒绝了，因为他们对那些魂灵是如此地惧怕。直到现在，那些煤、铁还安安稳稳地在那儿，没人敢动它们一手指头。而那些人仍然在与贫穷斗争着，战况十分惨烈，看不到一点儿希望。

除了矿藏，石头的开采也受到了风水的影响。那些人为了弄到盖房子的材料不得不到几十里外的地方去买，为此付出了大量的人工、财物，然而他们所居住的地方却到处都是花岗岩。船只沿着海岸线扬帆远航，不久，噩耗传来，因为突然遇上暴风雨，船沉了。人们认为会这样，是因为那些人在不知道的情况下，与风水发生冲撞，惹怒了某些魂灵，它们降下狂风骤雨，让那些人葬身大海。

要是你到中国的城镇观光，你很容易就会注意到，很难找到一所房子在高度上超过别家，它们是如此地平齐。这样走上几十里，你会感到非常奇怪，它们怎么能保持得这么一致，这么乏味，一点变化也没有？还是因为风水，中国人完全没想过让自家的房子比邻居高一点。因为对于周围的房子来说，如果有一所房子比他们高出很多，那是非常危险的。高高的屋顶可以把四面八方吹来的风聚集到一起，四处漂泊的孤魂会影响它，从而危害到周围较低房子的住户。说不清道不明的疾病会让人突然死亡；传染性的疾病会侵袭到猪的身上；母鸡不再下蛋；小孩子的脖子会断掉，尽管他只是不小心摔了一跤；商人的生意会一落千丈。直到这些令人恐惧的事件全部消停下去，邻居们强烈的谴责才会停止，最后，所有的房子又一般高了。

无疑，风水的范畴很广，很多东西都是由它衍生出来的，但由于中国人的愚昧无知，很多原本不属于风水的东西也被加了进去。中国人的生活非常黑暗，远超过中世纪的欧洲。当发生了一件人们弄不明白的事时，他们就把这件事推到神秘莫测的风水身上。然而，原本那些事很容易就能解释清楚，根本用不着用那些鬼神之说。例如，有一户人家孩子死掉了，他们因为觉得那里风水不好，继续住下去也许会死更多人而马上搬家，事实上，那个孩子之所以会死，可能是因为吃的东西不对，或者他本就不太健康。一个读书人去参加科举考试，榜上有名，从此他在社会上所处的位置扶摇直上，为什么能够这样，他头悬梁，锥刺股，寒窗苦读都不是最首要的原因，究其根本，是因为鬼魂的默默帮助，它就寄居在山脚下那破败的坟墓里。

以往，人们一直相信冥冥中有一种力量。这种想法为中国带来了非常大的伤害。现在有那么一种味道流露出来，人们开始觉得这是一个骗局。中国人在近几年终于开始醒悟，政府机关为摧毁这些迷信思想，正在制定相关律法。对风水之说来说，电报网以及铁路的建设是一个沉重的打击。经政府批准，国内外不少公司将开始在中国开采矿藏，这在一定程度上可以毁坏中国人的迷信思想。毫无疑问，在未来中国必将国富民强，兴旺发达，前提是能让人们不再迷信，将异常丰富的矿藏开采出来，彻底地发挥它们的作用。

第九章　神的喉舌

在中国人的日常生活中，有那么一个信仰：崇拜神像。这种信仰不强烈，但不含杂质，且非常简朴。人们对于祖先的崇拜在灵魂的最深处，不过它们过于奥妙、模糊，对于人们在日常生活中时常遇到的众多麻烦，往往不能很快地提供帮助。为了解决这个问题，在中国的土地上，有很多寺庙兴建起来，那里有数不清的神像。如果人们在生活中遇到了麻烦，它们可以马上帮忙，与祖先们的反应时间相比，它们的动作更快。

从神像们的外表以及那些仪式上，可以看出这些神像多数来自于印度，这些仪式可以从古梵语的记录中找到。另一部分神像是中国的一些政治家、将军以及英雄，在很多年以前，他们出身寒微，但经过努力，最后得到了皇帝的封赏。国家的大事小情由皇帝以及为数众多的官员们管理着，而这些人，人们相信他们是老天派下来管理这些事的。

有这样一批人，人们称他们为“术士”，他们相当于翻译，可以告诉人们神的意愿。这些人之所以会存在，是因为人们听不懂神的话，而神也不会用人们的语言表达意愿。一般来说，人们要求神马上回答自己的问题，刻不容缓。例如，一个人想将所有的钱都投进去，开家新店，在最后敲板之前，他会去问问神，看这次冒险能不能成。再比如，一个人的妻子生病了，大夫也不知道如何是好，丈夫既着急又难过，他强忍眼泪，满怀不安地来到神像面前，希望知道，什么药才能将妻子治好。

木雕神像在神龛里坐着，脸上的表情严肃而骄傲，那些跪在脚下的人是如此地虔诚而急切，但对于他们的问题，它牙关紧咬，默不作声。这时口中念念有词的术士走了过来，他的声音、动作逐渐加大，完全不能自控，非常疯狂，他不停地跳动，整个人就像一个从精神病院跑出来的疯子。在他突然“发病”的这段时间里，他不断地回答着人们的问题，看起来像是神告诉他这样说的。这位术士是早就预备好的，他向求神的人透露着来自异世的答案，这些话普通人是听不到的，只能靠他来翻译。术士这一行业的组成者一般是赌鬼、烟鬼以及破产的生意人，这些人的道德水准无疑很受人怀疑，正是如此，他们才肯做术士。因为人们并不喜欢神的代言者这个职业，这一职业的社会地位很低，不是一个光彩的工作。只有那些本身在人们猜忌的目光下生活的人才会去做。

当术士，对一个人的名声会造成极大的损伤，所以无论是谁，只要他稍有学识、地位，就不会干这个。要是一个家族出来一个术士，这极不体面的工作会让整个家族蒙羞，而不会带来半点光彩。

必须经过一个非常荒诞的仪式，一个人才能获得最基本的术士资格，从而最后成为一名传达神谕的译者。他可以告诉人们，对于他们的问题，神是怎么说的。一个外国人要想看到这种怪诞离奇的仪式是十分困难的，不过，我有幸目睹了一次，现在就和大家分享一下。那天晚上伸手不见五指，又是风，又是雨，天空中乌云黑压压地盖在头顶上，大块大块的乌云像墨染的一样，看起来非常可怕，狂风就要来了。所有的东西都浸染在黑暗之中，只除了庙门前那棵巨大的榕树。在这棵榕树下，那个古怪的仪式即将开始。在灯光的笼罩中，榕树一副神秘的样子，如同一个鬼怪正张牙舞爪，让人不由得胆寒。

寺庙内灯光晦暗，透过不断忽闪的小油灯，最远能看到庙门。虽然光线阴暗，但不时摆动的灯光将寺庙映衬得更加惹眼起来。不知是不是想要制造出阴森恐怖的效果，在神像前面还有一根烛光不停摇动的大蜡烛，神灵正透过它看着面前的一切，态度轻慢又不屑。这种由晃动着的烛光带来的效果，无论是否刻意而为，都让人印象深刻，并与即将在庙内上演的戏码非常契合。所有的这些都在跟我们说，神就在这儿，他的形象在阴影的衬托下更加巨大起来，他的表情神秘莫测，充满力量而且让人惧怕。

那些狭窄的地方，由于所处的环境更加昏暗，所以暗淡的烛光照过来，却使得他们看起来越发神秘莫测了。在中间那座大神像两边，还有一些神像，他们看起来更像是妖魔，模糊不清，似乎想将自己排除在摇曳的烛光之外，隐藏在暗淡的世界中。在他们之中有一尊神像，表情沉静，看起来像在思考什么，而且心如磐石什么也不能触动他。还有一个神像伸着双手站在那儿，似乎正为某个向他祈求的人解惑。在他旁边儿，还有一个看起来正在搏杀的神像，他的敌人正想要他的命，而他显然看不见那个人。他的身体被绞成一个非常痛苦的姿势，他肌肉被撕裂、手臂扭曲变形，它们高高地肿起，布满伤疤。但在他脸上奋战到底、绝不认输的神情，显示出他永不屈服的心。他们是正神的属下，执行正神的命令，并分别有不同的职责。人们相信由于和正神的某些关联，这些属下得到了正神所给予的一些权限，可以在信徒遇到麻烦的时候帮忙。

但是最有意思的，是站在庙门那儿，对着正神站着的，不同姿势的四个人。其中最惹眼的是那位未来的术士，不过他看起来完全不适合。人们总是弄不明白，为什么神如此富有智慧，却要和这样的人联系。他作为神职人员，却声名狼藉。看看他的样子吧，不知道是从烟馆还是赌场里刚出来，要不然就是个流氓，总是在不三不四的地方瞎混。

他的举止、穿着无不昭示着他来自社会底层，一打眼就能看出，他完全不曾读过书。这位未来的术士给我们最深的印象就是，完全不具有一个神职人员的神态。这样的人，绝不会有一个正当的行业愿意雇用他。就算一个主妇看到他，最先想到的也未免是鸡被偷走，先把鸡笼子关好。一个看起来非常粗鄙的家伙站在这个人的右前方，作为这次主持仪式的人，他看起来却像是异教徒，让人印象十分深刻。为了使神的魂灵附体到未来的术士身上，他不断地念着咒语。在这人前边还有两个人，他们慢慢地按照一定的节奏敲击着手里的铜锣，与寺庙内原本响着的、单调的声响相呼应。

我目光灼热地看着那个未来的术士，他低着头，安静地等着神灵的到来。无疑，对于主持的咒语，这人并不着急，种种迹象表明暂时还没有神灵出现，就连铜锣声也没带来什么细微的效果。中国人往往耐心十足，似乎有千年的光阴可以等着他们去达成愿望。在漫长的等待后，神灵似乎还是没有出现，主持的念咒声开始加快了一点速度，加大了声音，并保证发出来的每个字都连绵不绝。

仔细听，能听到这些话："来啊，你，掌控灵魂的人，快快地来吧，阴司的头领们，无论大小一块来吧，在四周充斥着众多的妖魔，斩杀他们，撵走他们。来啊，你，珍珠国国王的儿子，十代的变化已经将您变成了强大的君王，来吧，带着您的炼金之药，天上的星宿因它将更加耀眼，大地因它充满光辉，来啊，将那些给人们带来病痛以及瘟疫的魔鬼赶走。让您的军队和您一起来吧！快快地来吧，没有什么能阻碍您的脚步！来啊！来啊！到这个人的身上去，他正等着您呢。”他所说的每一个字都给人一种用炸药批次炸出来的感觉，一蹦一蹦的，一点也不连贯。那两个敲锣的人，为了应和他的咒语，让氛围更加契合，加快了敲锣的节奏，并加大了力度，这时寺庙内回荡的声响听起来非常凌乱。

终于，那个人动了，这次仪式的核心人物，那位未来的术士，其他人立时围过来，将视线集中到他身上。念咒声再次拔高，敲锣声越发急促，看来，这个更加喧嚣的声音是一种催促，他们希望神灵加快附身的速度。果然，这人几分钟后开始摆动起来，似乎神灵正在侵入他的身体，并试图掌控一样，看起来这位神灵并不温和，他正狠狠地摆弄这个人。这时，仪式的主持人又一次加大了念咒声，而且与原本的祈求不同，现在听起来更像是一种命令。主持人——那个外表粗鄙的家伙，显然认为自己是仪式能否成功的关键，他瞪大双眼，目光灼热，一种不正常的激情在他脸上浮现，骄傲地向那些神灵发布着命令。

这时，一种神奇的变化出现在那位未来的神的喉舌身上：他的神情不再麻木呆滞，炙热的激情之火在他心里激烈地燃烧起来。那个呆呆傻傻的家伙不见了，现在的他内心激情澎湃，丰富的情感剧烈地碰撞着，就像是在他体内爆发了一场暴风雨。昏暗的寺庙内，他疯子一样狂乱地摆动手脚，狂放、无畏的表情占满整个面庞。锣手鼓足了劲儿，将锣敲得震天响，念咒的声音更急了，这场景确实激动人心。最后，那个男人四肢瘫软地昏倒在地上，刚刚疯狂的手舞足蹈耗尽了他所有的力气。那人躺在地上休息了一会儿，仪式成功了。从此，神灵们附在了这人身上，人们相信他已经可以转达神意了。

迷信的人们由于对术士的一切言论深信不疑，所以在保持术士可信度方面，他们居功至伟。无论术士所说的话有没有应验，道理总在他们那边。要是灵了，那他声名将更加响亮；要是不灵，那也和术士无关，要么是因为向神灵祈求的人心不诚，要么是神灵改变了心意。

一次，我认识的一个中国人，发烧烧得非常厉害。他的儿子住在离他非常远的地方，人们给这人的儿子传信，跟他说他父亲生病的事，并让他快点回来，好见他父亲最后一面。这个儿子收到信后，对这个消息又惊又痛，他飞快地跑到附近的庙里，希望神灵告诉自己能否赶得及见父亲最后一面。为了让人们相信自己已经是神的喉舌，术士让自己呈现出一种疯狂的状态。他言辞肯定地告诉那个儿子，要想见到父亲最后一面，必须在某天以前赶到。那位父亲在大量奎宁的帮助下退了烧，儿子飞奔到家的时候，父亲还活得好好的，并在术士口中必死无疑的那一天，正逐渐好转着。父亲没事了，儿子自然非常高兴。后来他嘲讽术士说得不准，那位术士非常淡定地说："要不是神灵见你可怜，你的父亲原本死期已至，又如何能躲过这一劫？现在神饶过了你的父亲，决定多赐他几年阳寿，神如此爱护于你，难道你不应该额外做点什么以示报答吗？"

术士们宣称自己掌控妖魔的能力非常强大，当然，这是寺庙具体工作之外的。如果有人不小心遇到了那些妖魔——地球曾经住户的魂灵，他将会受到伤害，因为这些妖魔喜欢让它所遇到的每个人遭遇厄运，它们在世上的每一个角落到处折腾。在它们活着的时候，它们受到过伤害，现在它们死了，但一想到这些伤害，它们报复的欲望就会翻滚蒸腾。它们让某些人家承受疾病以及死亡的侵害，让某些人生意破败，让猪死掉，让鸡由于某些再也不能好的病忽然丧失活力，最后暴毙。

一座城市的某一区瘟疫蔓延，无论到底是因为什么，绝对不会有人相信是由于所喝的水不卫生或者水受到了污染，这种言论人们不屑一顾。他们会神情蔑视地问：“它们之间能有什么关系？生病和糟糕的气味，哈！”他们会这样跟你说，从古至今，中国一直如此。他们的祖先是三皇五帝。这些味道一直存在于中国人的生活之中，就像他们身边跑来跑去的孩子。他们健健康康地在这些味道中一直长到了这么大。要是没有这些味道，国家都不安稳，因为在人们的社会生活中，它们是组成部分之一。中国人相信，恶魔是各种传染病的元凶，要想把病治好，找术士就可以了，因为他们有将这些妖魔鬼怪驱散的神力，这些鬼怪人类肉眼看不见，很难降服。至于那些清洁环境卫生，将沟渠处理干净，并为了消毒而使用大量石碳酸的做法，根本用不着。

术士们在进行驱魔的仪式时，为了与妖魔厮杀，会带着全套装备。他们用最粗野的形象向人们展示战况的凶险。人们惊奇地看着他们，但术士们心里很清楚，他们的敌人并不存在，取胜的关键在于饰演不同角色的能力，要让观看者们感到惊悚、恐惧，因为这是一场人类与妖魔的搏杀。

在某些时候,住在寺庙周围的人会看到一场专门为他们准备的“表演”。随着观看人数的增加，袒胸露背的术士会突然从一个漆黑的屋子里蹦出来，他一直在那儿，为即将上演的虚假战斗做着准备。他当然知道，自己绝不会死在这场“战斗”中，但他必须让周围的人相信如果逼不得已，他会欣然赴死。这些中国人骨子里满是演绎的天赋，现场的这位更是个中高手，而且这出戏他已经擅长得不能再擅长了，正是因为对自身安全的肯定，他更加愿意拼尽全力表演。

右手一把刚刚磨好的长剑，非常锋利。左手一面七星黑旗，传言，对于妖魔来说这些星星杀伤力十足。一把短刀贴在右脸，这是为了让自己看起更加凶悍,那柄短刀挂在那儿,颤动着的手柄指着脖颈的方向。

在庙前有一处比较宽的平地，这人一到那儿，忽然暴怒起来。这愤怒是因为阴间的妖魔如此胆大，竟敢到自己的地盘捣乱，侵扰相信自己的人。他像疯了一样狂奔，用剑凶猛地穿刺，在击杀躲在暗处的敌人的同时，还将剑凶狠地刺向自己一丝不挂的后背。在所有的招数中，那“自杀”式的动作对于不迷信的人来说非常好笑，因为看似凶险的动作，无疑只是一种招数。人们每次见到他将锋利的剑刺向自己光裸的后背的时候，都很担心，心脏都要停跳了，一个弄不好，一剑扎到后背上，恐怕会丢掉性命。但见了几次之后，我就发现这自杀一般的动作看似气势汹汹，其实半点危险也无。

仔细看看现场的情况，你会发现，术士身后有两个人隐在暗处，时刻留意着术士的动作。每当术士凶狠地把剑刺向自己后背时，那两人手中的木棒就会及时出现，熟练地挡在剑与背之间，不让术士伤到自己。他们对术士如影随形，无论术士多么灵活，使出怎样的招数，这两人都能一样敏捷，很好地保证了那锋利的长剑不会在猛刺中伤到人。戏在很久之后还没落幕，那些围观的人对这场神奇的人魔大战却已经印象深刻。术士满口胡言，凶狠地警告那些鬼怪，再不离开，他就不客气了。他将会给它们带来巨大的伤害，甚至让它们灰飞烟灭，永不超生。接着，像是告诉那些鬼怪，要是再不听话，将会被乱刀砍死一样，对着空气一通乱砍。最后，严重警告以及厉声指责结束，这出戏，终于落幕了。

这是一个荒谬的笑话，然而其中有一件事非常奇怪：中国人素以熟知生活中的各种常识闻名，现在，他们为什么没有怀疑过？要是术士真的能控制那些毫无头脑的鬼怪，他应该有能力将鬼怪们集中到刀剑能够砍伤的范围内，但现在鬼怪们却那么聪明，知道躲到剑伤不到的地方。事实上，和世界上其他国家的人并无不同，中国人一样聪明、敏锐。但他们所有的智慧以及推理能力在迷信面前被丢掉了。

对神的崇拜，在传染病被遏制后，越发深入人心，这对术士来说非常有利，因为他们可以从中得到好处，人们觉得之所以能幸运地逃离这场灾难，要感谢那些道法精深的术士。尽管如此，他们却绝不会想成为术士中的一员。人们通常看不起这些人。在他们看来，与术士过从甚密，绝不是什么好事，还会带来灾难。时间慢慢逝去，术士的家人生病了，渐渐虚弱，最后死去。可能先是他的妻子，无论念哪一种咒语，无论怎样向神灵祈求，他的妻子还是死了；接着是他心爱的儿子，他那么爱他，可他落井溺死了；他的另一个儿子也没有逃过去，高烧昏迷，然后死去。现在这个人什么都没有了，他的妻子、孩子先后死掉，人们看见他，摇摇头："看，上天果然公平，他骗了那么多人，为那么多人家带来痛苦，现在遭报应了吧。"

这些人，生活不检点，道德更是败坏到了极点，可是非常奇怪，在民众的信仰中，他们却能够取得这样一个突出的位置。这些术士是怎样生活的，人们了解得一清二楚。这些家伙开的方子，常常让人死得更快，但这些神棍总是有诸多借口，告诉人们他们所做的一切都是受到神的摆布，这个方子也是神开的，所以无论是官府还是这些人的亲朋都不曾考虑过让他们偿命。人们没有胆量反驳他们，深恐触怒神灵，为自己带来祸患。传言，神灵们焦躁易怒，睚眦必报。一般，人们比较喜欢的信仰模式是就是拜祭神像，因为这很自由，它允许人们按照自己的喜好生活，并且具体想怎么做也非常随意。然而，实际情况完全不是这样，术士破坏了这一切。这些臭名昭著的家伙，在他们的影响下，这种信仰变得非常霸道，把人们玩弄于股掌之间，让他们一直因为害怕会承受灾难或者惩罚而无法安心。然而术士们却这样告诉人们，他们是神的喉舌，是神让他们这样或那样做的。

然而，这些品行不良的家伙有时确实会遭报应，一旦迎来这一天，人们绝不会可怜他们。一次，一个人生病了，为了让神灵告诉自己吃什么药会好，他去找了术士。一通咒语后，术士神灵附体，疯子般地让神灵告诉他该给这人吃什么药，然后刷刷几笔写个药方，交给病人去开药。结果到了药房，掌柜的看见方子大吃一惊，因为这个方子里有好几种药剧毒无比，这个剂量毒死几个人都绰绰有余。

病人吓坏了，急忙去问术士是怎么回事，他将药房掌柜的话说了一遍，但这位言行粗鄙、气势逼人、极好面子的喉舌，却对此非常愤怒。他淡漠地告诉那位病人，他非常生气，因为那人竟然质疑神灵，觉得神灵会弄错而害了信徒的性命。他语气强硬地表示，那个药店掌柜是个毫无想象力的呆瓜，自然无法领略神的意思。神是为了展示神力，才要借这一惊人的方子来治好他的病。看着吧，告诉我这个方子的神必然能帮助相信他的人。为了证明这件事，这位术士表示愿意服下这服药，尽管药店掌柜早就说了它毒性凶狠，但他一意孤行。自然，最后他死了，死在几个小时的痛苦煎熬中。

或许你会觉得，既然这样，人们就不会再那么相信神了吧，但结果并不是这样。人们对神的崇拜并没有因为这次事故而有丝毫减少。因为他们相信术士之所以会死，并不是因为神的法力失灵，而是因为术士太坏，要是病人吃下这服药，即使它夺走了术士的命，病人也不会死，因为神会设法救他。在地域广阔的中国，矗立着不计其数的神像，对于它们究竟法力如何，追求的是什么，中国人从没考虑过。术士、祭司有恃无恐，因为他们的地位绝不会有丝毫动摇。

这些喉舌的出现，与佛教行善积德的思想没什么关系。释迦牟尼，那位佛教创始人，绝不会自贬身价让这些骗子加入自己的阵营。对他来说，人们的幸福如此宝贵，无论如何也不会把这些伤害、苦难施加到人们身上。而那些术士往往要让人们吃苦、受罪。现在，佛祖对世人的怜悯与告诫只有在书中才能找到。普通大众对于这些并不知情，而绝大多数祭司也没有专门研究、学习过，术士更是连稍稍了解一下这些东西的想法都不曾有。那些祭司与生活在社会底层的术士，对他们手中的佛教半点热爱都没有。各种不好的事将祭司这份职业玷污得一塌糊涂，术士也不是什么体面的工作，引人向善的美好品德绝不会出现在祭司、术士的身上。现在，救世主 —— 耶稣基督才是中国需要的神，因为他伟大的人生振奋着整个世界，他以“寻找并救助找不到方向的人”为人生目标。

第十章　城隍庙

中国的每一座城市都有城隍庙，它们像山一样，坚挺地耸立在那儿，彼此应和。有不少寺庙既粗俗又乏味，城隍庙却并不这样，它们肩负着让那些骗子，以及其他作奸犯科的人受到惩罚的重任。不过，那些受人敬仰的人就和这里无关了，例如仁善的菩萨，战神之类的神灵。举个例子，一个人得了普通的疾病，随便去哪家寺庙求助都行，但要是那些因恶魔引起的疾病，如疯病、中风、疫病之类的就应该向“帝王”祈求，那样才有效。

“城隍”知道世间所有的事，他能知道一个阴谋里面所有的起承转合，绝不会被任何奸狡之徒迷惑。在这方面，别的受人敬仰的神灵与之相比，实在是过于单纯了。让我们好好地观察一下这座远近驰名的寺庙，在它内部每天都有不少事情发生，我们不妨来看一下。

这座寺庙坐落在一条街道上，不过这条街道非常窄小，并且卫生情况也很糟，众多残破不堪、倒掉的房屋围着它。我们不得不飞快地拿出手帕遮住口鼻，因为那浓重的潮湿霉烂味儿正扑过来。门的设置和衙门的风格一致。正门非常大，看起来很有气势，十分惹眼。在它旁边还有小门，人们平时就从小门进出。这种与官府相似的建造特点将在神灵处理某些争执的时候发挥作用。

我们沿着台阶慢慢进入寺庙，映入眼帘的情景，可以让我们在一定程度上更加了解中国的信仰，以及这些信仰对其道德品质的影响。有四个人正在庙门前的空地上赌钱，他们非常认真，全神贯注地看着手里的牌，就像在使用某种力量以查探出对手的牌。我问他们在寺庙内赌钱难道不会对神灵不敬吗？神灵难道不会因此处罚他们吗？这些人并不理我，他们仍旧紧盯着手里的牌，好像他们的命运寄托在牌上一样。我又问了一次，仍旧没人回答，他们沉默以对。还是一个旁观者为我解的惑，他说，一看你就是个外地的，对这里的情况并不了解，他们在赌博开始之前，就向神灵许诺过种种好处，如此也就合情合理了，而且他们还保证赢了钱会拿出一部分来供奉它。所以他们在这儿赌，神灵再愿意不过了。

一进侧门，迎面是二十个和人一般高的木雕，他们担负着衙役的角色。主要工作是将罪犯抓捕归案，带到铁栏杆那儿，为自己所犯下的罪行付出代价。这些人长相凶恶，让人遍体发寒。从他们的面貌神情上可以看出这些人历经了人世的各种苦难，这里不得不说，工匠们的手艺非常高超，将他们的神情刻画得惟妙惟肖。

那些凶恶的家伙眼里满是狠戾的光，在他们之后，有一个宽阔的院子，通过院子，在房屋里侧正房里，神像就坐在那儿。这位长官的神情与手下们——门口的木雕像，并不相同，下属们凶恶的样子让人胆战心惊，他却更凝重沉稳一些。看起来就像是正为哪个扑朔迷离的案子鸣不平。人类的阴暗面充斥于他所经手的每一件案子中，所以他的神情慢慢就变成这样了。

位于他前方的人看起来像是个神情严肃的书生。他拿着笔坐在桌后，全神贯注地记录一些重要的事。他是神的私人秘书。他所记录的是用于指证罪犯的证据。那些罪犯将被带到这个法庭接受制裁。这些犯罪记录永远也不会消失。这些文字资料在记好后没多久，就会被传送到地府，交到阎王手里。

城市里的“城隍”是人们公认的对付一切恶行的正义使者。他的直接领导人是阎王，他是阎王在人间的眼睛。那些在阳间被证明有罪的人，阎王为他们准备好了各种刑具，并在庙里为这些悲惨的家伙设置了各样的酷刑。人们对于神绝不会简简单单地就放过恶人这点，深信不疑。不过事实上，神在不少时候却会给恶人改过的机会。例如，一个罪犯生病了，神可能会让他回去，从这儿能看出神的善良。要是这个人从此改过向善还好，要是这人死不悔改，更大的灾难将会降临。或是生意一落千丈，或是家人相继死去，总之，在他家完全垮掉以前，祸事将接连不断。

人们相信，对于那些犯了罪的家族领导人或者别的成员来说，神灵的判决是一种直截了当的惩处。神相信因果轮回，认为无论原本身份地位如何，因果会对其一视同仁。那些犯过罪的人，必然会受到神的处罚，绝无被遗漏的可能，就算谁想帮他，也不会有任何效果，因为在维护正义的路上，什么都不能阻挡神前进的脚步。

我们很快就被几个出家人围在了中间，在我们刚刚在神像面前站定的时候，他们就从内堂走出来了。他们穿着松垮垮的灰色长袍，头上一根头发都没有，反正一点正面的印象也不曾留给我。我相信在以前这些人内心也一定满含激情，无论心里想的是什么，都可以从脸上看出来，不过现在，这些都是过去的事了。我并不看好他们的道德水准，恐怕路上的行人，以及跟在我们身后进来看热闹的普通人都要比他们高。

不过，这些出家人当然只能是这副样子。他们整天什么活儿都不干，大字不识一个，缺少家人管束的环境，这些为他们沾染上各种坏习惯提供了便利。他们没有家人，是因为出家必须离开父母，要是已经成家，抛妻弃子也是必需的。他们只能孤孤单单地过一辈子，既没有崇高的理想，也没有一份可以让他们为之奋斗的工作。

落座之后，我们开始闲谈，不时地喝上一口仆从送来的茶水。就在这时，一个男人从大门那儿走进来，通过院子的木雕神像走了过来，他的脚步声透着股谨慎小心的味道，整个人看起来缓慢、腼腆，被吓到了似的。他无疑非常紧张，时不时地笑一下。他身上的快乐很容易感染人，让人心生亲近。不经意间，我已经对他有了怜悯之心。

他来自农村，这点很容易看出来，他的衣服有些磨损，脸庞也因为太阳晒变得黝黑。他家最好的那件衣服就是他身上那件了。他的前额被剃得精光，在向神像走近的时候，他快速地将原本盘在头上的辫子拿了下来，让它自然地垂在身后，我想这是出于对神的敬畏之心，在礼节上，面对地位较高的人时，辫子盘在头上是不礼貌的。他把点好的一把香插在神像前的香炉里，然后烧了一串长长的纸钱，那些纸钱代表着大量的金钱。

烧香、烧纸是拜神请愿前的准备工作，也是一种对神灵的贿赂。中国人相信要想获得帮助，送东西是最有用的办法，礼物越重效果越好。中国的大小衙门，几乎所有公堂，都以这个标准来处理案件，维护正义。这一思想由来已久，根深蒂固地盘踞在人们内心深处，到了现在，这个准则已经被广泛地运用到了社会生活的各个层面，成了一种常规，谁也不再对此觉得奇怪了。

所谓神不过是被神化了的凡人。在由人世提升到别的世界时，他们克服了人所具有的很多欲望，但再怎么克服，对财物的执念也不曾稍减。人们拜神之所以烧香，烧那些代表大笔钱财的纸，就是因为这个。烧这些东西或许连六个便士都用不上，但人们相信，这些花花绿绿的纸制品在经过某些咒语之后，神就能得到可以使用的钱财，之后，就能向神请愿了。

准备工作结束后，这人拿出一张长长的纸条，在上面写下自己所求的事。写好后，将它们大声、清楚地念了出来，原来写的是他自己遇到的麻烦：这人在父亲死后，和弟弟共同继承了父亲的田地、房子，但不幸的是，不久前弟弟染上了赌博的恶习，并开始吸大烟。为了弄到钱，弟弟假造文书将遗产卖给了一个不远处的财主。他诚恳地请求财主不要乘人之危买下那些东西，事实上弟弟根本没有权利卖掉它们，但财主拒绝了。他没办法就一纸状书将财主告到了官府，可是财主早已买通了官府的人，他现在除了靠神为他主持公道之外，什么办法都没有了。

接着，他希望神为他报仇，让财主遇到各种灾祸，那些灾祸是人类受苦的根源，现在他希望它们降临到财主身上。他希望财主所有的家人都恶疾缠身，财主的妻子疯掉，儿子变成孤儿、乞丐，财主自己一无所有，在死亡之前一直贫困潦倒，让财主觉得活着太累，只有"死亡"——这两个人们认为不吉的字，才是他的救赎。

这份状纸无疑是深思熟虑的产物，读完之后，那人将其在神像面前烧掉，鞠了一躬，神情非常郑重，接着他笑了笑，不过，这种笑容看起来很假。周围的人一直认真地听着他的祈求，他看看那些人，犹豫了一下就默默地走了。将自己的房子、田地拿回来这件事他并不抱有希望，失去了就是失去了，不会得到任何弥补。但他相信，要是自己能将无形之中的那种力量引发出来，并让它一直起作用，最后让伤害自己的家伙遭报应，自己将会非常高兴。

我们接着和这些出家人喝茶聊天。在逐渐了解之后，我们的心逐渐拉近，原本厌恶的情绪慢慢退去了。他们对于我们所说的神、基督、救世主非常感兴趣，甚至被这些故事触动心弦。凶恶从他们眼中离开，神情也温和起来，在不久之前他们脸上还满是让人厌恶的傲慢，不过现在，他们看起来极富人情味。当我慢慢地告诉这些人，神是如何地亲切并富有慈爱时，其他一切似乎都消失了。庙里的神灵默默地在一边倾听，那位秘书握着笔，看起来像是在记录我们讲着的故事，原本这些是为出家人讲的。

在我们讲述这些的时候，没人反驳，甚至其中很多理念对他们触动很大，所以他们不断地点头表示同意我们的话。不少人围过来听我们传教，并不时地发出讨论的声音。所有人都接受了我们说的思想，因为我们传播的教义与天国的一样。

安详和谐的氛围被突然而来的吵嚷声打破了。一大帮人紧接着就涌了进来，显然大多数是来看热闹的，正期待着看到一些好玩的事。那些雕像守在门口，看起来残破不堪，它们看着这些人高昂着头，神气十足地走过去。穿过院子后，这些人来到了神像面前，闹哄哄地聚在那儿。

这是一件多么奇怪的事啊，这些中国人怎么能对着神灵们一点恭敬之心也没有，更何况这还是他们自己的寺庙，他们相信着的神灵？他们对于神灵的敬畏，即使我再怎么观察，也找不到一点痕迹。他们在神像面前高声说话，走路咔咔直响。他们吵嚷，嬉笑，所用的言词粗鄙不堪，就像是在公开场合一样，完全不考虑自己的行为是否会让神感到不满。

在这群人中，有两个男人最惹眼，看来接下来这振奋人心的时刻，他们将是主角。他们之所以最惹人注意，是因为他们与别人不同的严肃。这倒与寺庙内的庄严相符合。其中那个中年男人看起来是个生意人，给人一种可信的感觉，看起来一直没遇过太大的麻烦。他的脸型较宽，双眼有神，看上去富有人情味，谈不上帅气，但绝不会令人厌恶。

他质朴的脸上不时有各种表情浮现，看得出这人虽严肃但情感丰富。

这人最近丢了一大笔钱，是他所有的储蓄。他本来打算把它们作为流动资金来为生意保底，要是遇到周转问题，或者债主逼得急了，就用它们。藏钱的地方是他家一个在他看来非常保险的地儿。

有天上午，他有笔账要付，本打算用这笔钱，可是，忽然发现所有的钱都不见了，他感到非常震惊。在他想来，既然除了自己，就只有伙计知道他把钱放到哪儿了，那现在偷钱的一定是伙计。他非常生气，怒不可遏地喝令伙计把偷的钱交出来。但是，伙计表示自己对此全不知情，并且愿意在神明面前立下重誓，以证明自己的清白。

所以两人现在才到这儿来。我们暂时称呼那个伙计为被告好了，他现在看起来有点紧张，但一脸温和敦厚，而且看着也不聪明，普通极了。他站在人群前面，神像直直地盯着他，目光冰冷、锐利，我们也在仔细地看着他，不过他不曾露出一点心虚的样子。我完全看不出他有那样的胆量，敢偷走那么大一笔钱。恐怕只有那些没有良知、心如铁石的十恶之徒，才敢对着神灵发假誓，因为只有他们才不怕冥冥之中某种力量带来的惩罚。现在他敢对着神灵发誓，这在某些程度上，似乎确能证明他是无辜的。一只白色的公鸡被他抓在手里，正拼命地挣扎着。它实在是讨厌这些人，一直想要跑。农户家的院子、这些人待着的地方，相比起来它更喜欢前者。

原告在神像前上香、烧纸，以期神灵可以认真地听听这件事。然后他开始大声朗读写好的诉状，说他是如何小心翼翼地将一把笔钱藏在家里某个秘密的地方，可是当需要用的时候，这笔钱却又怎样地不翼而飞了，对此，他如何地失望、气恼，由于小偷没有留下一点蛛丝马迹，所以尽管他到处找，可最后什么也没找到。他万分肯定要是有谁能偷走这笔钱，一定是身边这个人，所以，神灵啊，让他把钱交出来吧，而且希望所有人都鄙视这个家伙。接着，为了让住在神像里的神灵拿到状纸，原告将状纸烧掉了。

然后轮到被告，他走上前表示自己是无辜的。虽然在中国，表面上显示出来的事情，往往和实际情况有差异，但面前这个小伙子看起来确实非常诚恳，围观的人看起来已经相信他了。不过，中国人掩饰自己真实情绪的功夫确实出类拔萃。可能他们正在跟你说一个天大的谎话，但在神情上却可以完全不动声色。在面对质问的时候，他们可以将真相埋在心里，脸上的表情却真实又自然。你严厉地控诉他们，他们会回以从容、镇定的神态，让人信服的动作以及让人同情心泛滥的神情，最后编出来的解释听起来合情合理。

轮到被告开始讲这件事了，不知是不是因为心虚，这时他看起有点烦躁，原本发黄的脸，又透出了一些绿，不过也不能排除周围环境压迫的可能，毕竟这恐怕是中国人一生之中最毒的誓言了。

他先声明钱不是自己偷的，接着表示若是自己所为，神可以降下最可怕的处罚：家人恶疾缠身；自己饱尝各种痛苦，一辈子受穷，直至自己死去之前各种磨难永不间断，而且自己将暴毙，如同这只鸡一样。接着，手中的斧子应声而落，凶狠地将鸡头斩落下来。鸡血在瞬间喷出，流了一地，那只鸡可怜地躺在地上，身子还不断地扑腾着。

这个画面实在是太过诡异、残忍了，要是现场有一位技艺精湛的画家，我想必将会有一副伟大的画作问世。在他的画布上我们将看到：被告砍下鸡头，立重誓以证清白；人们安静地站在周围，专注地打量着他；而原告与被告全都一副愤怒的样子，诚恳地祈求神灵用神力为自己主持公道；神像默默地站在那儿，神情严肃地俯视众人，而人们脸上满是期盼的神情；原被告双方的申告正被那位文书记录在案，这真是个扑朔迷离的案子。这无疑将会成为一幅让人为之震撼的巨作，并永传于世。

这件事最激动人心的部分结束了，人们慢慢散去，剩下的部分是神的事了。门口的雕塑们，他们模样怪异、没什么好名声，现在的姿势和我们来到的时候并无不同，不过人们认为神已经向他们下达了命令，可能这些家伙已经开始干活了，他们正忙着抓捕那个小偷，要让他受到应有的惩罚。

事情的真相在几天后浮出水面，那个真正的小偷把钱还给了失主，不过具体是谁，到现在也不清楚。显然，那个恶毒的诅咒起了作用，让他一想到就心惊胆战，噩梦连连，他害怕神真的将那些惩罚降到自己身上，所以小心翼翼、拐弯抹角地把钱送回去了。失主拿回了钱自然非常高兴，至于小偷到底是谁，他没有工夫想，也已经不在乎了。

不过有一件事他必须马上做，就是去庙里取消对伙计的控告。控诉一天不取消，就一天有效，就像人间的衙门一样。因此要想在神那里销案，就要先去庙里取消申请。就这样，他又一次来到寺里，在神像面前上香烧纸，告诉他钱已经回来了，对伙计的控告也算了。对于神能在这么短的时间内解决这件事，他表示万分感谢，接着他深鞠一躬，然后带着对神满满的感激之情离开了。

我相信这个中国人绝对是一个敏锐且聪明的人，但是他竟然认为这件事之所以能解决得这么好，完全是因为那些木雕神像法力高强，这实在是让人惊奇。但是只要你多了解一些中国与此相关的知识，你就不会这么吃惊了。中国人的祖先用神像来代替神行使掌控世间万物的权力，并代代相传，但在人们的内心深处始终存在着一种对神的渴慕，这是永远也无法摆脱的。所以人们在面对困难、内心混乱，但同类无法帮到自己的时候，自然而然地就会向神求助。

在这个寺庙里你想立什么誓言都行，但别的寺庙，想用良心来约束誓言是行不通的。就算那个人所立下的誓言里谎话连篇，他也完全可以那么做，一点心理负担都不会有。官府正是知道誓言的真实性很难保证，加上棍棒具有更加强大的说服力，而且与良心无碍，所以更喜欢用棍棒解决问题。但一个人就算再怎么坏，要让他在“城隍”面前立伪誓，他恐怕都得前思后想一番，因为那众多的令人心惊胆战的情景，那因为虚假誓言将会承受的折磨，只要一想都让人冷汗直冒。

有不少例子可以证实鲁莽地发下假誓，报应将接连不断。有一件被传得热火朝天的事就是与此相关的，这件事发生在南方的一个很有名的小镇上。有一户人家因为没落了，所以将家产全部卖掉，房子被一个富豪拿走了，但或许是命运使然，后来他们家的某个成员发达了，想将房子买回来。但那个富豪表示现在房子是自己的，他绝不会卖。就这样，他将富豪告上公堂，要求他归还房产。

那位受理这个案件的官员刚好是个好官，这在官场中已经很少了。他不收受贿赂，没有一点私心，对所有人一视同仁，所做的一切只为“正义”二字。但那位富豪有钱有势，还有众多支持他的权贵，那些人的影响力不容小觑，这些无疑将会让案子的审理变得复杂。正是感觉到这个案子将非常麻烦，所以他决定将审案的地点换一下，不是公堂，而是城隍庙。

那天，他在神像面前设立公堂，命令衙役也跟过来。审了一会儿后，他说：“我知道这个案子审下来一定会遇到不少困难。既然你们二人都觉得房子应该是自己的，公平起见，那不如让神来决定这个房子应该归谁所有，谁才是合法的所有者。”

这一提议，原诉人欣然应允，不过富人也答应了，虽然他觉得自己不占理，不过一时也没什么办法。

那位官员准备了白公鸡——他让手下买的，并写了一份正式的文书准备交给神。一切办妥，衙门的人去一边儿站着，神将接手这个案子。富豪站在前面，文书托在手里，提着鸡的下人跟在边上，在富豪的周围还有不少支持他的朋友，不远处，他的儿子也在。此时，神看起来非常严肃，他俯视着这些人，气愤的神情似乎正在他的脸上浮现着。文书低着头,全神贯注地记录着。富豪开始发誓,在他读完诅咒后,手起刀落，鸡头被砍了下来，突然，一声惨叫传来，奇迹般地，他的儿子像是瘸了一般，摔倒在地。这时那位官员马上上前宣布:“神已经告诉我们了，房子判归原告。神对富豪发假誓非常愤怒，所以施法在他儿子身上，所以现在他动不了了。”

这样的例子还有很多。有不少是关于为蒙冤者平反、为世人主持公道的。所以人们对城隍庙总是心存恐惧,尤其是想到法力高强的“城隍”降下的责罚，更是胆战心惊。

第十一章　山寺

我想在历史的早些时候，那些中国的佛教创建者必然对大自然充满热爱，并且将这种热爱代代相传，以致后辈的和尚以及方丈们都有这种感情。为什么这么说？这当然是有原因的。在和尚们所选的建寺地点满溢着高雅的品味，他们总是能很好地展示自己的才华，因为大自然总是给他们这样的机会，无论是什么地方。这些人的头被剃得精光，地位低下，不曾受过教育。他们的脸肿胀僵硬，缺少帮助他们净化心灵的亲人。但就是这些人，尽管看起来只不过是些是刚入空门的家伙，却也有高超的艺术天赋隐藏在骨血中。他们身上似乎藏有诗人的特性以及艺术家般敏锐的眼光，这种眼光可以洞察大自然的魅力所在，这些特质将会帮助他们找到最合适的建寺地点。人们可以在那儿，在四周景物的帮助下，平安祥和地避世养老。那些和尚能够心性不变地在此打发掉避世的时光，很大一部分要归功于这些景致：寺庙安稳地坐落在群山之间，下方的山谷宽阔而宁静，潺潺的溪水唱着欢快的歌儿一路跑远，山间回荡着自然所发出的各种声响。

在此我要生动细致地描绘一座佛家寺庙。在天亮前一个小时，我就已经上路了。周围还很黑，巨大的岩石像一条睡着的龙环绕在寺庙周围，整夜守护着它。四周安静极了，不远处的松树笔直地站在那儿，像是放哨的士兵，一动不动。

奇迹般地，前面的山冈忽然影影绰绰地透了出来，看来它已经扯下了遮在自己面前的黑色幕布。它在变魔术了吗？要不然，寺庙上方那腼腆着浮起来的柔光是怎么回事？它们看起来完全不像是来自这个世界。慢慢地，阳光如金色的丝线划破天空，描画出各式各样的色彩。没多久，就铺满了整个山顶，并不断扩大自己的领土，照到山腰，射进漆黑的山洞，在巨大的岩石周围，它们欢快地跳跃着，接着是潺潺的流水，那迅速奔腾着的节奏吸引着它们，它们要融入进去，所以嬉闹着从山腰上跳下来。

现在太阳升起来了，并且越爬越高，坐落着寺庙的那个山谷被笼罩在它那长长的跳动着的光线里了。这道风景实在是太美了。群山披着光线制成的外衣，它们的影子就像在山间追逐打闹的孩子，不停地动着。清晨的阳光将远处的海面照得金灿灿的，在更远的地方，几乎是天尽头，连绵起伏的山峰矗立在那儿，那么远，好像不是这个世界的一样。和尚们就靠着欣赏这些美景，忘记内心深处的孤寂。

确实，那些和尚能忘记孤单，就像是太阳施展了神奇的魔法。太阳这样做当然是为了他们，因为周围实在是没有别的人了。阳光走进他们的寺院，将树林照亮，将庭院照亮，将寺庙里木雕的神像照得光芒闪闪，但神像们对阳光将其照亮这件事，默不作声，不肯做出任何反应，他们似乎一直是这样说的："我们所在的地方本来就不黑，山冈以及除了我们谁也进不去的深谷里的黑暗都是我们驱散的，云层因为我们的碰触才褪下阴沉的脸色，让各种颜色穿过去，正是因为这样，各个时代的艺术家才有机会费尽心思在他们的画布上描绘光影色彩。我们还到达了人们的内心深处，让他们不再绝望，把哀叹变成愉悦的歌声，只要人们愿意，我能让他们的生活如同自然中的风景一样美，让他们一见到我们就开心快乐。”

人们希望可以恢复健康、远离灾祸、获得财富，不再生活得那么辛苦，而在他们心中，寺庙有创造这些奇迹的魔法，所以这些寺庙在居民的心里有很高的声望。在那条弯弯绕绕的路上，每天无论早晚都能看到零星的身影正向那条石制的台阶走去。这条小道，夹在浓密的树荫之间，沿着它可以直达寺院的大门，一座座村落间的小桥枝杈般地连着它。在寺院内的神龛里，神像静静地坐在那儿。

要是能去这些寺庙参观，你会发现那是一件趣事。中国人对崇拜的神像抱着这样的态度：他们非常相信这些木雕的神像，却又有不少不尊重、不诚恳的行为。他们是怎么将这两方面融合在一起的呢？有这样一个寺院，坐落在一个熙熙攘攘的商业大都市的郊区，那座城市里生活着数十万人，而那座寺庙也非常不错，可以说是中国寺庙界的翘楚。而这座声名远播、广受赞誉的寺庙正是“白鹿寺”。

相传，一个仙女坚信猎狗们看到了一只白鹿，这无疑是错觉，为了抓这只白鹿，猎狗们一路翻山越岭，在白鹿的身后紧紧地追赶着，在马上就要抓住的瞬间，这只鹿忽然倒在地上死掉了，它耗尽了所有的力气再也跑不动了，看起来鹿之所以在这紧要的时刻放弃逃命，似乎是由于那位仙女的法力。

一个人，他没有米歇尔·安杰洛那如同诗人一样的直觉，不能将看到的情景细致地描绘下来，他连眼光也不够敏锐，不过这个艺术家却靠着那变异的鹿形塑造出一个造型，并将其搁在歪扭的岩石上，让它呈现出一种最不讲究、最不含有艺术感的姿态。这个故事因此流传下来了。

这座建筑刚映入眼帘的时候，我们并不在意，一笑置之。不过当我们以一种欣赏艺术品的眼光再去观察它，想象自己在看一位颇负盛名的雕塑家的作品，尽量将它看得令人心旷神怡的时候，我们果然发现了它的不同，马上严肃起来并且非常钦佩。

那时，这个故事流传得非常远，为了纪念这只鹿，附近的居民筹集了一大笔钱建造这座寺庙。为这只鹿所选的安眠之地无可挑剔，要想找到一个比那儿更浪漫的地方实在是太难了，那是位于城郊的一个坡度极大的半山腰，无疑，它才是自然界真正的艺术家。在花园和荒弃的坟冢之间有一条曲折的小路，我们沿着它慢慢地往山上走，走完这条山路之后，我们所在的位置已经超过这座城市了。接下来，是数不清的台阶，我们继续向上攀行。这些台阶在岁月的侵蚀下已经有些破败了，但青苔和小草在破损处冒出，很好地修饰了这些台阶。最后我们到达了顶点——那最浪漫的地方。

这儿对于任何人来说似乎都是一个适合养老的地方。时间将那些巨大的岩石以及圆石头打磨得非常光滑，它们为数众多地散立在四周，现在，这些呆瓜似的家伙变成了独具魅力的艺术品，这全是靠着大自然的独家秘方。白鹿寺就在这些岩石的环绕之中，显得高大雄伟，高高隆起的岩石、造型各异的圆石头护卫在它周围，整体看来，像个自然形成的山洞。它们所在的位置似乎是仙女精心选好，然后把它们抛到那儿的。从城里出来爬山的游客可以在这儿休息一下，整个场景因为它们看起来更美了。在岩石中间有一些石制小凳，人们可以在那儿的背阴处休息，这里一直都很凉快，因为灼热的光线常年照不到这儿。

对于寺庙里面的情况，我们觉得很失望。那里看起来似乎从来也没人收拾过：地面没扫，墙上坑坑洼洼的，灰尘都快把缝隙填平了。要是想在寺庙内找个灰尘最多的地方，就是拜神的地儿了，其实那儿是最容易被落下的地方。在神像的头上垂着一条黄布，上面斑斑点点的全是污渍，看起来非常脏，让我们有一种想把神像和它一块带走，狠狠地洗刷一遍的冲动。这里所有的东西都让人觉得它们是粗制滥造的便宜货。让人们心生敬畏或者让我们感到这里非常神圣的东西，一件也看不到。总之，这里既不能让我们产生摘帽默立的感觉，也不能让我们为出现在眼前的神力感到畏惧。

正相反，那些风景将人们吸引过来游玩观赏，人们就像是到了一个档次很低的古玩店，如同旅游一般，追逐打闹，没玩够绝不回去，在中国人心里，寺庙的地位也就这样了。游客的言行举止无不昭示着这一点：他们在庙里四处闲逛，没有一点避忌，不曾考虑到响亮的脚步声是否会破坏寺庙原本的安宁。在那些肃穆、法力高强的神面前，他们不但没有温顺地垂下头颅，反而像根本没看到似的，将花生剥得劈啪作响，还弄得一地花生壳。“观音菩萨”默默地看着下面的人，她脸上确实满是慈爱温柔，但人们难道没想过，在她面前一边抽烟，一边大声谈笑，说到好玩的地方，还张开嘴哈哈大笑，不是太不尊重她了吗？他们互相打斗嬉闹，就像是在参加盛宴一样开心，并且常常因为某个好笑的笑话放声大笑，那笑声在寺庙内飘飘荡荡一直飞到天上。

敬畏情感或者说牺牲，中国人在信仰面前缺少这些东西。可中国人为什么又会产生这些信仰呢？大致有两个原因，一是恐惧，二是交易，其中交易是最主要的一方面。疫病侵袭了某户人家，人们认为这是因为恶魔而不会考虑是因为卫生，或者别的什么。所以他们为了赶走恶魔，去最近的寺庙祈求神灵。买卖开张之前，人们会向神灵报告，并让神来告诉他们能不能成，要是这个神说会失败，他们就换一个神问；要是神说行，他们就会如同得了法旨般兴高采烈；要是神预测失误，最后生意失败了，人们也不会对神心生责备，只当作是自己生性不纯、霉运缠身或者天生福薄，注定了一辈子不能成事。

和我们不一样，中国人对于他们的神从不会日思夜想。他们对神缺少思慕之情，无论是哪一个神，人们恳求他的关爱怜惜，却不会对神报以亲近或者其他的属于人的情感。有一件事非常好笑，就是在你问一个中国人神爱不爱他的时候，去看他的表情。在他的脸上先是出现好笑的表情，眼睛泛着光，接着他将张开嘴哈哈大笑，最后就是来自心灵深处的最无顾忌、最滑稽的大笑。

接下来，我们到达的地方是正房，最主要的神像就放在那儿。一个负责这里的和尚走过来，我们被他憔悴的样子吓了一跳，好像他整晚都不曾睡过。高高的个子，但瘦得皮包骨头一样，他的颧骨像是蒙古人一般高高耸起，和他的脸非常不协调，而且给人一种一点水分也没有，只剩下枯萎的一层干皮儿的感觉。他那双深陷进去的眼睛，在以前一定让人觉得不错，但现在它们一点光彩也没有，尽管它们的主人在与我们说话的时候，努力想让它们亮起来。他一定是个大烟鬼，所有的这些都在向我们揭示这一点。他面如死灰，要是把他那身僧袍换成乞丐服，他不仅和乞丐别无二致，还会是乞丐堆里最脏的一个。

今天是初一，中国人似乎认为这天——每个月的第一天，是个特别的日子。初一、十五的时候，人们会穿过拥挤不堪、臭味弥漫的大街，去庙里烧香请愿，因为中国人认为诸神会在这两天善心大发。对和尚们来说，这两天是挣钱、收获的日子，他们会收到一大笔钱，光是解签、卖纸钱的收入，就能保证他们有一个月的舒适生活。

我们在一棵榕树下的石凳上坐着，看着人们来来去去，阳光不会照到我们，因为榕树的枝叶铺开为我们挡住了它。一位老太太走了过来，她有一双三寸金莲。天啊，那凹凸不平的破烂台阶，她是怎么走上来的？这真是太神奇了。当然还要感谢扶着她上来的她的外孙，要不是那位外孙足够强壮，老人绝对不可能上来。这是一位颇有代表性的母亲，她的脸型很美，看得出学识丰富且头脑灵活。尽管她的脸上满是笑容，漆黑的眼里透出无尽的慈爱，但是当她和那个顽皮的外孙挨着休息时，因为她那苍白的脸色，我们仍能感觉到她的疲惫。她只稍稍地喘息了片刻，就直接走到观音菩萨面前，手里拿着从和尚那儿买的竹签。她雕塑般地站在那儿，动也不动，双手合拢着举过头顶，这无疑是祈求的姿势，她面前的神像平和安详，她专注地看着它。

她轻声告诉菩萨最近这段时间自己的身体出现的问题：晚上睡不着，也不爱吃饭。自己已经看过不少大夫了，可身体每况愈下。现在菩萨也不能用神力帮自己恢复健康了吗？难道是这样吗？她恳求着眼前这位一身灰尘、缄口不语的观音菩萨，脸上诚恳的神情有触动人心的力量。她并不指望菩萨马上就能回答她，只是希望能得到一点启示。

她一离开那个位置，马上就有人补了上去，等着许愿的人一个接着一个。有人想要健康，有人想要生意兴隆，还有人希望神灵能阻止那些想要强占他的田地的人，那是他家祖上留下来的。我留意到了其中一个小伙子，他看起来精神奕奕，是个机灵的家伙，他跟我说他问的是能否找到工作，到现在他已经有三个月没活干了，为了向神灵祈求，他去了不少寺庙，可是结果都不尽如人意，现在他来看看观音菩萨能不能帮他。

不过，来寺庙的并不全是拜佛的人，还有一些人是来游玩的。到这儿来真算不上是一件有趣的事，因为通常人们要从窄巴巴的街道上挤过来，一路上看到的房子又破又旧、乱七八糟，空气中弥漫着刺鼻的臭味，满是蒸腾的热气，而且空气也非常浑浊。这些人就在我们前边，我们跟着他们随处游荡，不经意间就走到了一个由六块巨石相连而成的大岩洞里。那里非常凉爽，且散发出阵阵幽香，还有一条专为游客准备的石凳，我们坐在上面欣赏洞中的美景。这些寂寞的石头能形成如此无可挑剔的组合，是因为古时候地质构造的巨变，它们绝对不是人工雕琢的成果，因为就算是世界上最棒的巧手也不能把它们弄成这个样子，以彰显他们的手段。时间已经走过了几千几百年，谁都不曾将它击垮，无论是数不清的雨季里那狂妄刷洗的瓢泼般的大雨，还是咆哮着肆虐的巨风。现在这个石洞依然坚挺地立在这儿，看起来就像是昨天才被那些无名的巧手们建好一样。

这个岩洞里的空气既清凉又干净。而不远处，我们可以看见那条热气腾腾、沉闷无比的街道，人们正从那儿走进来，我们实在是太享受了，阳光无法照到这个岩洞的内部，它里面的空气是多么地清凉啊。人们进来后长出了一口气，扇子被随手扔到石桌上，接着就开始喝着茶，聊起天儿来，那些茶是侍者端上来的。人们总是不紧不慢的，绝不会因为高兴而让自己随心所欲从而精力尽失。他们悠然地端着茶碗，轻轻地抿一口，然后让茶的香气在口腔内扩散开来，他们满面笑容地闲聊、玩笑，时不时地将甜品、糕点放到嘴里，只是偶尔为了确定时间才扫上太阳一眼，一点也不介意时间的流逝。没多久，一声叹息传来，离开的时间到了，因此他们说“是时候回去了”。天已经晚了，那条肮脏的街道又迎来了带着扇子的人们，乏味的生活仍将继续，人们是如此地豁达，似乎寺院里那清凉舒爽的空气他们从不曾享受过。

从这个让人心旷神怡的岩洞出来，我们沿着狭窄的石制台阶慢慢往上走，不同于此的美景出现在我们面前，这令人目不暇接的景致实在让人惊喜。眼前的地方宽阔而且敞亮，在房子和空地之间，供游客休息的桌椅零散地点缀其间。事实上，这是附属于武神的小庙，武神正严肃地坐在神龛里。把生意与宗教联结到一起，就算是那些干巴巴的和尚也不会看不到这一点。所以武神被放在那儿，以吸引来这儿玩的游客。无疑，他做得非常好。原本被刷得干干净净的墙壁，现在变得乱糟糟的，这是在此疯玩的众批游客的战果。它像是一个广告牌，向过往的行人宣告：“这个地方好玩极了。”它比任何语言更能清楚地表达这一点。今天，这间屋子的暂时领主是大约二十个英国人，其中，有几个是年轻的女孩儿，快乐、兴奋的情绪满满地从她们脸上溢出来。无疑，这伙人打算充分地利用接下来的每一分钟。

屋里的座椅被他们全部挪到一边儿，接着开始的游戏是他们在英国常玩的，周围有不少中国人看着他们，满脸的新奇、讶异，这些游戏在他们看来也非常有趣,所以他们看得非常开心。“抢壁角”“捡宝”……这些英国人一个又一个地玩着。旁观的中国人随着游戏的起伏逐渐兴奋起来，那些绅士从孩童的时候起，就不曾跑跳过了，现在他们的眼里闪耀着兴奋的光芒。看起来似乎极其渴望可以加入进去，甚至，这令人激动的场面还感染了那些一脸鸦片相、面如死灰的和尚。光亮从他们的眼睛里绽放出来,他们的身体不停地抖动着，好像只要稍一触动，就会冲进嬉闹的人群。附近的岩石间一直盘旋回荡着众人的欢笑声。

只有神情严肃的武神在这一场面中完全不受影响，眼前这一切——那群人好笑的动作、飞扬的笑声以及兴高采烈的面庞，不曾让他受到半点触动，他就像一个旁观者。不用想也知道，他从没有张大过眼睛，神情也不曾改变过，即使在没人注意的角落。他要用冰冷的面孔在信徒前树立自己的威严，所以绝不会融入欢笑的人群。在西边有一群高峰矗立在那儿，太阳不知不觉间从它们中间滑落下去了，只在地面与山腰之间，留下一条长影子落在身后，游人们意见一致，决定回去了。不过他们正被那个眼窝很深、长得像鬼一样的和尚直勾勾地看着，他正等着他们支付使用这个房间以及饮用茶水的钱。因为对这样的家伙表现诚意是不可能的事情，所以人们躲着他，这是一种潜意识。人们在交钱的时候，像是怕被弄脏一样，绝不愿被碰到，所以总是让钱挨个隔空滑到他那鸡爪子一般的手上。

我们离开这儿的时候，还是有一点不满足的，不过从整体来说，就户外游玩而言，今天过得不错，与此相关的所有事都挺顺心，没有哪个地方比寺庙更美了，它实在是个游玩的好地方。形态各异的石头像随手放置的一般散落在周围，一棵强壮的松树从岩石的缝隙中挤出，寺院因它而带上了一种古意。寺院的风景如此迷人，就像是大自然这位最有格调的艺术大师构思出来的，阳光为远处连绵的山峦穿上了一层薄薄的金色纱衣，平原上弯弯的河水流淌而过，仿佛一位仙女路经这里时飘落下来的银色丝线，浓绿的稻子满满地铺在田里，镶嵌在满山林木之间，这看起来就像是一个巨大的公园，技艺超群的巧手们将所有的这些细心地安放在自己的位置上。

寺庙里的环境是唯一的缺憾。一切都是那么地粗俗、丑陋，木雕神像所穿的黄褂子，那绝对是个便宜货，上面乌糟糟满是从没人清洁过的沉灰，从不曾有人刷洗过的地面，磕磕巴巴的。无疑，这里到处都是污垢，需要一个女人拿着肥皂，用水狠狠地清洗一次。那些和尚都像是刚从路边的下水道里爬出来的一样，和一群肮脏的乞丐没什么不同。

人们对于他们能有什么感觉呢？唯一的感觉就是：宗教事务由这样的人来管，那么，无疑，以摧毁宗教信仰为目的的灾难性时代来临了。中国这个庞大帝国的东南方，这样的寺庙不计其数，看见它也就等于见到了其他的寺庙。人们对宗教毫无感情，宗教信仰当然会变成这样，因为在宗教的世界里，导师、典范这样的人物完全可能是个瘾君子、赌徒、流浪汉。救世主，您快点到来吧，人们正凄惨，都耐心地巴望着您的到来！

第十二章　各式刑罚

中国人常常有很多各式各样的怪念头。他们的想法像万花筒一样，就算你以为已经抓住了他们那奇怪、别致的想法，但其实，他们真正内里的东西，你并没有看到。例如，平常的生活中，你觉得他们敦厚、好说话。

在很多方面，中国人和英国人都很相像。中国人学识丰富，性格柔和、乐观，对自己以及祖国信心十足。他们相信世界上所有国家的人都不如中国人，这个国家像一座美丽的花园，唯一值得人们一住的地方就是这里。

除了这些，中国人正义感十足，对于人的道德品质寄予厚望。但是，当中国人开始起草并执行针对犯人的法令时，他们就不再和英国人相像了。仁慈的秉性被他们迅速地放在了一边，他们表现得残忍嗜血，就像是一个喜欢把猎物撕碎的野兽。

因为在所有刑罚中，用棍棒击打只是审案的基础，所以在我对中国刑罚的描述中就不包括它了。杖刑会让受刑者皮开肉绽，这种伤要经过很长时间的调养才会好，显然和孩子们的游戏截然不同。这种刑罚就是在当下的体制中，仍有不少官员继续使用着。因为中国的法庭还没有发展出严谨的审讯、律师的辩护以及法官的评判，所以，所有的这些都由杖刑代劳了。在中国人看来，杖刑的作用很大，案子的审理会因它顺利起来，伸张正义这件事也因它变得简单快捷。在英国审案过程中会出现的枯燥乏味，绝不会在中国出现，因为被告是如此地害怕杖刑，要是记不清自己都做过什么，他就会发挥想象找说得通的说辞为自己辩解。在英国，法官的权力相对较小，一切依照程序来，所以大多数案件的审理都伴随着单调沉闷，然而那些能让审讯看起来趣味十足的因素（如杖刑）却不见了。在中国，审讯要是没有杖刑，将会演变成一出闹剧，因为没有什么能阻止被告任意胡说，不过，那些脸色发黄的观众倒是会因为被触动而笑得乐不可支。一般说来，木制的枷锁或项圈适用于窃贼以及抢劫犯，它是由两块中间有洞的木板拼成的，长四英尺、宽三英尺的木板，罪犯的脖子卡在那个洞里，拷好后用锁头锁住。此外木板上还有一条铁链，它的另一头拷在犯人的手、脚或者脖子上。要想知道一个人犯的罪有多大，看链子绑着的位置就差不多能知道了。要是缠在脖子上,那么这个抢劫犯一定特别凶残，要是缠在脚上则说明这个人还好，而且他受到的惩罚也将不会太重。

判决下来后，地保或者管理这个罪犯的狱卒负责看着这个罪犯。狱卒每天早上会把他带到犯案地点附近的街道上，这个家伙必须整整一天都待在毫无遮挡的大坝里，以此缓解人们的愤恨，并警示其他不安分的家伙。

木枷这种刑具乍一看非常普通，但实际会对人体造成非常大的折磨。过宽的木板导致犯人必须把胳膊弯起来才能穿过去。因为手够不着脸，所以吃饭的时候更惨，要像表演杂技似的，耍一些小手段，让木板倾斜起来，好能把饭送到嘴里。火辣辣的夏天，各式各样的苍蝇——从又圆又胖的巨型苍蝇到又细又长但无论发生什么也不会改变其邪恶本质的小苍蝇，持续不断地滋扰他，让他一刻也不得闲。他根本没办法保护自己的脸，苍蝇往鼻子上一落，别指望简单地摇头就能把它赶走，中国的那些绿头巨蝇聪明极了，总是清楚地知道什么时候自己将最舒服，所以犯人毫无办法只能求助于身边的某个好心人。

那些苍蝇喜欢你追我逃的游戏，要是那群中国人中的某一个被苍蝇逗弄够了，它就会再找一个更老实的继续玩。

那些犯人不得不待在被圈禁的地方，不管是烈日当空还是大雨倾盆，直到晚上，地保才会出现把他带回牢里去。夜晚的降临，并不意味着逃离苦难，事实上，更悲惨的生活也随着夜幕一起来了。再也没有哪个地方比中国的监狱更令人恶心了，那是最凄惨、最污秽的地方，它是那么地可怕、令人作呕，就算是人们在逼不得已时所选的洞穴也比它强。在没超过十平方英尺的小房间里，一条狭窄的石缝就算是窗户了，即使晴空万里，光线也只能勉强挤进去，完全不足以改善牢房的黑暗。墙壁乌漆麻黑的，想必泥水匠将它抹好之后，就再也不曾有人打扫过，所以上面积了厚厚的一层灰。经过长时间的使用，原本平滑的泥地现在变得坑坑洼洼。房间里的犯人有十几二十个，但家具一个都没有，就连床也只是某个室友弄来的几捆干草。尽管这里又脏又挤，不过要是他们不发生争执的话，一般能处得不错。

现在，这个凄惨的家伙需要考虑的是怎么才能在这凹凸不平的地面上睡得好。首先他要将木板铺好，要是一个弄不好，晚上这些他原本压着的木板会报复他，忽然翻过来把他压得透不过气来。此外，将木板铺平也是必需的，要不然，他脖子上那柔软的皮肉会因木板沿儿的尖锐、粗粝受伤。尽管他用尽了各种方法，但可怖的噩梦总是会纠缠他，而且被惊醒后，就再也睡不着了，一直挨到清晨降临，他万分感激，因为这表示他终于可以离开这令人厌恶的牢房了。

流放是一种比木枷、坐牢更重的刑罚，它适用于那些犯了更大罪行的犯人。这是一种新颖而且省钱的处罚方式。在中国，因为社会无法承担过大的开支，所以人们既不会弄一个地方专门囚禁囚犯，也不会为他们建一座大监狱。他们所采用的惩处方式，不仅效果显著，而且也用不着监狱，从而也就不需要那些以国家为长期饭票的牢头或狱卒了。

我知道的一个案子，正可以解释我的观点。在驻守北平的军队中，有一个将领因杀人而被判流放，地点是离京一千五百英里的地方。被押送很长一段路后，他终于被交到一位州知府手中，他以后的人生必须在那个州度过。他在几天后就被放了，除了要求按月到官府报到外，基本算是自由了。在限定的区域内，他想去哪儿都行，至于想做什么工作，也可以自己选。虽然管得并不严，完全有机会逃到别的地方，甚至坐车逃往国外，以完全获得自由，但他绝对没有这么做的胆量。因为他知道，要是自己逃跑，这个消息会迅速传回北方，政府就会处罚他的家人，这种做法在中国已经成为了一种惯例，一个家庭成员犯错，其他成员一起受罚。他一想到亲人们的面庞就犹豫了。他不能逃跑正是因为对他们的挂念。从分离到现在，第一次，他如此地思念他们。他的妻子、他的孩子，当他们之间有了如此远的距离，如此多的阻隔之后，他再次想起他们，发现他们更亲近了。

非常幸运，我认识了一个罪犯，并且我们处得很不错。当我们待在一起的时候，我有了好好观察他的机会，有时他会教我看《北华捷报》。他是一位英俊的绅士，性格积极乐观，脸上总是挂着淡淡的笑。从他的言行举止可以看出他出身不错，大多数人身上经常能看到的恶习，并不能在他身上见到。正是因为这样，在很长一段时间的接触里，我都忘记他罪犯的身份了。他的行为举止在几个月的时间里受到了众人的一致好评，但随着时间的流逝，他的恶习暴露了出来，为他的人生带来厄运的正是这一恶习——酗酒。他的激情在他酒醉的时候像猎豹一样猛地爆发出来，瞬间将他变成了一个胡言乱语的疯子。桌子、椅子……他凶猛地袭击所有够得着的东西，除了人，即使如此疯狂，他仍聪明地避开了对人的攻击。周围的人对于他的疯狂非常震惊，他们不能理解他为什么要毁坏这些东西。在他疯了一阵之后，他终于耗尽了所有力气，睡在了他一手造成的狼藉中。当他醒过来的时候，眼前破烂的现场让他感到非常奇怪，不过他什么都没说，只是安静地开始了清扫工作，最后房间又整洁起来了。

中国人真是天才，他们所发明的流放这种方式，既省钱又有用。因为被流放的人必须自己赚钱生活，所以政府不用花多少钱养他们。有些人觉得罪犯到了流放地后得到的自由，会削减他们对这一刑罚的惧怕，但实际并不会这样。因为这对大多数中国人来说，流放所代表的离乡背井就已经是一种身心的折磨。在中国人的心底藏着对家深深的眷恋。对中国人来说，相比于爱国，他们更爱家，这个神秘民族的人民，对家付出了最真、最深的爱。流放对人们来说代表着将春天从他们的生活中剥离，代表着将阳光从生命中抹去，即使原本的家穷困到了极点，并总是有着各种各样的灾难。

保证流放这一刑罚既严苛又不会轻易遭受反抗的因素有两点。第一是犯人本性中对家的眷恋，第二是犯人逃跑，他所有的亲人将会受到朝廷的责罚，他们每个人都要为他的行为负责。犯人们当然不会逃跑，因为他们不忍心让父母、叔婶、堂／表兄弟以及堂／表姐妹承受牢狱之苦。他们之所以会在流放地一直待下去，正是因为对家人的爱，或许他们心如刀绞，被浓浓的乡愁折磨得四肢都在发抖，但他们仍要继续待在这儿，并坚信这么做正是因为对家人的忠诚与爱。

有一些行为我们觉得根本没什么，但在中国却会受到最严酷的刑罚。“囚笼”就是其中一种。有一天，我听说有一个盗墓贼被抓住了，并且正在案发地点承受一种专门的酷刑，我马上跑向行刑地点去看，同时心里因为即将看到的残酷画面而感到非常恐惧，事实证明那确实非常可怕。在一座坟冢遍布的山坡下有一处空地，在那里我见到了我有生以来所见过的最恐怖的场景。在一个看起来和英国人装羊的工具很像的笼子里，犯人就被装在那儿，他脚下踩着一堆砖，手捆在身后，头伸出笼外，交错的木条卡在他的肩上。这是一个大热天，太阳像个火球挂在天上，天空中没有云，炙热的光线直直地炙烤着犯人光光的头顶。

犯人所处的境地真是可怜。一大群苍蝇像秃鹫在猎物上飞旋一样，在他的头上回旋。它们中已经有几只开始吸他嘴唇上的血了。他所承受的来自太阳的炙烤以及苍蝇的袭击，必然让他非常痛苦，但他看起来像是完全感受不到这种痛苦一样，神情安定而且从容。他的眼睛瞪得大大的，但只是像陷入沉思般看着远处的高山。

他挣扎求存的画面实在是让人心生不忍。他心里清楚，自己绝没有活着离开这个笼子的可能。苍蝇嗡嗡地高唱着，用它们有毒的牙齿叮咬着这个人，每个被咬到的地方都透出一层黑色。想要摆脱这种痛苦并不难，他只要把脚抬起来，或者将脚下的砖踢走几块就可以了，用不了多久，他就会吊死。但他没这样做，世界上再没有什么能比生命更加神圣珍贵了，他绝不放弃一丝活下去的希望。

“钉刑”是另一种恐怖的刑罚。这种刑罚的施行已经不像过去那样频繁了。这无疑是一种古代的刑罚，代表这种刑罚的两个字在汉字里是专门指代它的，这种刑罚也不是外国流传过来的，因为它不是复合词。我有一次看到了这一刑罚的执行。它给我留下的印象非常深，因为被钉的那人看起来像基督教里吊在十字架上的死神。这个人被钉死的地方是路边上的一棵大榕树下，行人熙熙攘攘地从那里走过，几百几千人涌到行刑地，因为他们都对这人将如何受刑死掉非常好奇。

开始的那种对于基督受难场景的联想在我站到那人跟前时消失了。我们所认知的那种钉死于十字架的刑罚与他们这种差别很大。一根直立的木桩与横梁钉在一起形成一个十字。有两条板子从木桩伸出，可以将犯人的脚绑在上面，并往上钉钉子。那条横梁在木桩的上半部分，与犯人的肩膀一般高，在它的两边，犯人的手将被钉在上面。犯人的胳膊被绑在横梁上，这是为了避免犯人的身体因痛苦而下坠。犯人的辫子被缠绕在木桩上是为了让犯人抬头。这些手段都是用来防止身体下坠的，要不然犯人的手会被拉下来，身子也会脱离木桩向前扑倒。他胸前的大字非常清晰，告诉众人这人是个抢匪，凶残且屡教不改，为了让他偿还罪孽，除了“钉刑”，朝廷再不能找到一种刑罚，对他进行更严厉的制裁。

我站在这人面前，仔细地观察他，可是没有任何迹象能向我表明这人真如朝廷所说的那样罪大恶极。他所穿的是和所有贫寒的苦力相同的蓝布衣，松松垮垮地挂在他的身上。看上去和满大街都是的苦力并无不同。在街上那么多人中，要是以前见到他，不会觉得他有任何特别。不过他惊人的忍耐力在受刑时表现了出来。他扭曲的脸孔告诉我们他疼到了极点，但他一声不吭，不曾发出任何代表痛苦的声音，无疑，他决定安静地死去，不让人在他身上找到一点软弱的影子。在刑架的边上有两个士兵站在那儿，他们的手里拿着长矛。再没有更多的士兵了，因为不需要，周围看热闹的群众态度十分明显，他们认为这人应有此报。我想知道眼前这一幕是否对周围的人有所触动，环视了一圈，发现那样的人一个都没有。实际上，那天人们聚在那儿像是在庆祝什么一样，高兴极了——脸上满是笑容，彼此间笑闹着，热烈庆祝犯人被抓住了。

相比于“钉刑”，“站笼”是一种更加凶残的刑罚。一个有盖的大笼子就是刑具，犯人的头卡在盖子上的小孔上，在他的脚下是一层厚石灰以及七块砖，他的双手被绑在身后，他没有任何办法能让自己稍稍地放松一下。白天他要接受那些心肠冷硬的家伙的围观，晚上只有星星默默地陪着他。这种简单的站着只是一个开头。他脚下的砖在第二天会被拿走一块，这表示他的命又少了一天。此外，他脚下的石灰也被加了水，这次只是一点，但产生的毒气蒸腾着他的脸。接下来一直重复到最后一块砖也被拿走，到这时，他将直接站到石灰水里，和火相比，石灰水对肌肤的灼伤更厉害，给人带来的痛苦也更大。这个酷刑在第七块砖被撤走后不久，终于结束了。伴随着因为脖子卡着盖子而发生的窒息，以及下半身的严重灼伤，这个犯人死得极其悲惨。

“砍头”这种刑罚非常平常，不过人们认为它比上面所描述的所有刑罚都重，因为用不了几分钟，它就能让人身首分离。中国人相信被判这种刑罚是最大的灾难，因为这样会尸身不全。只要能留得全尸，他们宁愿承受上千次，一次残酷过一次的酷刑。这绝对是一种迷信思想。因为人们相信死后会去阴间生活，砍头会变成没有头的鬼，这会让他接下来的生活非常难过。他的手拿着筷子，可是食物放到哪儿？他已经没有吃东西的嘴了。也可能他想成家，但那些女鬼又怎么肯嫁个无头郎君？就算活着的时候长得再难看，也会有能娶到的女子，但要是没有头，所有的女人都会因为害怕而离他远远的。他除了到处飘来荡去，什么也做不了，黑暗中，他摸索着往前走，那些阴间的鬼魂也因为害怕而远离他。要是在砍头和最恐怖的刑罚间二选一的话，犯人将选最恐怖的刑罚，而绝不会有任何迟疑，他们愿意承受任何痛苦。

我认为“凌迟”是最残忍的刑罚，即使印第安人用来处理俘虏的刑罚也比不上它。这种刑罚在执行的时候一边要犯人忍受极致的疼痛，一边还要看护他们，保证他们不会死得太快，为了保证这一点，能够致命的地方被安排在最后，身体上的皮肉被一片一片地片下来，先是把腿从膝盖锯断，接着是把胳膊从手肘锯断，再接下来是挖眼睛。这个令人心惊的肢解将持续三天，当在犯人的身上再也榨不出一丝力气、一滴精血后，他终于解脱了。

中国的那些审判者断案的依据仅仅是自己的分析，因此不少案件难免判决鲁莽。有时，他们为了找出真相要运用自己的学识、才智，以想出各种办法。一段时间以前，有一件事非常有意思，那位审判者在此次事件中证明他非常诙谐并且极其了解中国人的性情。有一个在国外待了十五年的中国人，他攒了一大笔钱决定回国养老。

当他到了村口时，天已经晚了。在他出国的这些年，他和家人断绝了联系，完全没有书信往来，对于妻子以及家里的情况一无所知，就连妻子是不是还活着，他都不能确定。就算活着，能不能诚心地接受自己也是问题。他因为这些问题焦躁不安，最后把用钱换成的金条藏了起来，藏钱的地点就是村中庙里神像前的香灰里，然后就满怀不安地回家去了。令人高兴的是，他的妻子不但没死，而且还高高兴兴地接受了他。她对于丈夫的归来万分高兴，哪里会责备他呢。在他们交谈的时候，他告诉妻子他挣了很多钱以及藏钱的地方。为了防止别人听见，他特意压低了声音，但是还是被人听到了。对于轻声说话这件事，中国人似乎完全不知道要怎么做。他们可以喊得非常响亮，却不会属于两人的窃窃私语。“小声地”这个词，他们完全不懂。隔壁邻居透过墙缝，将二人的话听得清清楚楚。他的耳朵紧紧地贴在墙上的那条缝隙上，对他来说，这个令人惊奇的故事实在是太吸引人了。当知道金条的事后，邻居有一种被仙女告知宝藏所在地的感觉，快要乐疯了。等到第二天早上，那位丈夫悄悄地来到庙里取钱的时候，他吓呆了,因为那些金条已经不见了。他马上想到是邻居所为,让他还钱。邻居当然不承认，还反驳说，别说钱了，自己连他已经回来了都不知道。他很快意识到，这种争吵毫无意义，所以急忙跑到当地的衙门将邻居告上公堂。正巧那位审案的官员非常聪明，他还是一个幽默的人。他召来被告，让其还钱。那人拒绝了，他说自己根本没偷。这位官员却笃信这人必是小偷无疑，为了证明自己没看错，他为这位窃贼设计了一个圈套，并自信一定能拿下他。他派人去寺庙把神像搬过来，并向神像发问是谁偷了金条，神像当然一声不吭。于是这位官员又说："人家把钱交给你看着，现在钱不见了，难道你不认为自己有责任说出小偷是谁吗？"神像依然缄口不言，官员生气了，大声指责他不尊重自己，并且眼看着小偷在他眼皮底下行窃。他决定将案子押后一天再审，并气愤地威胁说，要是神像再不交代，就会对其当庭施以杖刑。

当晚，官员将被告召至自己的房间，带着神秘的表情，满含担忧地跟他说："神像已经承认了，它说是你偷的，而且它非常生气，庭上的时候我扬言要杖打它，它觉得非常丢脸，所以要报复你和你的家人，因为这一切都是你引起的。它说你家的地将颗粒无收，你的家人将恶疾缠身，你会失去所有的儿子，你死后将无人拜祭，只能在阴间饥肠辘辘、可怜兮兮地飘荡。要想平息神像的愤怒，你只有招供一途。要是你肯，我会尽一切努力让你得到它的原谅。"这个令人心惊胆战的未来对这人来说无疑将是一场灾难，他战战兢兢地招了供，并退还了所有金条。虽然受到法律的制裁，但他的心却因为不用担心神灵的报复而轻松了。

在上面所描述的刑罚之外，还有一些刑罚是官员们自创的，相比起来不那么重要。国家把权力下放给了这些官员，他们有权对辖区进行管理，惩处那些不守法令以及引起混乱的人。中国的法律体制有一个突出特点，就是谋杀案不归司法部门管。朝廷不重视这类案件，惯常的做法就是给受害者的家人一笔钱作为补偿。这也是人们公认的一种处理办法，当受害者家里上诉索赔的时候，官员要做的就是弥补他们失去亲人的损失。人们的思想里从不存在"杀人偿命"这种想法。

第十三章　公开的私刑

霸权统治是中国社会的一个显著特征。这个国家发生的所有案件都由衙门独立审理，正因为这样，中国人在自由方面的权限少得可怜，这一点英国人也一样。此外，中、英两国人在保守这件事上旗鼓相当，要是没有外力打破，他们会毫不动摇地坚守祖辈传下来的一切。在人们心里，今天平平无奇，而过去却颇有威信，两千年前的各种人权、神权以及它们包含的内容被传承下来，人们按照它们的意思行事，毫无异议。

很难说清现代社会中的民主意识和以前的到底有什么不同。但民主意识绝不是生于当下，而是在这个国家的历史之初就已经存在了，由此可以得出以下结论：那些白发苍苍、一脸皱纹的古人，尽管看不起现代人，但早就有了民主意识，并让这种意识受到了公众的广泛认可；而且他们非常欣赏这种意识，决定要把它传承下来。从那些革命斗士对于民主非比寻常的执着可以看出，要是中国早早地就有了自己的西蒙·德·蒙特福特（Simon de Montfort），恐怕议会早就在中国产生了，专制的封建社会也不会出现在中国的历史上。

中国和英国一样，私刑自古就有。行刑者完全不用背人，所以在私刑中绝不会出现这样的画面：在某个夜黑风高的晚上，一个蒙面大汉飞奔到一个隐秘的地点行刑，并在完事后迅速撤离。私刑已经成为一种广为世人接受的惯例，得到了广泛的应用，就像美国创建之初允许私刑的初衷一样，不仅仅只是处理盗马贼这样的事。

除了叛国罪，私刑几乎适用于所有不法行为，并且可以在国家规定的基础上，按不同需求做出相应调整。因为法庭高昂的费用以及繁复的手续，有不少案件被迫搁置，但私刑可以避免这些麻烦，而且在大多数情况下，裁决可以做到本其公正。

用私刑所处理的案件中，偷窃案最多。似乎偷窃这种行为对中国人来说比其他恶行更能激起内心深处的愤怒，之所以如此，是因为幅员辽阔、人口众多的中国，大多数人都在贫困线上挣扎，钱财对他们来说比命还重要，就算窃贼偷的东西在我们看来并不值几个钱，中国人也会凶狠地惩处他。

当人们抓到一个正在偷东西的窃贼时，必然会对他拳打脚踢，并用最粗暴的方式把他绑起来，狠狠地打他。中国人非常耐疼，面对如此凶狠的击打，他就像是一袋任你施为的面粉，就算你猛击他的肋条，把他打得像个弓着身子的虾一样，他也很快就会把身上剩余的力气提起来，让人觉得这些对他一点效果都没有。还有一些小偷会在人们暴打他的时候，哭爹喊娘地讨饶，但只要摆脱危险，到了没人的角落，或者离开了那些对他喊打喊杀的人，泪水就会在他脸上消失，他又变成一个满脸童真的人。

人们抓到小偷后，会根据自己的心情决定如何惩处。有一天，我路过一处房子的时候遇到一大群人，他们显然正为什么事感到欢欣鼓舞、兴奋异常，就像他们刚刚看了《庞奇和朱迪》这出剧目一样，喜笑颜开，过节似的。等我走到近前才明白为什么人们这么开心，原来大家正在围观某个皇族处置小偷。这个小偷在行窃时当场被抓，现在双手被绑在背后，吊在一个树枝上。那个树枝离地有好几英尺高，那条绑着小偷的绳子都勒到肉里去了。我原本因人群感染而快活起来的心情，在看到那个凄惨的犯人时不见了，现在我的心里全是对那个小偷的同情。

那人的手臂被又粗又硬的绳子吊起，和后背已经成直角。他一定非常疼，因为这样一来他全身的重量都集中到肩胛那儿了。这人必是小偷无疑，因为他一看就是那类会偷窃的人。他一身破破烂烂的蓝布衣衫，有一张喜欢肆意胡为的脸。他那僵硬的脸孔给人一种说不清道不明的感觉，让人一看就觉得这人是坏人。他因为疼痛不停地呻吟，并哀号着祈求人们把他放下来，因为他的胳膊已经要被扯折了。

在他看到我的瞬间，就开始了竭尽全力的哀求，希望我能为他说情，让人们把他放下来。我当时因为心里的怜悯，被他说动了，但很快我就发现，要想打动周围的人实在是太难了，人们反驳说："要是现在放了他，用不了多久这个家伙就会再来。现在让他受点教训，多遭点罪，以后他就不敢冒险了。"尽管如此，我仍坚持劝说，人们最后还是把这个人放了。不过直到现在我还常常会想，我这样做到底对不对。那个惯犯他本应为自己的罪行付出相应的代价，但在我的帮助下他却被免除了惩罚。小偷自己得了好处，而社会却失去了让事情公平的权利。不过就算这样，面对这人凄惨的样子，我仍然不能狠下心肠。

就像前面说的那样，小偷受到什么样的惩罚，与他所偷东西的价值无关，而完全依靠施刑者的心情、地位。举个例子，要是所偷的那户人家既有权又有钱，那小偷受到的惩处将非常可怕，远远超过他所偷的东西的价值。

我接下来要讲的这件事，是现实生活中真实发生的，用来解释这一情况刚好。有一天我因职责所在去了一家医院，这是一家由英国人负责的医院，那里有很多病人，来自中国的四面八方。他们中有一些来自偏远的农村，是地地道道的“土包子”，总是因城里的各种“怪事”目瞪口呆，并因为自卑不愿意说话；有一些是四处奔忙的船员，来自附近的港口；还有一些苦力、卖杂货的小老板、大烟鬼以及腿上生疮的家伙。这些人都是为了看病到这来的，他们整齐地坐在凳子上等着英国医生的到来。

我挨个看过去，注意到一个坐在地上的男人，在他身边有个年轻的妇人，也许是正为孩子的病情担心，脸上满是哀愁。在我正想走过去问明情况的时候，忽然注意到男人的眼睛，他的眼睛似乎有问题，给人一种奇怪、愤恨的感觉，我对此感到非常困惑，所以走近去看，天啊，原来男人的眼睛被人剜掉了，这让我非常震惊。

在那人身边站着一个男孩，我问他：“那人是谁啊？”

他说：“我父亲。”

我又问：“他为什么会失去双眼呢？”

他回答说：“一个有钱的邻居在几天前，把它们剜出来了。”接着他把事情的经过告诉了我。他们家的牛在河边吃草的时候，吃了几口边上田里的稻子。稻田的主人很快就知道了这件事，他决定要对这种行为严惩不贷，以保证以后不再发生。

写到这儿，我认为有必要详细地解释一下中国人生活中的独特之处。对于外国人来说，中国这么一个地域广阔的国家，所有事都能以一种极快的速度迅速传开，实在是让人感到非常惊奇。在中国这片土地上，你偷偷地做了一件事，用不了多久就会人尽皆知。当你满心欢喜地前往以为可以静静独处的目的地时，你的后边马上就会有七八个人偷偷地跟着你。你向山下飞奔，沿着荒凉、渺无人迹的小路去你心中绝不会有其他人去的地方，你在那儿坐了一会儿，为那些随处可见的中国人找不到这儿而满心欢喜。但正当你为无人监视自己的自由感到无比快乐时，你只要一抬头就会发现一件令人吃惊的事：有几个黄皮肤正在偷窥你，他们透过树枝的缝隙看着你，脸上带着严肃的表情，诡秘得就像“斯芬克斯”。他们给人这样的感觉：原本就长在那儿，永远也不会动。接着这些人会陆续回去，很快村子里所有的男女老少，对于你出去做了什么就都知道了。

但是在这之中有一件事非常奇怪：没有任何设备的帮助，那么远的地方，他们是怎么把消息迅速、准确地传出去的？一件事发生了，数千里之遥的人都在对它议论纷纷。当你对一件事感到很惊讶，把他讲给一个中国人时，你会更惊讶地发现他已经知道了。你问他：“你怎么知道的？”他会告诉你：“啊，是我的一个朋友跟我说的。”至于那位又是怎么知道的，就没人能告诉你了。也许你收到的那份电报，那位朋友也收到了一份，而且内容上并无不同，不过这个可能性非常低，因为在中国电报费非常高，除非他在衙门或者大企业里任职，要不然这些高价的通讯设备他绝不会用。

这些讯息到底是怎么传播的，我是无论如何也弄不明白。几天时间，消息就已经被传得很远了，就连非常遥远的、不曾收到过电报的地方都已经知道了。几里外，人群密集的城里有人听说了；在集市上，集市结束后，路人在主路边议论它；在背山的小村庄里，那个令人惊奇的故事也不缺少讲述的人，人们窃窃私语、议论纷纷，这惟妙惟肖的描述声在空气里嗡嗡作响，到处都是。

消息是怎么传出去的呢？报道新闻的报纸在中国只有少得可怜的那么几张，在荒凉的地区连电话线都没有，但是人们，无论身份是高是低，贫穷还是富贵，却都能快速、准确地知道这些事。其速度与在电流帮助下的传送相比也毫不逊色，就像是数千“电报局”正日夜奋战，发送着这些讯息。这究竟是怎么发生的，凭我是解答不了了。

现在把话题拉回那个失明的乡下农民身上。这个农民没注意到一双眼睛看到了老牛吃稻子这件事，这个消息飞一般被传到了地主的耳中，那位地主对这件事非常愤怒，并且他抓住了这个动用私刑的机会，他找来了一大群族人，气势汹汹地准备对这一恶行实施报复。

那时，这个农民正在默默地放牛，完全没想到悲惨的遭遇马上就会降临到自己身上。忽然，那群人出现了，恶狠狠地冲过来抓住他，接着，那些人宣称在来的路上，已经对他的罪行做出了挖眼的判决。这个农民对此又惊又怕，他苦苦哀求那些人，但一点用也没有。他承诺只要不挖掉自己的眼睛，牛吃了多少稻子，他愿意一百倍地赔给地主，甚至愿意把那头犯错的牛交给他们，但是那些残忍凶狠的人心如铁石，农民凄惨的哀求完全不能打动他们，他们不要钱，一心只想报复那人。悲剧在几分钟后上演了，他们剜掉了那位农民的双眼，把那个疼极了的可怜人扔在路边。从此，阳光、爱的人的面庞，那人都再也看不见了。

我问：“你为什么来医院呢？”

他回答说：“我的眼睛被挖掉了，听说英国的大夫医术高明，想看看他们能不能给我换双新眼睛。”

人们一个又一个地过去，轮到他的时候，他把所有的事都讲给医生听，并苦苦地哀求，希望能得到一双新眼睛，他说：“我听说您高超的医术可以创造奇迹，你愿意用您卓绝的医术让我重见光明吗？”医生表示他当然愿意，但是他的医术还做不到这件事。“啊！”这个农民凄厉地叫了出来，他大声喊道，“你不是没这个本事，你是不肯。”在被带出诊室时，这人还在哀号抱怨，指责大夫没有同情心，不肯给他换眼睛。

私刑的审判者会在众目睽睽下，判处偷窃惯犯以死刑——这一最重的刑罚。无论是警察，还是某个官员都不会为了阻止这件事特意到那儿。

最近就有一个案子可以证明这件事。有一个农家子弟，他与蒙昧的中国社会中的其他恶人一样，道德品质非常糟糕。在他身上有各种各样的恶习，抽大烟、嗜赌、挥金如土，坏事做尽。他没有可以支撑自己好吃懒做、肆意挥霍的工作，只能四处占社会的便宜。有一天早上，农妇起床后发现鸡窝里的鸡不翼而飞，牛棚里的牛也不知去向，这么大的牲口，无论她怎么找也找不到。还有个农民，天没亮就到了自家田地，却发现原本在田里长得好好的土豆被人偷了好几垄。还有一个瓜原本长得金光灿灿的，现在也不见了，不知是谁把它从藤蔓上摘走了。村子里所有的人都非常愤怒，表示要是抓到了那个贼必定会狠狠地教训他。人们心里清楚是谁偷了这些东西，但那个狡猾的家伙一点痕迹也不曾留下，所以人们不能抓他。强烈的正义感要求中国人必须在有证据后才能抓人，而没有的时候，人们是不会行动的。在中国，如果证据确凿，但犯人不曾画押，就算是官吏，也没有权力处决他。为了让他画押，你可以用棍棒打他，对他施以最严厉的刑罚，但只要他没有在纸上签名认罪，执行死刑的人就不能杀他。

再狡猾的小偷也无法从侦探的手中逃脱，终于到了小偷伏法的那天，一个农民抓住了他。当时他刚把拴在牛身上的绳子解开，准备把牛偷走。第二天，村子里的头头儿们在一片喧闹中商量了一番，他们对于这件事都非常气愤。小偷终于落网了，他被绑在那儿，捆得牢牢的，就算是魔法师也不能让绳子稍稍松动。他知道自己即将被处死，这从他脸上的神情可以看出来，但他告诉自己绝不让人看出自己的怯懦。

中国人说话的时候往往声音非常洪亮，他们喜欢这样，就算平心静气的时候也是如此，说起话来就像在狂风中一般用尽气力。今天的场面更是如此，嗡嗡的嘈杂声震耳欲聋，人们历数他所犯下的每一个罪行，讨论要怎么处置他，最后人们将他拖到一处田地，那田地的主人正是他的父亲，人们向那位可怜的父亲宣布对小偷的处置决定——由那位父亲亲手把自己的儿子活埋在他的田地里。

父亲听了这个判决，吓得连着倒退几步，他哭得满脸是泪，对着这些愤怒的村民磕头，哀求他们饶了他的儿子，不要这么残忍地处罚他。可这些泪水有什么用？它们只不过是那位可怜的父亲为了救儿子的心痛以及苦苦的哀求，愤怒的人们又哪里会理会它们呢？人们最想做的是惩罚那个儿子，而恰好他们正握有这个权力。人们凶狠地告诉父亲，要是他不肯这么做，他们就把他的家烧了，把他以及他家所有的人从这里赶出去，并且他仍将亲眼看着他的儿子——那个无耻的家伙被杀死。

他清楚地知道人们说的话不仅仅是恐吓，他们真的会这么做，他心惊胆战，哆哆嗦嗦地拿起锄头在房前挖了个坑，那是他儿子小时候玩耍的地方，他在儿子的脖子上绑了一块石头，声嘶力竭地号哭着，在那些观刑者面前把儿子推到坑里埋了。这件惨事终于结束了，人们高高兴兴往回走，并在离开前在埋着那个可怜虫的地方特地做了个标记，那位伤心欲绝的父亲，被他们毫不在乎地留在了身后，他们因为自己捍卫正义而欢欣鼓舞。在这个地方的所有人，都不觉得这么做有哪怕一丁点的不妥。

使用私刑的案件中，凶杀案无疑是里面最大的案件，但大多杀人犯所受的惩处不过是赔钱，很少有偿命的。在中国的违法乱纪行为中，杀人不是最严重的，而且中国的律法也认为杀人并没有严重到要由法律来严惩的地步。算起来，对杀人犯免除死刑，中国可以算是最早如此的国家中的一员了——可以杀人但不用偿命。

举个例子，一个人被杀了，既不会有警察去案发地点进行调查取证，然后追捕疑凶，也不会有哪个人要朝廷出面解决此事，这就引发了后面的一系列情况。案件的负责人变成了与被害人关系最近的亲朋好友，他们会竭尽所能力求从凶徒以及他的家人身上取得最大的报偿以平息自身的愤怒，他们高声叫骂、痛哭失声，对于追偿这笔血仇来说，那位悲痛万分的寡妇凄厉的哭号必不可少。受害人也许颇有权势，不过人死如灯灭，他现在已经不像原来那么重要了。可是他还是重要的，他成为了一种在他活着时不曾具有的力量。他的死极大地影响了活着的亲人和他原本的家庭，他用命换回的大笔金钱，亲人们很快就能得到了。既然如此，只要没什么精神方面的问题，所有人都应该接受他已经被杀的现实了。

旁观私刑处理这类案件，真是一件让人不知如何是好的事，因为你很难决定是哭好一些，还是笑好一些。那个审判者原本一心维护公理正义，力求揭露真相，毫无杂念，可是现在，他眼前都是光芒四射的金子，它们闪花了他的眼睛，使他再也看不到面前的受害者，满心都是要把这具尸体变成摇钱树，让他比活人更值钱的想法，他已经失去人性了，声名、公理、理智全都顾不上，满心只有一件事——用尽一切手段从凶手身上榨取赔偿。

受害者的亲人组成了陪审团，要是受害者有妻子的话，那位妻子也一定会出现在陪审团里，因为在案件的处理中，她的作用将非常大。要是受害者还有个高龄老父，那就更好了，因为这将非常有利，他可以用最痛苦的声音让人们站在他们这边儿，支持他们。就像凶手希望的那样，陪审团全体成员都会去凶手家，凶手已经准备好了，他请来了自己最有势力的亲人，他们会和他一起承担陪审团的任何判决。

人们在审理这类案子的时候，完全不愿意在那些乱七八糟的手续上花时间，他们会简单地说一下案情，接着马上就提出赔偿金的数额，那个数字通常非常可观。为了不给人留下一种软弱可欺的印象，他们的脸上不会有一丝笑容，他们神情严肃，眉毛紧紧地攒在一起，响亮的声音带着强烈的感染力，这样做还能掩饰内心的惧意。

受害者的父亲为了能博得更多同情，会讲一些儿子的故事。儿子被无情地夺走对他来说是多么地残忍啊，那孩子原本善良、能干，他一心巴望着儿子能为自己养老，并在自己死后每年去坟头拜祭，使他不至沦落成孤魂野鬼，可以在阴间舒服地过活。可是现在，要是自己死了，必然会饥肠辘辘地到处游荡，不知应该飘往何处，一点希望都没有，因为自己的阳光，那个可怜的儿子，已经在阴间四处流浪了。凶手那边的人在这个时候忍不住打断他，表示他的儿子之所以会死，是因为他闹事，要不是他们运气好点，现在死的就是他们了。

死者的妻子一听到这席话，就再也坐不住了，她猛地跳出来，双眼冒火，满脸是泪，谁敢侮辱她的丈夫，她就痛骂谁，她成了现场的焦点，出色地完成了自己的任务。她长长的头发在身后胡乱地披着，目光锐利，口齿清晰地描述自己凄惨的境况，在述说中她细小的手臂随着情绪不停地摆动着。她吸引了全场的目光，用愤恨的音调，疯子一般痛斥凶手是那么地残忍，让她失去了丈夫，让她的孩子没有了父亲。这位女士如此地瘦小，但她无疑是一位出色的辩论家。在她没有注意到的情况下，她在辩论方面的天赋发挥了作用，让她顺利地通过了众多难关，她的声音随着情绪的起伏不断地变化着。

但是，其他的女辩手出手了，她们气势汹汹地加进来阻击她，成为了她的对手。她们挨着个地站出来，不让她多说一句话。这间屋子刷地一下就变成了精神病院，到处都是激动的脸以及狂摆的手，除了吵成了一片的嗡嗡声，再也听不到别的声音了。经过几个小时的激烈争论，双方都因耗尽了最后一丝力气不得不暂时休息，最后，受害人的亲友终于得到了一笔高额的赔偿。这个案子在判决者的宣判中落下了帷幕，这个审判就是终审，和朝廷的判决具有同样的权威。

这种私刑在中国所起的作用，超过了绞刑在我国的作用。当中国人意识到，要是自己杀了人，自己或者家人不得不支付巨额赔偿时，就算再怎么生气，他也会压制住内心的怒火不去动手。

第十四章　医生

在中国，每一个中国人都有公开行医的权利，绝不会受到任何限制。而在英国，人们对行医者管得非常严，要求只有学医的人才能行医。中国既没有教授医学知识的学校，也没有大学考试，既没有医院，也没有人专门研究医药以及解剖，那些麻烦的行医执照，他们完全不需要。他们所要的仅仅是一件长衫、一副在英国常见的看起来学识丰富的脸，以及浅得不能再浅的一点关于汤药、成药的知识。有些病就算是英国最好的大夫也束手无策，这些人却可以毫不迟疑，马上着手“治疗”。

那些人只要掌握点医学知识就去当大夫，因为在中国成为医生是那么地简单。在那些大夫里，你几乎遇不到一个能谦虚地表示自己的医术还不到家、对医学还知之甚少的人。比方说，一个人非常脏，就算是用钳子碰一下，也会让人觉得恶心，他满脸油腻腻的泥垢，所穿的衣服积满黑泥。这个普普通通的苦力，既没有过人的才智，也没有某种会让人希望与之相处的气场，但就是这样一个人，你偏偏注意到他了，因为竟然有人悄悄告诉你，他还有一个医生兼职，并表示他颇有名望，曾治好不少病患。

我遇到的所有的这类大夫，都有一种在短时间内为那些原本要靠高科技才能治愈的疾病开方的能力。例如，某人得了肺结核，并且到了晚期，恰巧碰到一个这样的大夫，他有一副大嗓门，看起来鲁莽、笨拙，但他会让人觉得他本来的职业就是大夫，他为这人诊脉开方，并表示病人只要按照他说的喝某些草药熬成的汤就一定会好。每个人都对他所说的话深信不疑，他们都确信这人能将病人治好。

一般说来，想要当大夫的人都要学一些从古代流传下来的医书典籍，这些书的作者作为国家的先烈名垂千古，他们有众多学术著作，人们之所以毫不质疑书里的内容，最主要的原因就是那些书是古人写的。在他们看来，只要学好书里的知识，就能治好那些名医曾医好的病。中国人认为医学不会再有什么突破性的发展了，因为在身体结构上，今人和古人并无不同，既然才智卓绝的古人们都已经细致地研究过那些人类会得的疾病，并且把研究结果记载、流传下来了，那么，今人只需信心满满、毫不动摇、安心舒适地背背那些处方也就可以了。

在中国所有流传下来的古典医书中，最负盛名的那一批里，有一本的作者是炎帝神农氏。他是中国上古时代的人。因为那些典籍写着神农氏的名字，所以人们坚信他生活于现实，而不是神话传说。药圣是世人对他的尊称。传言他原本是一位神仙，因为不忍看着世间的人们饱受病痛的折磨却总是治不好而化身为人。他的胃因为可以分辨物质的属性，所以在这一善举达成的过程中起到了很大的作用。为了辨认药物的属性，神农氏吃了各种各样的草，并仔细地观察草药在消化过程中对人的身体产生的影响，还一一记载下来，最后成了那本传言中由他所写的医书。现在医生们治病开方都要参照这本书。

华佗是三国时代最负盛名的医生，他有胆有识，并敢于尝试，相信可以通过开刀为人治病救命。相传，三国时期三雄争霸，当时的一个英雄被箭矢射中了胳膊，因为箭上有毒，要不是华佗帮他刮骨去毒，用不了几个小时，这人必死无疑。当时的另一个统帅听说华佗医术高明，就把他请来为自己治病，他有头疼的毛病，每次发作都疼得非常厉害。华佗给他仔细地检查了一番后，告诉他："你的病已经不能再拖了，必须马上采用一个大胆的治疗方案。你要是想恢复健康，就要允许我为你开颅切除病灶。"病人一听竟然要这样治，又惊又怒，凶狠地骂道："你这是想治我？分明是想杀了我，不过没关系，因为我会先杀了你。"就这样，华佗被送进大牢，并将于几天后斩首。在死前的几天里，看守的狱卒对华佗非常和善，想尽一切办法力图让他过得好一点。华佗为了报答这人，将记着所有治疗方案的手稿给了他，并说："我给不了你什么，这里有一份手稿，你好好留着，它会为你以及你的后代带来财富。"

这些宝贵的资料被看守带回了家，他告诉妻子找个安全的地方好好保管，并盯着妻子的眼睛，语气坚定跟她说，一定要保管好，自己以及后代们都不会觊觎用它来换得钱财。这本书确实被小心地保管了一阵子，可是有一天，当丈夫回家时，发现妻子正在一张一张地烧着什么东西，他问她在做什么。妻子说："在烧华佗的书，我前前后后地想了又想，觉得华佗之所以落得这样凄惨的下场，完全是因为这些知识，要是有一天，你也因为这些知识功成名就，弄不好也要死在刀斧手的手里，为了救你，我只好烧了它。"看守急忙把书抢回来，可惜只剩下一部分了。这以后，这部分书都被保存得很好，全国的大夫都用里面的处方为人治病。

随着时间的脚步，我们来到宋朝（始于公元960年），孙思邈就是这个时期的人，他显赫的声名一直流传到现在。一直以来，他在人们心里都是神仙一般的人物，人们为纪念他修寺建庙，并相信他可以妙手回春，治愈任何疾病。皇后病重的那回，是他经历的一次重大考验。对于皇后的病，皇宫里的御医全都束手无策，当时，孙思邈因为已经颇有名望,被传召入宫。按照要求他既看不见皇后,也不能碰到她，所以只能悬丝诊脉，就是拿一根丝线，皇后手腕上系着一头，他在隔壁房间拿着另一头。皇后因为不相信这个民间大夫，所以决定试探一下，她先是把丝线系在床柱上，孙思邈一摸丝线立马说:“这哪里是人手，明明是木头。”所有人都瞠目结舌，不过皇后仍不放心决定再试一次，于是把丝线绑在了一只小狗的脚上，孙思邈又马上说自己被耍了，因为这回也不是人，是低等动物，断言丝线绝不是系在皇后手上。皇后终于放下心来，孙大夫高超的医术也很快显露出来，那个让最有名的大夫束手的疾病，被他治好了。

医生主要分为内科大夫和外科大夫两类，也有少数大夫能内外科兼治。为了接触到中国大夫，观察他们治病的手法，我特地找了一个中国医生来为我患有疟疾的仆人治病。这位“中国的埃斯库拉普斯”没多久就来了。他五十岁上下，一身白色长褂，高高瘦瘦的，整体给人感觉是温文尔雅，从外表看来，他医学造诣颇深，不惧任何疾病的考验，他脸上的微笑可以鼓舞患者，让他们安心。

这位大夫开始对佣人的身体进行细致的检查。他先让病人坐过来，伸出左手，然后用三根手指为病人诊脉。诊脉的情况好笑极了，他那三根手指像弹钢琴似的不停地移动，三分钟后，又让病人伸出右手，将上面的检查再来一次。我问他两手的脉搏难道不一样吗，为什么都要检查？他回答我说:“是的，绝对不同。两手都看才能找到他生病的原因。”“全身，”他接着说，“共分十二个腔室，左边的脉负责六个，右边的脉负责六个，所以要两边的脉全部看过，才能确定是哪些腔室有损伤。”

“那么，现在你检查的结论是什么？”我问。

“他之所以发烧是因为肝、胆受凉。要想治病就要服用对这两个器官起效的药。”

接下来，我们又谈到胆，评价中国人的时候，我们常常用它。他想了一想说：“有些男人的胆很小，有些则很大。”

“大体说来，你认为大一点的胆对人类更好，还是小一点的更好？”我问。

“小的，一定是小的好。”他马上说，“胆小的男人对社会不会产生什么损害，因为他们脾气好，而大胆的人更适合当兵，因为他们勇猛、果决、有血性，这正是士兵不可或缺的素质，他们凭着它奋勇杀敌，不畏死亡。”我本想跟他说，中国人在战场上的表现看起来胆子都很小，但出于礼貌没有打断他。当然，要是我直接跟他说的话，他也不会生气，因为当别人说他胆小、懦弱的时候，他并不会因此血气上涌，满面通红。接下来他告诉我说：“确实如此，我的胆就一点也不大。”

这时，我又问他十二腔是怎么回事。“人体，”他微弯了一下身子，动作非常雅致，接着说，“按照结构分为十二个部分，血液每天在一定的时间，按照一定的规律流过相同的腔室，不会出一点错。例如位于身体中央的心脏，血液会在每天的十二点流进去，要是此时心脏受到攻击，就算很轻微，也能让人丢掉性命，因为那时人体所有的精力都集中在那儿，任何暴力伤害都是致命的。其他腔室也是如此，”他接着说，“不过有一点不同，就是它们离生命本源有一定的距离，受到伤害后不会马上危及性命。当然，这并不意味着，”他继续说，“血液在流进某个腔室的时候，其他腔室什么都没有。血液里存在一种让自己流动的力量，这种力量是自发的、可以控制的，血液能够在不同器官间循环就是靠它，要是这种力量受损，并在血液中又有一种危及性命的力量产生，那么人的根基就受到影响，人也就危险了。”

人们完全相信这些医学观点，特别是那些打拳的人更是把它当成金科玉律。在比武场，他们对着对手那正充满血液的腔室狠狠挥拳，因为他们深信，这些部位受伤，会使得对手受到更大的伤害。即使过了很多年，这些拳手还会表示，当时受到击打的腔室现在还会隐隐作痛。那些病患面如死灰、不停地咳嗽，他们在谈起自己病因的时候会说，是从几个月或者几年前，被人打中腔室开始的。

在中国，医生们把大部分疾病的病因归结为“受凉”以及“受热”。因此，他们的药物、食物也分出“凉”和“热”两种属性。一个生病的人，要是他血液流速变慢，身上没有力气，整个人死气沉沉的，那么一定是因为吃了热性的食物或者药物；要是浑身发热，脉搏跳得太快，那他使用的药物就应该是凉性的。

人们发热的时候，通常吃梨，因为梨是凉性的。那种梨和我家乡的梨相比，除了外表就没什么相同点了，它们一点味道也没有，还非常硬。我曾经看到一个人脸烧得通红，眼睛里全是血丝，一点力气都没有了，还要竭尽全力地啃梨，并希望靠着这硬得跟石头似的家伙退烧，可怜极了。要是你觉得牛奶又好喝又有营养，应该让病人喝这个，马上就会有人跟你说，牛奶是热性的，病人要是喝了它会病得更重，因为他身体里的火气原本就过多了。

中国人相信大夫，他们看起来就像是喜欢生病、服用大量汤药一样，吸收药物的能力非常强大。众所周知，中国人身体羸弱，所以在这片土地上游方郎中这个职业发展得非常好。这种人四处漂泊，称自己什么病都能治，要认出他们非常容易，从穿着就能看出来。他们一身勉强能看出是白色的长袍垂至脚踝，手里有一面花花绿绿的旗子，上面全是他以前的病患对他的褒奖之词。

这些人是一群无赖，而且非常狡猾，因为干不了别的工作，就做了四处游荡的游医。他们的脸长得就像是波西米亚人一样，我们见到这些人的时候，会不由自主地产生一种同情。我下面描述的是中国游方郎中里的一个。那人一副历经风霜潦倒像，我们一见就能猜到他的经历了。很明显，他的人生道路崎岖不平，也不曾有过什么大的成绩。为了让自己看起来体面一些，他很用心地维护了自己的衣装，这在他的衣服上很明显就能看出来：虽然旧，但却被仔细地缝补过。他的鞋给人一种随时要摆脱他，飞奔离去的感觉，难看极了。人们并不会惊异于他的装扮，因为这个国家的大多数人并不穿鞋，或者只在需要长途奔走的时候穿双草鞋。

他五官深刻，有棱有角，整体说来并不难看。相比于探险者，我觉得说他长着一张坏人的脸更合适。在他的脸上，人们隐约能看出一些诙谐的痕迹，不过这种诙谐出现的场合却是在那些荒唐事中。他富有神采的眼睛总是敏锐地逡巡着，力图找到每一个病患。他只要一眼就能分清病人是谁，像有第六感似的。他能掌握别人的个性，也知道要怎么做才能赢得顾客，这得益于他多姿多彩的人生经历。在你观察过他之后，你会发现他是这样的一个人，对中国社会的阴暗面知之甚详，诙谐幽默，不曾被所生活的环境以及周围的人完全染黑。

城市的环境很好，但城里人聪明，具有很强的洞察力，对于这些人来说，这可不是什么好事，因为他们不能像在乡下，特别是农贸市场中那样将他们与众不同的本领完全发挥出来。乡间的农贸市场更适合他们，在那里他们才能尽展所长。世界上再也找不到哪个国家的病人比中国人更易于相信大夫的了。这些大夫选的地方通常人群密集、非常惹眼，然后他们会把那些能给农民以及乡下土包子带来奇迹的药展示出来，周围的人看着这些稀奇古怪的药，眼里满是新奇。

那些新手能展示的草药会少一些，几根干巴巴的树根、几绺枯草、黑乎乎的蛇肉，以及一些在中国的医学界赫赫有名的草药，它们被平铺在那儿，看起来一点都不吸引人。还有一些原本是别人嘴里的牙，现在肮脏不堪，都已经烂掉了，它们的适用对象是那些掉了牙的可怜人。但是这些药并不是这人赚钱的依仗，他要靠的是自己的才智。几个农民围了过来，他带着微笑，不动声色地观察那些人，并很快锁定目标——那个面色发青的家伙，这个施救对象棒极了。他问："这位先生，尽管可能有些直接，但我还是要问，你知道你已经得了重病，随时会丢掉性命吗？你可能还不清楚，但我的医学知识告诉我，你的情况非常不好。"这句话明显吓到了庄稼汉，原本发绿的脸又透出些黄来，身子不住地发抖，吓得一身是汗。他忽然觉得不舒服起来，看看周围的人，眼中满是惶恐，人们正窃窃私语、议论纷纷，说这家伙看起来真的像是生了重病啊。

为了强化影响，江湖郎中又说："把你的舌头伸出来。"那人战战兢兢地伸出了舌头。他的舌头红彤彤的，颜色跟胡萝卜差不多，周围那些人根本不知道什么颜色的舌头才健康，什么颜色的舌头又不健康。"看，"郎中说，"这人的舌头真是糟透了。病情正在加重，不过他运气不错，因为我正好有治这种病的药。这种病我知道得非常清楚，不少人像他一样得了这种病，都是我治好的，那些人要是没有我早就死了。"那个庄稼汉在知道大夫有治疗自己的病的药物后，放下心来。他立刻买了些药，飞快地跑回家去，跟他的妻子报告这个重大事件，多亏了这个医术卓绝的大夫，要不然自己恐怕活不了几天了。

尽管大家都知道这些江湖郎中人品不行，但人们总是会上当受骗。一个中国人生病了，无论是什么药他都有可能服用，无论是谁的建议他都有可能听从。中国人的身体素质无疑十分强悍，不曾学过医学知识的大夫、游医、业余大夫以及其他什么人一直摧残着他们，可是他们却和其他国家的人一样健壮。是什么让中国人保持了身体的健康呢？不是那些没经历过医学训练的大夫以及那些让人早早丢掉性命的治疗方案，而是强大的、与生俱来的、强健的、韧性十足的身体素质。

第十五章　钱与债

大多数中国人都有不少外债，这似乎已经成了中国人生活的一种必然状态，好像他们的人生原本就应该这样过似的。债务在他们呱呱落地的时候就已经陪在身侧，一路伴着他们长大成人，上学，成家，就算是到了弥留之际，债务仍然不离不弃，直到他们到了别的世界。

中国人看起来一点也不会因为债务而心情沉郁。在中国的所有人中，被债务抓着的人至少占了五分之三，欠债这种习气就像传统一样流传下来，家家都有，它们遍布这个国家的城市乡村、街头巷尾。毫无疑问，祖辈们把它留给后世子孙，像家传宝物一般。由于所有人都对邻居的财政情况了如指掌，不存在任何例外，所以人们从不觉得欠债有什么可耻的。在漫长的一段时间里，欠债都是这个国家风俗一般地存在，正因为这样，人们借钱的时候满不在乎，直到很多年后，才会意识到自己已经债台高筑了。

例如，一个人的儿子要结婚，但通常婚礼的开销非常大，又要为新娘准备彩礼，又要置办婚宴以维持家族颜面。他虽然没钱，但为了儿子，这些东西必须准备。钱从哪来呢？或许这个父亲原本就已经有很多债务了，但他仍会借钱。要是让一个英国人为了履行自己的某些职责而借钱的话，他一定会前思后想，好好琢磨一番。可中国人却不这样，婚礼、宴席一个都不会少。这位父亲会邀请很多人，里面有一些甚至完全不熟，但为了礼数周全，他还是会请，这些人一通吃喝，他无疑要一穷二白。但他完全不为将来打算，到处借钱，家族颜面是保住了，可是那原本可以省下来的钱却没有了。

我实在是弄不懂中国人。平常的时候，就算是一个铜板他们也看得非常重要，素有“吝啬鬼”之称。在中国人眼里，可以省钱似乎是件了不得的事，就算只是一个铜板，中国人也常常为了省下它而来回讨价。有时候，商家和顾客会仅仅因为六个铜板就争论很长时间。英国人也会为讲价争执，但他们争论的是先令，绝不会是便士。对于中国人来说，一个先令已经是一笔巨额财富了，因为它相当于五百个铜板，足够让一户中等收入的人家，好好地过两三天了。也就是因为这样，中国人才把每一个铜板都看得非常重要。然而，并不是什么时候都如此，在办婚礼或者关系到家族颜面的事情的时候就不一样了，那个时候他们会极尽铺张浪费，无所顾忌地花掉不少美元，而一个美元就相当于一千铜板，他们表现得就好像他们是英国贵族，有英格兰银行做靠山似的。

一个月的时间里，所有参加了婚礼的人都会对这次成功的典礼赞不绝口，他们称这个婚礼为这户人家添光了。债主也不会为自己借出去的钱担心。但当还钱的时间到了，那位父亲却很可能因为没钱还，而要求宽限一个月的时间，并诅咒发誓一定能连本带息都还上。债主答应了。但是事情随着利息的不断累积越来越糟，因为光是利息就已经比本金还要吓人了。要是他真能连本带息按时还清还好，要是他金钱短缺，利息、本金一个都应付不了，争执将无可避免。在债主不断的搅扰纠缠下，他别无办法，只得再找个债主借钱，先还了这个债主。

英国的放债人属于某个专门的阶层，但中国不是这样，每个中国人都会成为放债人，他们一旦有钱剩下，就把它借出去。一个女佣把她的工资一点点积攒起来，终于有了一美元，她一逮到机会就马上把它借出去。一个苦力发现自己有三美元了，正巧邻居要用钱，他马上借给他。可以这么说，整个中国都呈现出那样一种状态，钱财的借进借出，好像永远都不会变一样。大多数中国人每天都在考虑怎样才能尽可能少地支付利息这样的现实问题。

中国人非常具有商业头脑，他们对于钱财的升值能力认识得非常清楚。在他们看来，把钱藏起来实在是太蠢了。那些有很多余钱的人也这么认为。中国人不了解银行，而且说来他们更愿意把钱借给正需要钱的农民或者房主，因为抵押品是田契与房契，要是别人还不上，他们就可以得到这些，这些东西的价值比他们借出去的钱要高多了。债息的额度和借债双方的亲近程度有关，要是双方缺乏信任，债息就高，不过要是借债人在还款方面的质量非常出色，利息也会很低，只有百分之十二，这样小风险的借债，双方都愿意接受。债息还和借债人的偿还能力有关，要是偿还能力低，利息就高，最高的时候可以达到百分之三十六。

贫苦大众受尽了穷困以及永远也还不清的债务的苦，那些年幼的孩子，当他们的家长债务缠身的时候，他们也要承担这些负担。为了保住祖传的土地，人们不得不把自己的孩子卖给那些大户人家，以满足那些有钱人的欲望。例如，有个人只有个四五岁的儿子，当债主临门时，他已经没有任何可以还债的东西了，债主直接朝那个孩子指了一下，表示这个难题其实不难解决。“卖了他吧，”债主说，“只要这样，你就能把欠我的钱还清了，不仅如此，你还能剩下一笔，它将会帮你重新开始。”

夜幕降临，黑暗笼罩了整个村庄，那个孩子睡着了，他们一直珍爱着他，像是爱惜自己的生命一般。父亲和母亲低声地诉说着这个人间惨剧。他们别无办法，只有卖掉孩子才能拯救这个家，那个债主心如铁石，只想着从他们身上榨钱。第二天清晨，父亲告诉儿子要带他出去玩，去几里之外的那个大城镇。那位母亲心如刀绞，仔仔细细地看着她的儿子，她以后再也见不到他了。那个孩子紧紧地抱着他的母亲不肯走，他也许感觉到了母亲的痛苦，但父亲却一再跟他说，城里有很多有趣的东西，要带着他去看，他们回来的时候，还会给母亲带几件礼物。最后这个孩子带着对城里的种种天真美好的幻想离开了母亲，尽管他眼里带着泪花，但脸上却挂着微笑。

城里对孩子来说像是一个童话世界。那么多店铺，那么多好玩的东西，那么多人，他从没见过。父亲领着他来到了一个又大又漂亮的房子里，不过，和家人相比，这里的人对他不太好。他紧紧地贴在父亲身上，心里奇怪他们为什么要在这儿待那么久。有个男人坐在桌边正写着什么，偶尔还会高声读一下。那个孩子不知道那正在滑动的笔正在为他打造一条把他卖给一个财主家的锁链，与此同时，他和父母的血缘关系也将被这支笔砍断。

这笔买卖在父亲画押后完成了。那个孩子卖了七个英镑，那份契约被保存在一个安全的地方，尽管它对神是一种轻视，但却具有法律效力。

父亲为了安抚儿子，骗他说自己有事要先出去一会，让他乖乖地在这儿等，很快会回来接他，然后他们会一起回家，他就能看到妈妈了。小男孩紧紧地盯着门口，眼里满是焦急和担忧，他仔细地听着路过门前的每个脚步声，可没有一个是来自父亲的。他还那么小，却再也不会拥有那样的幸福了：从梦中醒来，母亲正满眼慈爱地看着他。

这是现实中的一景，绝不是我胡编乱造的故事。和男孩相比，女孩被卖掉后的遭遇会更惨。男孩会被收为养子，通常过得比在家里好些。女孩大多要成为一点人身自由也没有的奴仆。她的主人想怎么样就怎么样，对她好也行，任意打骂、侮辱她也可以，要是他高兴，把她转手卖给别人也没问题。买卖活动一结束，她的父母就已经和女儿一点关系也没有了，她就像是一头牛或者一匹马，一旦被卖掉，就完全是别人的财物了。

典当是另一种被广泛使用的筹钱办法。当穷人们急需一笔小额金钱，但又只有那些衣服、家具一类的物品，没什么别的值钱的财物能确保还钱的时候，他们就会采用这种比较特殊的借钱方式。在中国这片土地上，这种情况到处都是。通常有钱人家才开得起当铺，因为要有足够的财势才能抵挡如狼似虎的官差以及抢匪。

中国的当铺老板可一点也不容易。当地的官吏总是想方设法力图抓住每个生钱的机会，他们盯着当铺的眼睛眨也不眨一下，像等待猎食的老鹰那样在天空中飞旋，只要一有机会就狠狠地敲当铺老板一笔。当铺里藏着那么多金银财宝，牢牢地吸引住邻里的视线，他们眼冒凶光死死地盯着那儿。要是律法不能被严格地执行，当威慑作用减退，大烟鬼、赌鬼以及流氓无赖们就会不安分起来，最终在某天晚上，五六十人轰然出动。

通常，当铺会被修建得非常结实，并做好各种防护措施以抵御这些抢劫事件。巨大坚硬的花岗岩是当铺的基本骨架，进出的门只有一个，由非常厚的木板制成，锁着它的锁头是铁制的，又大又坚固，还会用门栓把门卡住，这个门栓也是个大家伙。此外，为了抵挡住抢匪的攻击，大量的枪支弹药也是必不可少的。虽然做足了防护措施，但当铺被抢是十分常见的。在匪徒将一个看当铺的人杀掉后，他们还是进来了，抢走的东西够他们大手大脚地花上几个月了。

在各个城市，除去这些影响力、实力都非常强大的当铺，还有一些没多少钱的小当铺，它们的服务对象是那些穷得不能再穷的人，它会借给这些人一些小钱。大当铺是看不上这些穷人的典当品的，他们为了渡过眼前的困难，典当的常常是些又破又旧的袍子，只能换几个铜板罢了。

典当大致每月要付百分之二的利息。要是典当的东西是毛织品的话，利息就会有所提高，每月要付百分之三，因为保存这一类的东西并不容易，要是它都发霉了主人还没来赎，它们就废了，卖都卖不出去。一些大当铺，赎回典当物的期限是三年零四个月，要是典当物的主人在限期到达之后还没有来赎，典当物就归当铺所有，对于过期的典当品，当铺老板有卖掉的权利。在典当物抵押期间，当铺按例应当妥善保管，定期晾晒，以防受潮，要是当铺粗心大意没做到的话，典当人有索赔的权利。

通常，一些小当铺把典当品的赎回期限定为四个月内。典当品所具有的特点正是抵押期限缩水的原因：这些典当品已经破破烂烂，满是灰尘、污渍，要是放的时间稍长一点，恐怕就要变质了，到时候就一文钱都卖不出去。

大当铺尽管从表面上看来做的不是放债生意，但它们的角色却和放债人差不多。缺钱的农民从乡下当铺借出钱来，他们不得不借，因为中国的普通百姓常常会遇到不得不借钱的情况，这些钱农民们要非常艰难才能还清。按照收成的不同，债息也会不同。当铺会让伙计在庄稼成熟的时候去田里取利息，甘蔗、谷子这些好像是债主的东西一样。那些农产品长好后的第一个任务就是支付债息，必须如此。农民们站在田地边上，眼睁睁看着那些伙计把维持全家生计的大部分收成带走，他们满眼是泪、满腹辛酸却毫无办法，他们知道家人又要饿肚子了。

要是赶上大丰收，支付债息之后，庄稼还能剩下一部分，这对农民来说日子将不会那么艰难；要是因为旱灾庄稼失收，那他们未来将非常悲惨。就算如此，那心如铁石的当铺老板也不会有一点通融。账目绝不会因为情感而有丝毫变化，当铺所有的金钱交易都不会因此受到影响。

在中国，有钱人对穷人的凶狠残忍，真是令人吃惊。中国的百姓在遇到干旱、洪涝等灾害的时候，就一点活路都没有了，要是在英国出现这种情况，英国人第一个想法就是拿钱捐助他们，但中国的有钱人却非常吝啬。

这些人的粮仓里早就装满了粮食，这时却不会拿出一粒来帮助周围即将饿死的人。不仅如此，他们还趁火打劫，借机抬高米价。他们认为把粮食免费送给那些饥肠辘辘、不住哀号的人们，实在再蠢不过了，他们是绝对不会这样的。

穷人们常常会受到有钱人，尤其是当铺老板的残忍对待。人类善良的天性似乎已经被这些人忘记了，他们一心只想着榨干穷人身上的钱，非常狠辣。下面的例子就是这样一件事。

一个寡妇从当铺里借了笔钱，她有一块田地，不过并不大，他们议定，庄稼成熟后，以粮食付利息。可惜那年收成不好，寡妇发现一旦当铺拿走了支付债息那部分，剩下的将不足以支撑她和孩子下一年的生活。想到要饿肚子，她心惊胆战，必须要为孩子们准备足够的食物，所以她把一部分粮食藏了起来，可是却被狡猾的当铺伙计发现了。这件事对寡妇以及当铺老板来说正是悲剧的开始。心如铁石的当铺老板让寡妇对未来完全丧失了信心，这悲惨的现实世界她再也不能忍受，最后带着满腔的怨恨自尽了。她的亲人立即把当铺老板告上公堂，说他逼死了寡妇,要求他做出赔偿。当铺老板自然愿意,因为虽然死了人，但只要花钱就能摆平。

官府插手了这件事。对于当铺这么大块肥肉，那些当官的早就等着狠狠地砍上一刀了，现在是时候了。那位官老爷表面看来对当铺老板的行为义愤填膺，言辞狠戾，痛骂他没德行、没良心，逼死了已经失去丈夫、生活凄惨的寡妇。他要严厉地制裁他，绝不宽容，让他成为一个警示他人的反面典型，以杜绝此类事件的发生。于是，官老爷以及他的随从们拿走了当铺老板所有的钱，他的当铺也倒闭了。

相传，当铺老板受到的惩罚还不仅仅是这样，他的儿子在两三年后疯掉了，不久暴病而死。人们认为这是因为寡妇的冤魂回来索命，她不仅要报复害死她的当铺老板，连老板的儿子也要承担她的怒火。

这件事吓到了一个住在附近的有钱的放债人，他一听说这件事马上放出消息说，免去借债人所有债息。他之所以这么做，当然不是突发善心，而是担心自己以及家人受到阴魂的报复，那些阴灵生前没少受到过他的欺压，现在他希望通过自己的补救措施可以让阴灵们放过他。

银两是在中国流通的标准钱币，一两差不多等于一盎司白银。一般在商业账簿里是以它为计量单位的，在大宗贸易中也是使用它。唯一能够替代银两起作用的货币就是银锭了。一个银锭重好几两，人们出门的时候带起来也比较方便，要是有需要就可以去钱庄把它换成现钱，这种钱庄遍布全国，兑换一点也不麻烦，要是不想兑换全部，还可以根据需求切一块下来，钱庄会根据这块的重量帮你换成等价的现钞。

人们不会用银子来买些小东西，大多数中国人一生也没见过银子。国家发放的铜币是中国唯一愿意铸造的钱币。和先令差不多大小，中间有个方形的小孔，每一百个串成一串。一美元、两千先令，差不多是那样的十串，铜板的价值真的是非常小，差不多相当于千分之一美元。

对那些在中国做生意的外国人来说，银子、铜板都太沉了，用起来实在是不方便，因此，墨西哥元作为中间媒介被引入进来，成了一种辅助货币流通的工具。不过只有在外贸发达的城市或者外国人比较集中的地方才使用它，因为要知道银子、墨西哥元的兑换关系才行。

铜币才是大多数中国人眼里真正起到通货作用的货币。由于大买卖才用银子作为计量单位，比如，国家税务、数额较大的账目、田地交易等，所以银子在货币的世界里属于贵族。在政治事件中所涉及的金钱数额通常非常大，所以银子才是双方认可的货币。此外，在中国用来表示股市变化、市场变动的也是银子。

从另一侧面来说，贫民的货币是铜板。它是穷人的朋友，就算是乞丐，也能有几个铜板的。那些苦力就算是做梦的时候，也不会奢望自己有银子，累了一天，要是能拿到二百铜板，他们就非常高兴了。一个工人，技术非常熟练，要是一天能挣三百铜板，他会兴高采烈地把它们交给妻子，以应付日常开支。那个妻子的眼睛也会因为丈夫能带回这么多钱，而绽放出夺目的光彩。

有个逛市场的男人，在他肩上挂着一串铜钱，这无疑是一种夸耀，他在无声地告诉那些摊主，对他礼貌、谦逊些，他可是来买东西的。他买了一磅大米，花了三十个铜板；一磅白薯，十个铜板；一磅鱼，一百二十个铜板。此外，他还花了五十个铜板买蔬菜，足够他全家吃的了，那些菜有的很新鲜，是刚从田地里摘下来的，不过有些就不是很好了，带着刺鼻的味道，像是来自于某个阴暗、潮湿的贮藏室。也许今天是个需要庆祝的节日，他想着要和家人开心一下，所以又买了只鸡，用了三百五十个铜板，半升酒六十个铜板，还有一些糕点他也没忘，一块普通蛋糕六十个铜板；他还买了点带有甜甜的果肉的蛋糕，那要五个铜板一块，还专门为孩子们买了不少太妃糖，又甜又脆，一个铜板一块；他又买了些水果花了六十个铜板，橘子六个，菠萝一个。

过节的东西他都买得差不多了，这时他的肩膀还挂着几百个铜板，要是他想再转一圈，买些别的东西，这些钱也够了。

对于穷人来说，铜板才是属于他们的钱币。他们不停地和贫穷厮打，那些在生活中不可或缺的东西他们总是买不起，可是铜板却不会嫌弃他们，总是亲切地关注着他们。铜币不会成为值钱的货币，也没人会大量贮存。携带铜币并不是一件方便的事，数量少的时候还不显，要是量大，你就会发现它们实在是太沉了，那时你自然会希望你带的是银子或美元，不过你要是真的拥有了美元或者银子，就表示你已经不属于穷人的行列了。要是谁想去进行一次长距离的旅行，路上使用的铜板就算价值只相当于五十英镑，他也要弄头驴专门驮这些钱，此外，为了防止被抢，还得带两名配枪的保镖。无疑，没有人会做这么荒谬的事，他一定会带银子，然后在需要的时候，把尊贵的银子换成低贱的铜板。铜板在中国人的生活中不可或缺。作为一种交换媒介，它对每个人，尤其是穷人都非常重要，对于穷人们来说，它是真正的朋友，因为它时刻注视着他们，帮助他们买到生活必需品。

第十六章　戏曲演员

对中国人来说，看戏是一项适合于所有人的娱乐活动，它兼具优美与通俗，在整个中国都很流行。再没有一种消遣能像看戏这样带给人们那么多的欢乐了。所有人，无论有钱没钱，有知识没知识，都可以在戏曲中找到快乐。它会松弛人们紧绷的神经，即使只是一时，也可以消除心里的烦闷。

台上所演出的每一幕场景总是能轻易地触动观众的心，让他们从中收获快乐。帝王将相在这里粉墨登场，那些声名盛极一时的高官从台后走上前来，发表着那些让他们青史留名的言论，第一次，有这么多人耐心倾听。在今人面前，那些随风飘逝的过往被展现出来。在戏台上，穿着那个年代的衣服的“将相王侯”演绎着历史学家、诗人笔下的逸闻轶事。

中国人天生对古代的人和事抱有崇敬之情，而这种娱乐方式无疑和这种崇敬相契合。由于带有古味的古物是在中国历史绽放光芒的古代形成的，所以深受中国人爱戴。这些几近完美的文化无疑凝结着先人的智慧，但它们在今人的手中却失去了光彩。那被歪曲扭伤的文化因为时间的沉淀，被今人放上神坛，成为无可替代的权威参照物。任何事物无疑都有时间的痕迹，人们对年代久远的碗上的雕刻都满怀崇敬，这些历史剧也是如此，因为它们身上带着的是早已逝去的历史，将那些掩埋于时光之河的人们再次呈现出来，所以人们观赏的时候总是透出丝丝敬畏的味道。

什么场合需要准备一台戏呢？这种场合不计其数。一个有钱人需要一场盛大的宴会以及一台戏来庆贺生辰。中国人相信这些将会给他们带来极致的快乐，一个盛大的宴会当然也非常不错，但是要是能再有一台戏就更棒了，客人们将会对这次狂欢更加难以忘怀。就这样，有钱人花了大把的钱请了最好的戏班子，在这欢乐的气氛中，有钱人及其亲朋好友固然欢喜，其他看热闹的百姓也兴致高昂，这真是美好的一天，人们衷心祝愿有钱人长命百岁。

中国所有的戏曲材料中，最丰富的部分来自神灵。在中国，所有的神灵身上都透出清晰的人的感情。它们和它们的信徒一样，执着于金钱，只要给的钱足够，它们无所不为。尽管站在公理正义这一边，但要是施以巨额的贿赂，它们将毫不犹豫地转投其他阵营，就算是那些无赖恶霸，它们也会毫不愧疚地降下福佑。而对于神灵以及百姓来说，一台戏最能让他们同享快乐。那时，快乐的氛围随着笑声、吵嚷声、节奏鲜明的锣鼓声达到了顶点。

例如，有一座广受赞誉的寺庙，它所供奉神灵的寿诞即将到来。这是一位有些声名的神，人们认为它曾使不少信徒受益，并且乐于实现信徒的请求。为了表达自己的谢意，也为了以后可以更好地得到帮助，人们决定帮它庆祝生日。当然，人们也不敢不这样做，因为他们担心神灵会因为报复而降下灾祸致使民不聊生。为了让神灵在生日这天过得幸福快乐，以及在看到以后人们不计其数的愿望时，想起今天的快乐可以发发善心，人们安排了各种各样的节目，戏曲就是其中之一。中国人和很多西方人一样务实，绝不会忘了信仰和商业的结合。在能从中获利的时候，还有什么能比这种一箭双雕的方式更好呢？中国人在这时会眼冒金光，他们是那么地快乐，孩子般天真的笑容在他们那斯芬克斯式的脸上浮现出来。

对于我们来说，有一点真是百思不得其解，既然他们如此地热爱戏曲，又怎么能对戏曲演员轻鄙成这样？演员对他们来说不是什么光彩的工作，这些人的孩子不用说当官，就连成为学者的可能也没有，因为那些孩子没有参加科举考试的机会，四种考试机会里面任何一种都没有。先不说为什么不行，演员的品德操守也总是非常糟糕，当然，之所以如此，和他们从事的职业有很大的关系。通常，这些人不是抽大烟，就是滥赌，还有在街上浪荡的无赖。因为他们总是一副猥琐放荡的样子，所以总是给人道德败坏的第一印象。他们之所以如此堕落，最主要的原因就是他们所处的环境。他们没什么知识，大字不识一个，靠什么来打发休息时间？他们受卑微的职业所限，只能把精神寄托在那些粗鄙的方式上。他们挣钱容易，所以花起来也毫不珍惜，一不当心就变成了穷光蛋。

在中国，演员分为四类。第一类是帝王将相、有权有势的人的扮演者。为了与被饰演者身份相符，会给这类人配备华丽的马车。中国人认为派头十足的装备是渊博的学识与显赫的家世的表征，为了不使演员们在饰演这类人时因身上的贫民气而让观众讥笑，使被饰演者受到屈辱，所以奢华的行头不可或缺。第二类是丫环和村妇的扮演者。这类人的扮演者全都是男人，这是因为中国人不愿意让女人抛头露面、登台表演。第三类是生活在社会上层的贵妇的扮演者。这类人的扮演者当然也是男性，不过他们在演绎以及外形上简直找不到一丝破绽。

要是你对中国文化不够了解，你很难发现这些人是男人，因为他们上妆之后可以将那些贵妇的言行举止模仿得入木三分。在形象上，他们不但与那些妇人发式一样，就连上流社会妇人的“三寸”小脚，裙子以及因裹足而轻轻慢慢的步调、仪态也一模一样，自然得就像他们原本就是这样生活着似的。第四类有点像我们西方的小丑，不过在角色上有所不同，而且他们的服饰不像我们那样滑稽可笑。这些人身上带有一种让人发笑的气场，脸上的表情也总是让人忍俊不禁，他们的上场时间在戏里是固定的，任务就是运用语言艺术以及笑话使观众发笑。就算是平时很严肃的人也会因他们那逗乐的表情捧腹，他们用发达的面部肌肉做出瞬息万变的表情，只要稍有幽默感，都没办法忍住不笑。

在上面所说的几类之中，薪水最高的要数贵妇的扮演者。饰演这类角色的男演员最受人们喜爱，特别是当这位男演员声名赫赫的时候，人们在获悉他将出演某出戏，十里八乡的人就会呼朋唤友赶去观看。

有一些有资历的师傅会对演员们进行训练，只有通过了这些，演员们才有机会成为主角。而训练开始的时候，这些演员往往还只是孩子。那些孩子是戏班班主从他们父母手中买的，之后班主会成为他们的师傅。接下来，孩子们就开始学戏并且被分配所要饰演的角色。师傅们通常非常严格，对于那些不好好学戏或者有疏忽的人，他们决不轻饶。小演员们稍有成就会被安排演出，不过这时他们演的角色，通常较容易上手且无关大局。这一方面可以让演员增长信心，不怯场；另一方面，他们也能够在几年的磨砺中增加经验，领悟演绎的本质，从而在最后能够成功把握所有角色。

笼统一点划分的话，中国的戏剧可以分为两种。第一种是历史题材的曲目，另一种是与人们日常生活相关的悲剧或者喜剧。要是对中国的戏曲追根溯源的话，人们一致认为，现在还在全国流行的木偶戏就相当于它的前世。无论是哪种戏曲，在它出现以前，人们所观看的都是木偶戏，不过木偶戏并不被人们看成一种表演，而仅仅是一种对那些先辈的艺人、先贤们的追忆以及称颂他们为了让后辈们的精神生活更加多姿多彩而不知疲倦的革新创造。

就像前面说的那样，历史类的剧目主要讲述的是历史上的重大事件。例如，在中国北方的边境外，生活着一些胡人，他们曾经入侵中国，让居住在边关的百姓陷入战乱之中，正在这个危急关头，一个大英雄站了出来，救民于水火。那些凶狠放荡的胡人或者蒙古人不得不逃回那片广阔的草原老家，因为他们经受不住更大的伤亡了。这一幕无疑让人热血沸腾，那些演员凭借精湛的演技将这一幕惟妙惟肖地在观众面前展现出来。大部分历史剧都经过艺术加工，这一方面可以让人们了解一些历史上的重大事件，另一方面也可以因为人们崇拜那些历史上的民族英雄而产生一种英雄主义的社会风气。

中国人天生就有一种排外的感情，然而这类曲目却有让这种感情升温的作用，这无疑非常糟。从中国历史开篇起，这个国家由北到西的边疆百姓就开始受到外族的侵扰。中国一直饱尝这些胡人、蒙古人、金人、塔塔尔人所带来的苦果。他们烧杀抢掠，将城市搬得空空如也；他们把数以万计的百姓抢走，有时候掳走的人里甚至包括皇帝，他们把这些人圈禁起来，让他们凄惨地死在遥远的异国他乡。在中国的历史上有两个朝代的统治者是外来的侵略者——蒙古族和满族，他们将原本的统治者从王座上赶了下来。中国人为什么在内心深处如此仇视外族人，就是因为这个。那些古老的故事代代相传，所以，这个辽阔国家的子民心里刻着血的烙印。所有人心里都带着对蛮族的仇恨，并且日益深重，最后在这个国家人们的思想中，这种心理占据了主要位置。

现在，这些历史剧成了这样一种工具，首先可以让人们去纪念从前所遭受的悲苦，此外还可以加深人们对外族的仇视。这些历史剧遍及中国的每个角落——宁静的乡村、喧嚣的都市、有钱人家的院落、拥挤忙乱的市集。在中国这片辽阔的土地上，演员们凭借心里的激情以及精湛的演技成功地再现了悲壮凄惨的画面，那些可怜的祖先们被无情地杀害。那些蛮族在这些曲目中被刻画成丑陋、凶残、野兽般的怪物，他们的脸不再是人脸的形状，嘴巴特别大，满脸胡须，一半蓝一半红，眼睛露出嗜血的光芒，满脸凶恶带着粗野以及杀气。在中国的内地有很多人从没见到过外国人，在他们眼里，外国的那些野蛮人就是如此。他们认为外国人都一样，都是野蛮人，英国人、法国人或是德国人并无区别。应该如何对待这些蛮夷呢？应该把他们杀光，就像他们曾经杀害自己的祖先一样。

就像我前面所说的，第二种剧目所涉及的领域更宽，而且对于人民的现实生活有更加综合、全面的体现。所以人们更加喜欢这一类的剧目，与此同时，在价钱方面，这一类的也更加便宜。而这类剧目相比于历史剧便宜的原因就在于戏服，要做一件历史剧中帝王将相的戏服所需要的费用非常高，而相对来说，它的戏服则简朴很多。

这两种戏，它们竟然有一样的背景，这是因为在背景方面所依靠的只有观众的想象力。对于让舞台效果更加突出这件事，完全不必寄望于画家的创造力，因为这是不可能的，他们的所有剧目都是露天演出。不过中国人无疑在艺术方面才华横溢，大自然总是会创造出各种各样的奇妙景象，而他们在运用这些景象方面得心应手，好像天生就是要运用这些景象似的。戏班子的班主带着手下的演员们选好演出地点。这些人生来就一副卑微可怜相，你看着他们很容易想到那些曾经让你寒毛直竖的人，或者那些你只要一见到就会心生同情的人。这些人一定终日流连于烟馆，所以才一副病恹恹、没精神的样子，他们脸带邪佞，脸色发灰，嘴唇一丝血色都没有，他们活在置身于天堂的幻觉中，这种美好但虚假的幻境让他们不再留恋现实生活，但这些幻觉却不会永远存在，当清晨的阳光照射过来，它们就消失了。不知道和那些最负盛名、在灵感方面独具天赋的画家相比，这些演员是不是对这些东西有着更深的了解：艺术、烘托他们演绎的光影以及大自然运动的奥秘。班主靠着自己的阅历选好了表演场地，这个地方选得非常合适，因为阳光铺散开来，正好将演员们的不足遮住了。

要是条件允许，必然会选上一棵大树，为了让背景宏伟惹眼，而且变幻多端，这棵树越大越好。一时树荫给背景带来一种庄严的氛围；一时阳光那金色的丝线透过树叶的缝隙又给人一种夏日般生机盎然的感觉；又一时，大量的阳光铺满了树叶，立时美得不可胜收。树叶刷刷的抖动声应和着演员的台词。时间慢慢滑走，剧情铺展开来，观众在剧情——主人公逃离敌人的陷阱的带动下，逐渐兴奋起来，他们密切地注意着那个阴谋家的诡计如何败露以及将会受到怎样的惩处。这棵树仿佛也知道自己正在扮演的角色，悄悄地给这出戏营造一些幽默的氛围。清风吹拂过树枝带来的沙沙轻响；在树叶之间人们欢快的笑声；喜悦从人们眼中落去，笑声停息下来的静谧……所有的这些都为演员的台词添加了一些生动。这些声响无疑是没有声音的台词，要是没有它们，台词将会不再生动、富有感染力。

不过，在演戏的时候，这种画儿一般的风景并不总是能找到。有时，尽管在美观以及声效方面可能非常糟糕，不过这些不羁的演员毫无办法，不得不把舞台搭在老顾客家的门前。那条窄窄巴巴、挤成一团的街的旁边就是这些老顾客的家，那个地方很难让人联想到典雅的艺术，那里满是灰尘、污泥以及刺鼻的臭味，那种臭味连一头英格兰的驴都能熏死。这所有的一切，对这些真正继承了戏剧艺术的人来说，是完全不足以造成负面影响的。他们看起来完全不在意演出场地在哪儿，以及周围的境况。他们所在意的是什么呢？是观众，是人们对他们的怜悯，是观众在激昂的台词下那不可言说的变化，是轻易地使观众受到触动，让他们悲伤，让他们欣喜。

对于这种情况，这些中国演员已经非常适应了，要是把英格兰剧团放到这种境地之中，英格兰剧团恐怕很难活下去。不如假想一下，伦敦的某家声名远播的剧团正准备上演一出剧目，这个曲目广受世人喜爱，可是演出现场却一件演出必需品都没有，没有演出所用的戏院，没有可以衬托环境、帮助演员提升演出效果的舞台背景，没有演练场地，没有让演员休息以及在上台之前为化身角色而上妆的地方。演员们被召集到一起准备马上开演，选择的地点竟然是在海滩大道或者牛津大街某个熙攘喧闹的地方。因此交通堵塞起来，公车司机、马车车夫在知道原因后，安安静静、心平气和地换路绕行，那些乘客们在知道必须绕路的起因后，微笑着对他们的行为表示理解与赞赏。对于交通的拥堵，运送木材的货车以及马车的司机全不在意，继续驾车前行直到围观的人群外围，在适当的地方停下来，监管装车的同时，正好可以观赏亨利·欧文先生的演出。接着，笑容在他的脸上浮现出来，如此开心的笑容，就算是他的妻子以前也不曾看到过。然后，他要继续工作了，他把车换到最近的那条路上，完成他没有完成的旅程——一英里或者更远一些。来往的路人为了找到交通堵塞的原因，也会挤过来，把脖子抻得长长的，透过前方人头的缝隙向里面张望，在离开的时候脸上还带着满足的笑。那些赶火车的人，因为时间的缘故从人群中挤过去，然后弓着身子穿过舞台的下方，就算头总是会撞到伸出来的柱子，他们也完全不在意。

在这个时候，演员们正为演出准备着。所有演员都在上妆，这出剧目看起来应该是个喜剧。有的在描眉、抹口红，有的在把长长的头发变成美丽的发髻，还有一个人换上了一条裙子，那条裙子让她的美丽更加张扬地显现出来。在容貌上，男人虽然比不上女人那般引人眼球，但他们穿着戏服，脸上的神情从容、愉悦，看起来全不会因别人是批评还是称颂而有丝毫动摇。

上面的情景来自中国的一个大港口，在那里，外国的东西涌入进来，正试图改变这里的一些风俗习惯。在热闹的主干道中央搭建的舞台，将交通堵塞得一塌糊涂。演员们在众人面前化妆，戏中的女子全部都由男人扮演，他身上的衣服非常漂亮，是女人常穿的。他一边往脸上抹脂粉，一边挽头发。这些工作和平时一样全部在街上完成。中国人的骨子里素来有诙谐、宽容的天性，相比于庄严的剧目，他们的性格使得他们通常更喜欢喜剧。中国人非常喜欢笑，尽管长得不是很好，但他们的脸型可以为笑这个动作提供更大的施展空间。中国人天性乐观，即使那个玩笑很难发现笑点，他们也能很快发现，并露出发自内心的笑。中国有很多这类喜剧，我将对其中一个进行描述，从而让读者有更清楚的了解。这个曲目的名字是《劈棺记》。戏里的主人公是个颇有名望的学道之人，他知识渊博而且道法精深。他因为知道很多自然界隐秘，所以有变化的能力，甚至可以创造奇迹。他有招风唤雨之能，妖魔鬼怪也要听命于他。

有一天清晨，他在村中散步的时候见到了一位年轻的妇人，她正面带愧疚地用手里的扇子轻轻地扇着面前的墓碑。他很好奇，就走上前去，问那位妇人这样是为了什么。那个妇人回答说，她的丈夫在不久前去世了，临死前曾经让她立下誓言，说只有墓碑的石膏干了，她才能再嫁。“我也不想违背誓言，”她说，“可是我实在是太穷，生活全无着落，只能想办法让墓碑干得快些，我好再嫁。”

这位学道之人回家之后跟他那位以美貌闻名的妻子讲了这件事，并表示那位女子在丈夫死前可以应下这样的要求，并在丈夫死后不违誓言，实在是令人钦佩，他认为这种品德十分高贵。“高贵，你竟然会觉得她高贵？”她在质问的同时扬起头，满含轻鄙地说，“我觉得她令人恶心，她急着让丈夫的墓碑干了好再嫁，哪有什么贞洁可言？

一点都不觉得羞耻吗？要是我的话，我是绝不会想着再嫁的。”

学道之人听到妻子这么说，想了很久，最后决定试上一试。几天之后，他突然死掉了，没人知道是因为什么。对于他的死，他的妻子非常难过，而且又惊又怕。第二天，她正伤心难过着，来了一个拜访她丈夫的年轻人，那人仪表堂堂，表示他原本想要拜她的丈夫为师，因为他也想要学道，成为一个知识渊博的人，而那位才华横溢的丈夫正是他拜师的目标。可是没想到他竟然死了，年轻人对此表示万分难过，言语中的悲伤显得非常真实，并安慰这个寡妇，话说得雅致又有分寸，所以寡妇不那么难过了。

这个相貌出众的小伙子来自很远的地方，到现在还没找好住宿的地方，那位寡妇找家里的老仆商量一番，决定让小伙住过来，让他在这儿继续他的学道生活。他们经过几天的相处，激烈地相爱了，并在发生了关系后，决定立即结婚。

婚宴当天，宴席上的笑声在房子里四处飘荡，两人的眼里满含着幸福的火焰。就在这时，俊美的新郎忽然晕倒在地，像是死了一样。为了让他醒过来，人们用尽了各种办法，可是一点用也没有。新娘急忙把仆人叫来，问他在这样紧急的时刻到底应该怎么办。仆人看了看新郎，经过长时间的思考之后告诉她：“他得的这种病十分罕见，不过这种病例我以前遇到过，有人跟我说，要治好这种病需要一颗男人的心，以及心脏里的液体，这种办法非常有效。”“我想，”他接着说，“先生不是就在隔壁吗？不如打开棺木，把先生的心拿出来给这个濒死的新郎服用。虽然这听起来有些恐怖，不过先生到底已经死了，把他的心脏拿出来，并不会伤到他。不如此，我实在是想不到要去哪里弄一颗心脏了，要是这个人也死掉的话，您就又成寡妇了。”

这个寡妇正沉浸在爱情之中，对于这一提议毫不犹豫。她提着一把斧子就去了前夫所在的房间，没过几秒就把棺盖撬开了。棺材刚一打开，就从里面传出一声喷嚏，原本躺在里面的死人还打了个呵欠，抬起头对着妻子说："亲爱的，我睡了很长时间吧，到起床的时间了吗？"那位妻子被吓得满脸都是惊怕的表情，急急忙忙飞跑出去，到了隔壁，发现那个来拜访的年轻人已经消失得一丝痕迹不剩了。她当然找不到了，因为那个年轻人是学道之人为了验证妻子是否真会像她说的那样为他守节，自己幻化出来的。

在丈夫复活后，那位妻子因为满心的羞窘自尽了。这番经历对学道之人来说也是不小的打击，他从此立志终生不会再娶。他还写了一首诗来安慰那些失去妻子的人，并通过戏剧流传了下来，大意是说："你的妻子先你而去，你不必因此难过，不如想想要是先走的人是你会发生什么吧。你的妻子，曾经她是那么地让你感到自豪，之后她会成为别人的；你的孩子，你曾经是那么地疼惜喜爱，之后会受到取代你的人的欺辱；你的家，你的田地，之后会成为别的男人的财物，而且，他不能接受任何关于你的追忆，就连你的名字，他都不愿意别人提起。你的妻子先走了，你失去了她，但也仅仅只是失去了她，你还有其他的东西，他们都属于你，谁也抢不走。因此，振作起来吧，像以前一样生活，不要敏感哀伤，感谢上苍吧，谢谢它，让先走的人是你的妻子。"

所有人看了这部戏之后，都会从中得到一种释放般的快乐。寡妇用扇子扇墓碑，学道之人忽然起死回生，妻子因为情人失踪的惊恐，整个表演过程中，观众一直都非常高兴，因为这一切表现方式都如此地具有讽刺效果。

在中国，那些演员的日子过得非常艰难，不过这和他们本身也有一定关系。最直接的原因就是他们挥霍无度的恶习。由于本身素行不良以及演员这一行的职业特点，这些演员通常也是一些可怜人，在戏台上，观众沉迷于他们精湛的表演，随着他们流泪、欢笑，他们凭借自己高超的演艺，触动观众的心。但演出一结束，他们身上的光彩也就消失，又变回了原本的可怜虫模样。演员们对于自己的形象并不会刻意维持，这是由于中国人骨子里就很散漫，他们对于自己的外在也很随意。他们在演出结束后走下高处的戏台，在众人面前脱掉戏服，那件戏服原本让他们看起来像个身份尊贵的大人物，现在它被脱掉了，演员们融入众人之中，毫无特色。

例如那个男人，他的角色一直都是优雅的女士。现在他把挽着的头发放下，绸子的戏服脱去，属于女子的装饰品全部摘掉，接着他把靴子脱了，脸颊上的脂粉去了，嘴上的口红擦干净，看，那个人，他原本是那么地优雅、美丽，他所扮演的女主角曾经迷住了那么多人，可现在，卸去装扮却变成了一个俗不可耐的无赖。午夜时分，我们会在清冷的大街上见到这类人，他们有一种十分不讨人喜欢的气场。在他旁边的那个人所扮演的角色是个高官，他在戏台上穿着官服的时候表现得高傲威严，那时人们心中对他满是敬服，可现在，那件华美的戏服一脱，他因为那件戏服而表现出的神采与威严也立马消失了，你所看到的不过是个平常人，而且他的名声也实在让人不敢恭维，和蒙昧的社会中满大街都是的小喽啰没什么不同。

演员一般没什么好下场。他们的烟瘾不断地侵袭着他们生命中原本的美好和良善。人们的道德底线在它的影响下逐渐下滑，对鸦片的追逐使得他们不再在意亲人，变得自私狭隘。演员在最风光的时候，不考虑存钱，等到演技下滑后，收入又每况愈下，这时烟瘾犯了，但他们已经没有足够的钱来遏制浑身的酸痛。就算他们在后来落到更加卑微的田地，仍旧不能摆脱夜以继日的对鸦片的渴求。那些演员中，有很多人沦落成了流浪汉或者在街边卖艺的人，那些人沦落街头，他们曾经饰演过达官显贵、将相王侯，那么多人曾经为他们倾倒，可最后他们只能靠着路人的怜悯苟活，口中唱着悲悲切切的调子。

第十七章　中国的城市

中国的城市给人一种这样的感觉：它刚刚建成，并且因为在建设之前给它留的地方实在是太小，所以不得不委委屈屈地挤成一团。那条主干道，即使要负责的交通是最繁忙的，给它留下的宽度也只有十到十二英尺。但是认真算来，它的实际宽度只有四五英尺，这是由于道路两旁商家们的侵占，他们为了摆放货物，用凳子、桌子占用了一部分。普通街道就更不用说了，还要更窄一些，胡同里的干脆只有三四英尺。

房子们紧紧地挨在一起，有些房子因为要容纳很多人，被建成可以容纳好几户人家的格局，就算要满足这种需求，它也非常小。和世界上所有国家的人并无不同，中国人也有这种生活在狭小的空间里，但表现得悠然自在，好像所有空间都是他们的使用范围一样的能力。

要是一个外国人到中国的城镇中游玩漫步，很快就会发现这样的情况：在这里，隐私是完全不存在的。清晨，在店门开启之后，店铺里所有的事物就完全在人们眼前展现出来了，里面正在“上演”什么，人们看得清楚，也听得明白。没有一个人会因此不自在。各家的说话声，店铺里的叫卖、议价声彼此交融，人们完全不曾考虑自己不是这百里之内的唯一住户。真的，城里的买卖行为就像是发生在大街上，而隐私这件事完全和人们的生活无关。

在中国，那些城镇，就算是最繁华的街段——商业聚集区，也总给人以一种残破不堪的感觉，那些店铺的建筑毫无特色，一点吸引人眼球的地方都没有。中国人有各种各样的才华，不过绝没有一种是与城建相关的。看来中国建筑行业的先辈们深深地影响了今天的建筑工人。举个例子，人们打算新建一条街区，他们不会在开始之前画好图纸，做出设计方案。因为没有这方面的人才，所以也不会专门请个设计师。他们采用的建筑方案是祖辈留下来，早就绘制好了的，每个建筑工的头脑之中都有。那些与此相关的条例规定永远也不会有多少更改。要是一把大火把整条街都烧了，工蚁般的建筑工人没几天就能将它还原，并且房梁拥有与从前相同的尺寸结构，甚至连倾角以及拐角都几近相同。读者只要见到我对一个城镇的描述就能够知道其他城镇的样子了，因为那些房屋、店铺在不断的翻修中总是尽量与过去保持一致。

构成这个城市表征的是那窄窄巴巴、弯弯曲曲、凹凸不平的街道，那聚集了众多贫民的低矮残破的小房子，那些人身上都带着恐怖的、令人恶心的气味，无论高低贵贱。对那些满怀好奇、四海漂泊的人来说，他们对这座城市印象最深的就是这些。

现在让我们来看看这座城市吧！我们随着人群慢慢向前，先是通过那条窄巴巴的马路，接着见到一个宽敞的街区，在那儿，人们的生活百态一下子展现在我们面前。在街区的一边儿，有一座观音庙，这无疑昭示着宗教信仰在中国的强大号召力，因为这片繁忙的街区地价非常昂贵，可是那些财主们仍然在这儿弄出了这么大一片区域建庙。

这座寺庙看起来级别较高，里面有供人参拜的神像——面色温和的观音菩萨，她正通过庙门一脸柔和地看着人们每天的生活。在中国所有的神灵中，观音最受人爱戴，在信徒的数量上，其他的神灵远不如她。观音并不是中国本土的神灵，人们之所以如此敬爱她，是因为她善良的心地以及对世人的怜悯。远方的印度才是她的家乡，相传，她是一位公主，在她父亲的宫殿旁，有很多受尽苦楚的妇人，她为她们的苦难打动，发誓终身不嫁。她果然不曾违背誓言，一生保有贞洁，她在死后成神，并且信徒日益增多。她的事迹飞过喜马拉雅山和土耳其，传入生活在中国北方的百姓耳中，他们深深地感动于她那强大的自我控制能力，他们说："我们应该尊这样的人为神。"于是，四亿中国人几乎全部都成了她的信徒。

庙前原本有一处开阔地，不过现在已经摆满了商家们的各式商品，就算是过道都被那些货摊占满了，只留下一条条窄缝供人们穿行。一大群孩子围着那个卖糖果的小贩，他们目不转睛地盯着装有糖果的篮子，无意识地咽着口水。在糖果堆里有果脯、天津苹果、油炸花生米以及汁水丰富的太妃糖，这些东西不仅味道好，而且价格也十分低廉。对中国的孩子来说，吃糖果简直就是天堂里的生活。这里盛产各种好吃的，花生糖、甘蔗、果脯等等，还有很多其他美味的、不知名的东西，孩子们只要愿意，随时都能买下大量不同种类的糖果吃个过瘾，因为它们实在花不了几个钱。

在离糖果摊不远处有个水果摊，上面摆着很多水果：香蕉，来自遥远的广州；菠萝，对那些口渴的人非常有吸引力，它们被切成众多小块；西瓜，黑黑的皮，鲜红的肉；芒果，在碧绿的外衣上透着耀眼的金黄。还有其他的水果，它们带着成熟的、金光灿灿的色泽，被细致地摆在一处，吸引着来往的行人来买。

我们继续往前，见到了一个男人，在他面前有一个矮小的圆桌子，上面有一个瓷碗，男人的四周围着一大群男人，他们正目光灼灼地盯着他，他的任务是把手中的三四个色子投到碗里。这帮人无疑正在赌博，他们的控制欲极强，这从他们暗沉的脸以及眼里被压制着的凶狠的光芒可以看出。他们在色子落下的瞬间算出点数。这种赌博方式极具魅力。赌徒们迅速地将色子掷到碗里，又迅速地算出点数。那些人在赌博的时候一声不出，掷色人的脸就像埃及的狮身人面像一样麻木僵硬，一点表情也没有，好像他是看守庙门的石狮子，他面前钱堆不断增高，可是他以及他周围的赌徒们的神态丝毫不变，看起来全不在意好运的去留。

在这伙人的旁边有个剃头匠，他没有固定的店面，所以要东奔西跑四处找客人。剃头装备当然就带在身边：一个带抽屉的长凳子，剃刀、皮带、磨刀石之类的东西就装在那些抽屉里。在凳子边上，有一个放脸盆的架子，一个装满水的铜盆，一个常年不熄、置于盆下的炉子——当有需要的时候，用扇子扇一扇就能着火。这些工具在剃头工作中非常重要。剃头匠是一个非常需要耐性的工作，好在这个民族最不缺的就是这个，所以他心平气和地等待着顾客的到来，就好像他是个拥有固定工资的工薪阶层，完全不靠到访顾客的数量过活一般。他神情闲适，一副平和、淡然的样子，你根本无法想到他已经一文不名，而且马上要成为巨额债务的拥有者了。

我们满眼好奇地打量着剃头匠和他的工具，就在这时，顾客上门了。一个男人走过来，坐到了那条窄巴巴的长凳上，整个过程一句话都不曾说。和客人一样，那位剃头匠也一言不发，他把剃刀从抽屉中拿出，然后再把炉子扇着，工具是一把破破烂烂的扇子。那把剃刀只不过是个开了刃的粗制铁片，简单到了极点。为了保持锋利，磨刀石随侍在侧，一有需要就磨上两把。这把剃头必需的刀具，恐怕花不上两便士。那位客人怡然自得地坐在那儿，他的头上直立着的头茬正在等待剃头师傅的打理。剃刀在两三分钟后被理发师磨得非常锋利，铜盆里的水开始汩汩地翻着花。现在是剃头的时候了，理发师将毛巾在热水里泡了一下，拿出来把水稍稍拧出去一些，然后动作轻柔地为客人擦头，由于头顶的地位高贵，所以不在擦洗范围内，这一过程会在杂乱的头发变得顺服前一直重复。接下来，理发师在皮带上大致地蹭蹭剃刀，动作优美地开始理发工作。非常神奇，那漆黑的头发在剃刀所到之处，像成熟的庄稼经过镰刀的洗礼一样柔顺地滑落下来，理发师的技术非常娴熟，不用肥皂，单凭热毛巾就行。头顶的周围很快就被剃干净了，露出来的头皮如此白皙，与漆黑的头发形成了强烈的对比。

和英国人相比，中国人在刮脸这方面做得更加细致，尽管因脸上没什么胡须所以处理得非常快，但他们还要处理眼睛和耳朵，而且做得非常小心。要是你有机会看到他们如何清理眼睫毛的话，一定会寒毛直竖，因为他们会把眼皮撩起，沿着眼睛边儿，用尖利的剃刀直接剃过去。你很难知道他们做这样的修剪到底能获得什么样的好处，不过这个行业一直是这样做的。相对于称这种行为是对旧习的继承，我宁愿说这是在破坏人类的眼睛，事实上，中国的那些开创这种先例的理发师前辈们，绝不会想到这个国家会因他们受到了多大的损害。这种做法流传至今，现在理发师用他们柔软、灵巧的手打理着顾客的头、眼睛、耳朵，为客人揉肩捏背、梳辫子，等这一切结束，客人站起身来，漫不经心地付钱——一个便士，给剃头匠。

瞧，那些人，他们为什么要聚在寺庙门口呢？菩萨在散发灵光的大殿中安坐，眼睛正注视着他们。我们好奇地凑上前去，透过人群的缝隙看到一个坐在长凳上的男人，他正随意地念着手里那本破破烂烂的书，一副浑不在意的样子，虽然是对着众人，却完全不把听众放在心上，无疑，他并不想发起一次演说。在他讲述的声音中，没有丝毫感情；在他的眼睛里，也没有一丝神采；他演讲的时候，绝不吐露一点自己的看法。然而就算是这样，周围的听众仍然被他那乏味、缓慢的音调带出的故事吸引了。

这个男人无疑是那种精于世事的人，他看起来机敏、狡猾，但是他的脸上却完全不具有幻想的色彩，满是各种惨事一次又一次的击打留下的风霜。长期的大烟瘾让他脸色苍白，人们只要一眼就能看出他是个流浪汉。他的眼睛像是忙于侦察什么似的，滴溜溜乱转。身上的袍子又脏又破，像女人一般尖细的手从胖大的袖子里伸出来，指甲里满是污泥，所有这些告诉我们，这是个落魄的读书人。现在他以一些小手段维持生计，至于那些山一般高壮雄伟的理想，他早就不记得了。他是这个城市里唯一的“史学家”，负责宣传古代的神话传说以及英雄事迹，每天讲上一段从书里翻出来的故事，调剂一下自己落魄的生活。那些古代的故事正是因为这些人才得以流传，那些将相王侯也正是因为这些人才不曾被人忘记。要是没有他们，或许人们早就把过去遗忘了。现在，中国的每一个角落都流传着那些声名赫赫的人物的传奇故事。

这人拥有众多听众，人们非常喜欢他，全神贯注地听他讲。他拿着书表示自己依书直说，不过事实并非如此，他并不曾完全把自己的思维锁在书里，当讲到精彩的地方，他会把自己的想象力充分调动起来，为书中描绘的英雄们找到最合适、最形象的话。他现在讲的孔明是三国时期著名的军事家，是位有胆有识的一军统领，孔明为了他的国家贡献了一生，每当人们听到他的故事的时候，即使是最坚定的和平主义者，也无法不热血沸腾、激情澎湃。灼灼的光辉出现在那些青年人的眼里，在他们的幻想中，自己已经成了一个正与敌人拼死搏杀的士兵。中国人狂热地喜爱着故事，在这方面他们和其他东方国家的人并无不同。他们记忆力惊人，对这些故事总是过耳不忘，一回到家，他们又会讲给家人听，要是遇上精彩的地方，他们还会对先人们的伟业做一番评说。

我们随着人流缓缓地向前移动，离开了这条拥堵的街区。起初遇到的是绸缎庄，在那儿，有不少来自广州、苏州的好货。接着遇到的是古董店，众多古代的瓷质瓶罐、铸造的钱币、雕工精湛的古代雕塑正在那儿等着古物收藏爱好者赏玩。再往前遇到的是卖鞋的铺子，在鞋架上摆放着各种各样的鞋，这些鞋有着精美的表象，会迷惑那些乡下的土包子，使他们付出超过实价的钱来买它们。

我们随着周边的行人继续朝前走，我们对他们脸上的闲适悠然印象深刻。狭窄的街道导致人们要彼此擦着身体才能走过去，但像是魔术似的，人们总是能避免撞在一起。别忘了那些轿子以及商品还要占用一半街道。东西方人在秉性上的巨大差异从这摩肩接踵的人群就能看出一二。这种行走上的不方便足以让每个西方人心烦气躁，但这些东方人照旧心境平和，一点不快的痕迹都找不到。

在这条街道的拐角处，有一个人正在桌边坐着，那桌子上摆了不少东西。他的招牌告诉我们这人是个大夫，就他所言，无论内科、外科，凡是经过他的手都能治好。他对自己信心十足，完全看不到一点因为压在身上的重任而出现的忧虑。我们问他是不是真的像他所说的那样医术精湛，他笑得坦坦荡荡，似乎觉得我们问得这样坦率非常好笑，他微微歪了一下头，优雅的动作带着一点俏皮，显然在告诉我们，他随时准备着治愈所有疾病，就算不能彻底治愈，也能在很大程度上减轻病痛。

即使这人带着如此自信的表情，我仍忍不住对他的医术抱有怀疑。不过我们倒是不会质疑他的智商。他的眼睛透出坚定果决的神采，无疑正告诉我们他信心十足。这个人心思灵敏，目光灼灼，看起来内心激情澎湃。但是看着他，我总是不免要想起那些四处游走的半吊子医生，因为他说起话来实在是过于油滑了。他身上穿着破破烂烂、满是油渍的衣服，完全不像是一个医术如此高超的人应有的穿着，这件衣服跟了他很多年了，上面满是一块又一块的补丁，虽然整体看来还算完整，不过却在悄悄地告诉众人它主人的窘境。

在桌子上放着的一些东西显示这人不光是个可以治疗一般病症的普通大夫，还是个牙科医生。这实在是太有意思了，我们不禁又打量了这人一下。我们眼前的牙齿有的大一点，有的小一点，各式各样，什么样的都有，它们都是天然的，没有半点人工的痕迹。在牙齿堆里，有强健的臼齿，它们曾经像忠实的仆从一样为人们工作过；有犬齿，它们虽然表面看来仍然坚实有力，不过已经被磨平了，它们像是在生死边缘好不容易逃回来一样，到大夫这儿寻求最后的解脱。这些牙齿在长期的耗损碰撞下变得伤痕累累、死气沉沉，不复有当年的光彩。被集中到这儿，看起来十分吓人，很难想象它们是怎么到一起的。

“这些牙齿你是从哪儿弄来的啊？”我指着那些牙齿，尽可能不碰到它们，问这位大夫。

“啊！买的。”他回答说。他看起来惊异于我会问这样一个没有价值的问题。“当病人的牙齿不得不拔下来的时候，”他接着说，“人们不会扔了它，因为所有人都知道，这些牙齿对于牙医很有用处，不定什么时候就会用到，所以会把它卖给我。”

我们正说着的时候就来了一个病人。这人简单地回答了大夫提出的一些问题后，就尽可能大地张开嘴巴，以便医生查看。他从墙上掉下来的时候，磕掉了四颗门牙，所以在他的牙床上有一个巨大的洞，让人不由自主地想到了泰晤士隧道口。现在他正焦急地等待医生告诉他这几颗牙还能不能修好。

“当然，一点问题都没有。”医生一边回答，一边着手测量工作，他要弄清楚磕掉牙齿的那部分上颚的尺寸。之后，他凭借那双经验丰富的眼睛，谨慎地在牙齿堆里搜索出四颗尺寸吻合的。然后，在牙齿上沿纵向依次钻出一个个小洞，用一条粗陋不堪的铁丝将它们拴成一串，接着又将嘴里挨着破洞的两颗好牙也小心地穿上洞，最后把铁丝穿过去，那个洞就被补好了。这时周围传来一片叫好声，他们以苛刻的目光围观了补牙的过程，现在他们表示新牙齿就像原本就长在那儿一般和谐，所以他的嘴看起来自然极了。

在离开了那个大夫和他的工具们后，我们再次随着拥挤的人群缓缓前行，就像无形之中有某种力量在推动着，无从阻挡。那些在街上乞讨的流浪汉为了博得我们的同情以得到些施舍，称我们为大人，这是对政府官员的称呼。在我们身边行走着读书人、商人，以及光着脚、穿着蓝色粗布衣衫的苦力，他们在人群拥挤、道路狭窄的地方会和我们挤成一团。我们随着熙熙攘攘的人群缓步前移，一个偏僻安静的地方出现在我们面前，在这儿生活的各式人物加深了我们对中国人的生活的了解。我们注意到了一个老先生，他坐在桌子前面，上面放着一块砚台和一支随时准备开工的毛笔。这人大约五十岁，看起来像个儒雅的商人。我立刻意识到这人是靠卖字为生的。大部分中国人都是文盲，很多人家一个识字的都没有，所以只能靠这些代写信件的人与远方的亲朋好友联系。

中国人身上独有的耐心在老先生身上发挥着作用，他心平气和地坐在桌边等待着顾客的到来，从表面上完全看不出他是靠着到访顾客的数量过活的。他是那么地平和悠闲，给人一种他有大笔钱财作为靠山，对是否有顾客上门并不关心的感觉。就在这时，一位客人到了，那是个四五十岁的妇人，手里拿着纸张，穿过人群走了过来。这妇人独自在街上行走昭示着她来自社会下层，因为社会中层的妇人是绝不会如她一般单独出门的。虽然这人现在因为某些原因获得自由，有了新的人生，不过她以前应该当过丫环，因为她的双脚不曾被绑缚过，拥有自然的尺寸。

这是一个面目慈祥的妇人，我在倾听她的经历时，深切地感觉到中国人和英国人在情感上并无不同，尽管远隔千山万水，我们的心却按着相同的曲调跳动。她断断续续地告诉我们她的儿子如何去了国外，并且与儿子有很长时间没联系上了，说到这儿的时候，她满含热泪地呜咽起来。“他一直都非常听话，”她接着说，“要不是我们实在太穷，他怎么会走？他那么辛勤地劳作，可是挣的钱却总是吃不饱肚子。一天，一个曾经出过国的人跟我们说，他这么踏实肯干，要是去了新加坡一定能挣到钱，因为那里的报酬很不错。这个消息带给了他希望并鼓动了他，他向我恳求让他去试试。我因为不忍心与他分离，害怕他在那么遥远的异国遭遇祸事，要是他病了，死了，我会永远地失去他，所以很长时间一直坚决不肯。可是他也很坚决，想方设法地要去，后来我实在没办法就答应了。”

“到现在,五年过去了，”她接着说,“开始的时候他每年都往回寄钱,可是今年,他一点消息都没传回来,我担心他出了什么事,害怕得要死。”说到这里，妇人已经泪流满面，呜咽得说不出话来了。这个悲伤的故事实在是感人至深，几个停下脚步默默倾听的人脸上满是同情怜悯的神色。他们为了让她不那么悲伤，杜撰了个谎话来安她的心，说她的儿子身体根本没什么问题，而且赚了大钱，务必要让她坚信她是因为那个不正直的信差才没有收到信。他们跟她说：放心，你很快就会收到信了，到时你就能开心起来了。这些话当然是人们编出来的。中国人和我们不同，在他们看来，和面对真相相比，那些动听话虽然不真实却可以让人抱有希望，所以他们坚信这样做非常好。

写信的老先生在这些话中思索起来。他像法官一般坐在那儿听取各方陈词，面色平和、沉稳，从不曾打断那位妇人源源不绝的诉说，也不曾为了提高办事速度，示意她应该快点或者说得简洁一些。他耐心地倾听着妇人按照自己的节奏进行陈词，甚至不会打断旁观者的议论，直到她全部说完，他才会动笔，好像这样才能保证收录妇人所有的想法一般。这种画儿一般的情景正是东方人钟爱的，画面上铺洒着从四面八方投射过来的光影，润色一般为整幅画作提炼出一个不朽的中心。

老先生在每个人都发表完见解，所有围观群众都全方位地议论过这个人间惨剧之后，猛然提笔挥毫，妇人带来的信纸很快就被填满了，上面满是精美的言词以及从先贤的文章中摘出的华丽的句子，详细地描绘了妇人对儿子的思念之情，以及对儿子能早日回信并把他的详细情况告诉自己的期盼。写好之后，他当着众人的面读了一遍。然后将信纸对折，把妇人报出的地址填在上面，这份工作就结束了，而这位老先生此次的收入不过半个便士。

我们再次融入人海，随着众人前行。走在那条窄巴巴、凹凸不平的路上，我们深深地为眼前见到的一切所吸引着，尽管所处的环境糟糕透顶，垃圾和刺鼻的气味充斥了每一个角落。在这里，人们以不同的方式生活着，这种生活西方人就算是在梦里也从不曾见到过。他们的行为，虽然我们如此地不熟悉，但它代表着自己的文明：只有富饶肥美的东方才能让他们形成现在的观念。在人群之中，各式各样的人——用扁担担着农产品的庄稼汉，穿着僧衣的光头和尚，小摊贩、卖艺人，以及不务正业的流氓无赖——融合到了一起，当这座城市被黑夜笼罩，那些无赖就会露出一脸的凶恶以及猥琐。你不妨想象一下这样的场景：你在一个熙攘繁忙的大市场里，那儿聚集了来自社会各层的人，他们带着嬉戏、交易的目的来到那儿，其中更主要的目的是嬉戏。那里有很多说书和玩杂耍的艺人，他们带着滑稽的表情，你不知为什么一见到这些人就莫名其妙地想笑出来。

继续向前，一如既往地慢吞吞，前面出现了一座小寺庙，在它前边的空地上正演着木偶戏。这一场景瞬间将我们带回了远在天边的西方。似乎英国的《庞奇与朱迪》正在我们面前上演，这无疑让我们产生了极大的兴致。我们对中国这个古老国家如此陌生，但眼前的情景却给我留下了最深的印象，因为它像是一阵清风拂过面颊，带着家乡般的温暖与清香。在我们还是孩子的时候，就已经非常喜爱木偶戏了，常常被它逗得笑个不停。和英国木偶戏相比，中国的木偶戏像是它的孪生兄弟，区别仅在于木偶长着中国人的模样，说的是中国话，粗俗不堪、硬邦邦的，而且在表演中没有狗的角色。在表演这方面就没什么区别了，一样是有人在幕后娴熟地操纵，木偶们被举到观众面前，为了表现争吵的场景，配音的那人故意把声音弄尖，在叙述故事的时候，他就用平时说话的音调。

中国和英国相距如此遥远，他们有着各不相同的文化系统，但是为什么却都能创造出这样别致、幽默的消遣方式，例如《庞奇和朱迪》，我怎么也想不明白。没多久我们又再次汇入人群之中，带着满怀的不舍离开了这儿，虽然看《庞奇和朱迪》这部木偶剧已经是很久以前的事了，但是当我在这里看到木偶戏的时候，那部戏中的人物又出现在我的脑海，空气中仿佛传来了庞奇尖锐的喊叫声。

我们刚上路没一会儿，忽然，一阵非常洪亮的敲锣以及呼喝声从远处传了过来，嘹亮、漫长的呼喝声一直延续着，一直到发出呼喊的人气接不上才停。这些声音是在告知人们，一个官员正在往这边过来，大家必须马上让路，不能有丝毫迟疑、怨怼。在声音传来的瞬间，原本悠然前移的人霎时动作起来，飞快地奔到一个最近的转角，其他的人则像大饼一样紧挨着墙站好。他们双手自然向下，贴在背上的辫子也带着温顺的感觉，这一切都代表着对这位即将到来的大官的顺服。

在马路空旷起来的同时，官员的仪仗队也开了过来。敲锣的那些人时不时地敲上一下锣，在前边为队伍引路。他们穿的官服长至脚踝，戴着的高帽子，歪歪地靠在一边，尽管在中国人看来这很正常，但我们却觉得非常滑稽。那些负责吆喝的人，手握长鞭，灵活的眼睛不停地左右逡巡，盼望着一展身手的机会。不过他们必然要失望了，因为路人们是如此地安分，实在是找不到给路人一顿鞭子的理由。手里攥着铁链的人就跟在吆喝的人身后，要是谁倒霉惹怒了大人，他们就可以把人抓起来，这些人看上去全都肮脏不堪，他们穿着的衣裳就是用肥皂狠狠地搓洗也不可能干净了。接下来的就是那位大官了，他坐着八人抬的轿子，带着典型的官样：身形壮硕，挺着硕大的肚子，气焰骄横。

他的脸盘很宽，胖乎乎的，不过因为上面满是冷峻自负，所以看来并不和蔼。他完全不会对路上的行人感到亏欠，即使他们是因为他才像烧饼一样贴墙站着。他一点笑的模样都没有，好像脸上罩着霜雪似的。他的眼睛也寒气逼人，全无半点悲悯。他就像是一头在街上行走的牛，坦坦荡荡、不会被人类的情感触动。无疑，这人并不是没有其他表情，不过现在他正端着架子。在这个国家，人们认为上位者应该持有稳重的言行以及严肃的神情，然而，我曾经见过一些身居高位的人，他们在私人场合的时候会和普通百姓一样温和地说笑。这时，官员的队伍过去了，人们吓出来的汗随着喘出来的那口长长的气慢慢风干了，他们再次回到街上，按照原本的步调向前移动起来。

我们观察着身边这些熙攘拥挤着的中国人，得出这样一个结论：从街上看到的情况来说，大多数中国人都非常穷。他们的衣服破破烂烂，是用最便宜的料子做的，而且这些衣服上全都带着厚厚的灰尘以及油污，好像从它们第一次上身之后就再也没被洗过似的。就因为这样，所有的人们看起来肮脏、邋遢，这种情况在缺少主妇的时候更严重。

我们在街上缓缓前行，视线漫不经心地滑动，寻找能吸引我们目光的行人以及能提起我们兴趣的店铺的牌匾，就在这时，佛像店门口聚着的一群人挡在了我们面前。店里的佛像在架子上安然地坐着，一脸平和地看着面前的人群，这种因为人而使得交通受阻的情况，他见得多了，哪里还会在意。我为了弄清原委，挤过人墙，原来是两个人正在吵架。那两个人神情激愤，脸上带着熊熊的怒火，挥舞着的手愤恨地指着对方，言词毒辣、尖锐。看起来一场殴斗不可避免，不过很快我就改变想法了，因为这两个人并没有像是随时会挥出去一般攥紧拳头。他们就像正在争论的英国绅士，只不过言词粗鄙、刺耳罢了，他们以一个特殊的手势来攻击对方，在不碰到敌人的前提下，尽可能把中指竖到别人眼皮子底下，而这个手势在吵架的时候时常会被用到。中国人用这种方式告诉敌人他们的鄙视以及憎恶，这是个非常有效的方法，那又细又长、剑一般的手指，不管在什么时候，只要在敌人跟前一竖，对方马上就会被激怒，就像是被鞭子抽到了似的。这二人对对方的憎恶无疑非常强烈，但他们却谁都不会真的狠揍对方一顿。我很快就意识到了这一点，因为他们选择发起攻击的时机，是确定围观的人们会把他们挡开、拽回去的时候。这两人确实非常愤怒，可是这个场景却逐渐变成了一出闹剧。我觉得这更像是一种粗鄙的杂耍，目的是在中国人那乏味、沉闷的生活中掀起一点涟漪。

整个城市一个警察都没有，自然也就不能指望他们来处理这件事了。公共安全靠城里的百姓自己维持，当然没有人会付给他们工资，要是城里发生混乱，百姓们也要自己负责平息。一会儿之后，佛像店的掌柜终于受不了这件再烦人也没有的事了，他警告两人，要是他们再不走，他就要发火了。于是这两人带着满腔的愤怒，骂骂咧咧地各自离开了。道路就这样再次畅通了起来。

这条街有个特色，就是每家都有狗。之所以如此，是因为当夜幕降临的时候，人们只能依靠这些狗防贼。中国的这些狗除了忠心护主之外，一点别的用处都没有。它们非常普通，身上的毛色混杂，而且非常肮脏，一点也不漂亮，不过它们总是精力旺盛，流露出浓浓的战斗欲,对它们来说,最好的音乐就是打架时的争吵声。一听到这种声音，它们就会大张着嘴，带着简短的吼叫声，飞奔过去，然后加入其中。

要是你有机会在街上观看狗的行为，会发现那非常有意思。那些狗在捍卫自己的权限那方面有自己的手段，和人一样，它们会让自己随时处于戒备状态。举个例子，所有的狗都把主人家门前的一定区域作为自己的地盘，要是有哪条狗迷失方向，在没有得到允许的情况下擅自闯入，这些狗马上就会发动最凶狠的攻击，而且邻家的狗也会加入战团。这条通路在中国人通过的时候，这些狗视而不见，但是一见到外国人，立刻，一场遭遇战不可避免。一发现外国人，那些奇丑无比的家伙就开始龇牙，并且发出短促但威胁性十足的怒吼，它紧紧地尾随他，其他的狗也在这人继续向前走的时候，马上开始盯人，目光中带着满满的戒备。那位外国人之所以没遭遇凶残撕咬，要感谢那些狗为了坚守阵地而有所保留了。

我们继续在街上慢悠悠地行走，一种枯燥、沉闷的感觉不知何时在心底升起。中国的城市缺少让人眼前一亮的东西，所有的事物都如此地平凡、残破。他们的建筑不曾被精心规划过，所以缺少艺术魅力，而自然那原本秀丽的景致也受到损坏。所有的商店都是一个样，大敞四开的门就是它们的特征，白天人们把门板撤下，店里的东西以及人们的生活就那样清清楚楚地摆在世人面前，一直到晚上，他们才会把门关好。不计其数的大街、不计其数的小巷，每一个地方的门都一样，两千年前的祖先们那样设计，今天人们还是那样设计。在街上看不到树，路面是经过简单打磨的花岗岩——它们乱七八糟地铺在那儿，一点规律都没有，不过无疑非常有用。这些岩石经过长期的磨损，现在坑坑洼洼的，要是赶上雨季，你会发现不少被水填满的小坑。由于没有受到妥善的修理，排水沟早就被堵住了，开口的地方盖着漆黑的污泥，阵阵刺鼻的恶臭在空气中飘荡。

在这里，我们闻不到大自然的芬芳，也看不到来自她的色彩，人们将自己淹没于枯燥乏味的工作中。春天来了，怒放的鲜花以及刚抽出的翠绿嫩芽却不属于这里，我们看不到它们，即使有一朵或是一棵偷跑到了这儿，人们也无心欣赏，他们走过那窄巴巴的街上，将那一朵花或一棵草踩到了泥里；夏天来了，美丽的植物爬满田野、高山，可是这座城市里的道路却显得越发枯燥单调了；秋天来了，稻子、瓜果熟了，田野中硕果累累，一片金黄，可是那条街道，弯弯曲曲，恶臭逼人，哪里有一点秋的影子；冬紧跟着秋到来了，天越发寒冷，太阳像是失去了力气一般，再也不能把什么东西烤得火烫了，大树因为失去了树叶，秃掉了，它安静地等着，耐心地等待着春天的到来。这些大街常年如一，人们挤在一起，那么近，就连喘口气，好像都不够地方似的。霍乱、疫病、感冒在这里横行，各种各样来自生活的苦痛蹂躏着人们的心，他们只能依靠精神上的自我安慰苟活于世。这种生活当然一点也不浪漫、诗意，但人们仍然尽最大的努力挖掘着。

要想不再保持这种脏乱、令人烦躁的情况，人们只能依靠自己。我们在他们身上仍能感觉到一点魅力的存在，当然这并不是因为他们漂亮的外在，事实上，在这些人中，大部分都非常普通，很难引起别人的注意。他们言行粗鄙，有时还带着浮夸。不过，就算是这样，有一些东西在他们那并不美丽的脸上浮现着，确实对我们产生了吸引力：他们的脸上满溢着温和、宽容的笑，这种笑容向我们昭示着这些人的幽默以及真实丰富的情感，正是这些情感让我们和他们亲近起来，他们丑陋的外貌简简单单地就被人忽略了。

第十八章　水上人家

在中国的所有朝代中，生活在这片辽阔的土地上的人民，都竭尽所能以河流为最主要的运输渠道。关于中国人不会主动修路这一点，我会在“路”那章进行说明,在这方面所有的东方民族都差不多。其实，无论是政府还是民众，都对修建公路这件事翘首以盼，希望可以有一条公路贯通东西，开通从东边的黄海到西边的四川的路，以助于货物的跨省运输。

人们之所以修建公路完全是为了满足实际需要，和情趣一点关系都没有。但在此基础上，对于公路的维护，不但不能让人满意，还总是让人担心。无论是维修公路的机构，还是为保证公路不会完全受损而按期对路况进行检查的官员，全都没有。比如一座桥，人们早就觉得它残破不堪了：铺在桥面上的厚厚的花岗岩变得坑坑洼洼，从上边走过去的时候总是会遇到麻烦，苦力们扛着沉重的货物在磕磕巴巴的桥面艰难前行，喘着粗气，又累又烦，但还要时刻留心脚下，要是被绊倒，撞到石板那锋利的边角上就惨了。但就算是这样，也没有人来把这座桥重新修整一番，之所以如此，是因为没有负责这一块的人。人们什么时候才会想到要修葺这座桥呢？要等到它摇摇晃晃、随时会塌掉的时候，只有到了这种局面，本地的财主们才会主持为修复它而进行的捐赠活动。

从太阳刚刚冒头到黑夜降临人间，在这张由不计其数的街道互相交织成的大网上，交通一刻不停，行人如织，在其中有达官显贵，也有扛着沉重货物、背上生疮的苦力，要是真相就是如此，那么万物的创造者真的是有很多问题需要解决啊。上苍在运用万物这方面的确功力深厚，可是却不曾使花草们坚韧健壮，它们总是受到暴风雨以及在这片土地上生长的人们的蹂躏。暴风雨像洪水一样不时来袭，而那些人，他们在漫长、令人疲惫的旅途中，对这些花草的磨砺一刻不停，一年又一年，人们的脚步总是那么地沉稳而富有耐心。

在这个国家有数不清的江河湖泊，它们如同卫兵一般时刻守卫这片疆土，中国的十八个省共同组成了这片辽阔的土地。在它上面，河水穿山过岭奔流不息。从这一点来说，中国的苦力们，这个国家所有人中的大多数，可以说运气不错了。

河水、湖泊以及带着胜利者的姿态朝着大海奔去的大江，它们展开身体，伸出双手，让无尽的分支深远、宽广地流淌开来，布满了自然许可的所有地方。就是因为它们，茂密的丛林、硕果累累的田野、芬芳亮丽的花朵才能在大地上铺洒开来，而中国也得以因为这千娇百媚、形态各异的鲜花被世人称为“花的国度”。

江河的作用当然不止如此，它们还连接着这片土地上那些遥远、荒凉的地方，正是因为它们，这些地方才没有从这儿到那儿远得就像是从一个陆地到另一个陆地那样。

就以长江为例，这条令人惊奇的河流被称为“海之子”，在中国的中段横跨而过。一望无际的大海就是它的出海口。江水泛黄是因为河里的泥沙。微风轻轻地拂过江面，江水泛起微微的涟漪；台风呼啸而来，卷起惊涛骇浪。当风力强劲时，巨大的轮船顺风而行，上行可达六百公里，最远的时候能达到六百一十五公里，一路航行下来，能见到中国最繁华的城市。在以前，人们把货物从东边运到西边，就是用的这条航线。笨拙的大船数以千计，型号样式各不相同，它们从入海口一群群地涌进来，逆着水流向前冲去。去崇山峻岭之中，去河水丰沛之地，去五湖四海、任何地方。宽阔的河道因为上面过多的船只，只留下几百码宽的空地，河水卷着浪花向大海奔去。在人们去西部的路上，有的时候河水流经平原，有的时候他们则需要和湍急的河流抗争，就像现在，在漆黑坚硬的岩石上，几百名纤夫拼命拽着绑在船上的绳索，河水奋力地摇晃着船只，绳子一断，船就会被卷到河底。每一天每一天，循环往复，中国人带着特有的耐力与固执离开港口，一路经过说着不同方言的地方及物产丰饶的地方，最后，他们到达了两千公里之外的西部，那里的人正满是惊奇地看着这些陌生面孔。

中国文明的另一个发源地是黄河。它就像是一条连着不同地区的大公路，数以千计的船只在它上面航行、运货，在它的帮助下，每年有不计其数的游客踏足他们从不曾去过的地方。因为与中国的文化体系有最深远的牵连，所以它在中国也最有名望。在人类历史之初，华夏人的祖先向东迁徙的时候，最初的落脚点就是黄河边，人们在这里繁衍生息，逐渐发展，最后出现在中国的每一个角落，现在的这个具有相同的语言以及风俗的中华民族，就是这样形成的。

由于中国史书上所描绘的只有那些伟人和先贤，所以看起来就像是这些人造就了中国的历史，从我们的角度来看，在古代发生在黄河之畔的很多大事件都是如此地神奇。黄河确实有为自己的过去感到自豪的资本，那些广为人知、影响了中国历史的英雄，很多都是在黄河边长大的。每个朝代的兴衰荣辱黄河都看在眼里，那些被载入史册、神圣、永垂千古的事件它亲眼所见。黄河灌溉了中华文明,看着她开花、结果。

不过黄河变幻莫测，并不总是温和善良、忠心耿耿。它另一个举世闻名的称号是“中国的恶魔”。当它展现出狂野那一面的时候，你将会看到一个凶狠残暴的悍妇。老幼病残，它不会怜惜任何人。高山峻岭上的冰雪消融，春天来了，暴雨一盆盆地从天上泼下来。不停上涨的河水，如同发了狂的野兽，堤坝再也不能关住它，它猛地冲出来，在宽阔的平原上尽情奔腾，覆盖了一切——村庄、城镇以及在那儿生活的百姓。在一片汹涌的波涛之中，村落成了装饰品。

在中国，最大的两条河就是黄河和“海之子”长江。在所有河流中,它们运货的能力最强,远远超过别的河流。中国有丰富的河流资源，而且中国人对于它们的价值也有深刻认知。他们竭尽全力为应和多样的河流造出了各式各样的船，以带着他们去任何想去的地方。生活在水上的人随处可见。我这里所说的生活在水上，可不是那些在水上航行到了地方就上岸的游客，而是以船为家，一直在水上居住的人。这样的人有很多，他们在船上出生，在船上成长，然后成婚，生子，就连死也在船上。也只有中国人才有这样惊人的耐力以及对各种磨难的承受力，要是让一个英国人来试试，我相信要不了多久，他就受不了枯燥乏味的船上生活了。

那些在水上飘荡的人们，我找出了一家来描绘。要是你愿意花数星期的时间亲身尝试一下，你就会发现，尽管那些事我们厌倦到了极点，不过那家人早就适应了。这是一艘用来摆渡的船，长二十四英尺，宽六英尺，中间的船舱占了十英尺。在船舱内部有一个宽三英尺的隔间，是用可以滑动的木板隔出来的。一个伙计站在里面管理放在那儿的小行李。

挨着隔间到船尾有八英尺，这个空间之下的底舱被船主以及工人们用来掌舵、划船、做饭、睡觉。五英尺左右的船头是工人们在没有风或者逆风的时候划船的地方，划得快一点还是慢一点，要看当时的情况而定。

有一点我觉得非常奇怪：在航行的路上，那么小的空间，六个身体健硕的伙计是怎么平平安安地挤在一起的？尤其是，他们要怎么住呢？不用划桨的时候，他们在哪儿坐着？在哪儿吃饭？最重要的是，他们在哪儿睡觉？

这些问题在行船的时候倒是很容易处理：在船头划船用一半人，在船尾干活用一半人。但吃饭的时候，或者晚上抛锚的时候，中国人就要发挥他们特有的应付各种困境的能力了。

船上的伙计就像是早就学会了如何在最紧窄的地方伸展身体的办法，所以对他们来说，无论是找个地方坐下休息，还是找个地方站着，都不是什么难事。他们就像是木工手里的卷尺，随时都能蜷起来。坐下的时候，就变成了一段弯了三道的尺子，膝盖和胸口紧紧地靠在一起，腿被手臂环抱着。

这样的环境，英国人连待五分钟都嫌长，可是你简直不能相信，那些中国人，他们脸上的表情是如此地闲适、惬意。这种姿势无论多长时间，只要他们想，就能一直保持下去。既不会感到厌倦，也用不着换姿势。吃饭的时候到了，一个伙计站起身来准备做饭。在他撤掉挡在船舱上的那个一点五英尺的方形木板后，一个小厨房露了出来，里面有一个小炉子和一个盆，这些应付一顿简单的便饭足够了。伙计们的食物都是在这个厨房准备的，要是客人需要的话，伙计也会在这儿为他准备一份。

饭好了，冒着热气的大盆米饭被放在船舱中间，它的周围是正向伙计们招手的碗筷。随着船主的一声高喊：“来吧！吃饭了！”伙计们就围了上来。他们开始的时候蹲在那儿吃，这是一个非常滑稽的姿势，要是累了，他们就改成坐着，两条支得高高的腿像是木工的卷尺。由于没有足够的地方让人们把腿伸展开，所以他们只能蹲着或者这样坐着，要不是中国人足够聪明，又怎么能把这么狭窄的地方使用起来呢？

这些年轻人非常讨人喜欢，在你观察他们的时候，你会发现他们脸上的表情质朴又自然。他们一直保持的那种姿势无疑是最能引起人的疲劳感的，而且做起来也并不舒适，所以你很难弄明白他们是怎么做到的。尽管你认为这种生活并不好，不过他们看起来却觉得已经满意了。他们脸上带着笑，船上的每个角落都洋溢着他们的欢笑声。饭凉了，锅空了，人们把自己的碗在河水里洗一下，甩甩，然后在船舱的某个角落放好，接着回到各自的工作岗位上继续劳作。

人们在夜幕降临前一直按部就班地工作着。晚上到了固定的休息点儿，他们会在靠近船队的某个地方抛锚。这样做是为了彼此之间有个照应以抵御海盗。天在这时已经黑下来了。夜色深沉，清凉的晚风温柔地拂过河面、堤坝，大树在岸上随风轻摇，一切都安静下来了。做饭生出的青烟袅袅升起，晚饭的时间到了，船舱上再次出现了冒着热气的饭盆，伙计们又一次围上来，他们吃晚餐的时候，那种滑稽的姿势也被再次摆了出来。他们因为怕碰到别人而不敢伸腿。水面上波光粼粼，伙计们晚餐结束，他们把碗刷好就去船舷上坐着吸袋烟，腿仍然蜷着，下巴支在膝盖上。

中国人仿佛从不曾考虑放松身心去简单轻松地过活。他们当然也知道要是身心没有束缚自己将会非常快活，可是他们安于现状。尽管从我们的角度来看，目前的状况难熬到了极点。慢慢地，疲倦袭来，伙计们想睡了。他们当然要早点休息，因为他们已经辛劳一天了，而且明天天一亮，太阳都还没完全冒头，他们就要继续上路。但是，那么点儿的地方，小伙子们怎么睡呢？你很难相信他们竟然挤得下，不过别急，答案即将揭晓。在船舱上面的厚木板被撤掉两三块后，他们的“睡房”露出来了，舱面下那凹陷着的黑乎乎的底舱就是了。伙计们依次进入，他们在舱底就像是罐头里的沙丁鱼一样严丝合缝地贴在一起。

最后休息的人总是船主，因为他要再看一眼河面，以确保安全无虞，尽管这一过程他不停地打着呵欠，很难让人相信这一眼的作用。之后，他把身子团成一团，勉强挤进了船头的小“洞”里，看起来像是把自己关到了箱子里或者蜗牛缩回了壳里。很快，船主就睡着了，世界消失，只剩下轰轰隆隆的呼噜声。身体既不能伸直也不能翻滚，这样能睡好吗？你实在不必为此感到担心，同其他国家的人并无不同，中国人对于如何才能让自己舒服点这件事了如指掌，无论处在怎样令人难受的环境里，他们都会把自己调整得好像生来就长在那似的安闲自然。

随着夜色逐渐深沉，温度越来越低，冰冷的风从河面扫过。罐头里的一个沙丁鱼伙计因为受不住冻醒了过来，他爬起来，把舱口用厚厚的木板盖好，将寒冷的空气挡在了外面。没多久，这个小空间里的温度就升高了，不过空气也逐渐浑浊。这般污浊沉闷的空气，要是把一个欧美人塞到这儿，他一定会马上跳起来，疯狂地一把将木板掀翻，让外面的空气流进来。不过这些中国人完全不受影响，他们睡得十分香甜，第二天起来的时候，也一点问题都没有，好像整个晚上，他们吸到身体里的空气都非常地干净清新。

我在上面所描述的船家，还是在水上生活的人中条件比较好的，相当于水上人家中的上流。这些人靠着河水维持生计，并在其中享受快乐。但是更多的在水上生活的人却活得更加悲惨，他们生活的空间更小，尤其是那些生活在底层的穷人，紧巴巴的生活逼得他们不得不整天不停地劳作，因为挣的钱实在是太少了。

在河上观光的时候，我非常喜欢观察那些穷苦渔民们的生活，他们在鱼比较多的内河聚集。黑夜到来，这些小船按照自己的航线到固定的停泊地点抛锚。因为我在的地方刚好靠着抛锚点，所以能清楚地看到他们所做的事。一般说来，这些小船长十二英尺左右，在结构上和大船没什么区别。篾篷在小船的中部，船尾是掌舵人站的地方，在捕鱼的时候，负责划桨的人也在这儿，撒网的地方是船头，渔民们在那儿收网、休息。

和我们挨得最近的那条船里住着一户人家，家庭成员包括丈夫、妻子、儿子、儿媳以及两个小孙子。尽管空间已经非常狭小，不过他们显然不这么想，因为还有一头小猪养在船头，那头猪看起来过得不错，并没有因为活动空间太小而郁闷。最小的孩子刚刚学会走路，兴趣正浓，他扭着身子朝前使劲，显然想到处逛逛，不过，他不可能再往前了，因为担心他掉到水里，他的长辈们在他的腿上拴了绳子。外面的世界对这户人家来说十分陌生。二十五年前，丈夫娶了别的船上的姑娘为妻，她也是在船上长大的，岸上的人家绝不会愿意把女儿嫁给水上的人家。在成婚之前，父亲除了重新刷了刷船，其他的就没准备什么了。生活一切如常，孩子相继出世、慢慢长大，女儿嫁给别的渔夫做媳妇，独子们留下来继承香灯，在双亲年纪大了之后为他们养老，在他们离世后为他们办理身后事。

尽管生活空间如此紧窄，不过这户人家看起来全不在意。是站是坐，有多大的空间，他们就用多大的地方。他们会在站累的时候，自然而然地在脚后跟上坐下来。他们天性乐观，没什么大的欲望，质朴又温和。我们过去和他们交谈，几句之后，他们的脸上就露出了笑容，高兴地和我们聊起来。起先那些女士们还很腼腆，但没一会儿，她们就放开了，开始和我们随意闲聊，好像我们已经是认识很久的朋友了。有一条船在离这条船稍远一点的地方，上面死气沉沉，没有一点动静。

“那条船为什么那么安静啊？”我向我的朋友们发问。他们把声音压得尽可能低地回答我说，那条船上的妻子几个小时前刚刚去世，丈夫悲痛欲绝，现在正在妻子的尸体旁躺着呢。

中国人在造船这方面非常精通，特别是那些在特殊情况下使用的船。我所坐的所有船中，我最喜欢的是一种用于快速行驶的船，多用于山间激流，在那里行船常伴有各种危险，而它的构造正是为了应付这些。这些快船在设计上几乎找不到一点瑕疵，在湍急的激流中，它载人载物都没有问题，那些黑色的山崖、锋利的礁石，它都能轻易避开，并顺着轰鸣的河水向着平原飞奔。

建造这种船所选用的木材，不是那种坚硬的硬木，而是那种韧性十足、能弯出一定弧度的软木。由这些木板绑在一起造成的船仍然保有柔韧的特性，能在急流中绕开那些凶险的拦路石。拥有一个巨大的船桨是快船最大的特色，它几乎和船拥有一样的长度。有人表示，这种船之所以能应付各种危险，全靠这只桨。在河面开阔平直的路段，它可以作为一般的船桨使用，但只要一遇到危险，它就能制造出巨大的推力，让船转向，绕过坚硬的礁石。

在水流非常湍急的河里坐船疾行，真是一件让人热血沸腾的事，刺激极了。在峡谷飞流直下，时刻面临着船毁人亡的危险时，人们万分紧张，不敢有丝毫松懈。由于一旦顺流而下，再无折回的可能。所以船在河里，你最先感觉到的就是完全的孤立。船主对于自己的工作性质无疑有着深刻的认知，他的眼睛紧紧地盯着面前翻滚的浪花，而另一个人，明确说来就是舵手，正紧紧地攥着手里的长篙站在船头的最边上，对任何突发情况，严阵以待。

船刚刚上路的时候，乘客和伙计的神经都绷得紧紧的，不过，相比起来，乘客更为紧张，他们脸上的神情更加怯懦，脸色也更加苍白，面对即将到来的危险，没办法让自己冷静以对。

事实上，人们如此恐惧和周围的环境也不无关系。河水向下汹涌奔腾，两岸的峭壁上长满松树，它们向后疾驰而去的速度快得惊人，所有的这些都让人不由自主地心惊胆战。有时在飞奔的船的前方会出现突出的岩石，河水击打上去翻出雪白的浪花，船不得不马上改变方向以免触礁。各种危险层出不穷，可是船主全不把它们放在心上，航程仍在继续。其他人却很难像他这样镇定，一想到要是船与向后飞奔的山崖相撞，将会立时变成碎片儿，就不由自主地屏住气，瑟瑟发抖。人们之所以还能挨住，要感谢船主，他像一尊石雕一样纹丝不动，目光如炬紧盯着江水，不曾遗漏任何危险。船的狂奔还在继续，两岸以更快的速度向后飞快地退走，山崖带着狰狞的面孔注视着我们，危险随时在侧，从未稍离。突然，山岩猛地靠近，直逼眼前，不过数英尺就要撞上了，船头的伙计飞快地把长篙撑起来，全力调整船向。喘息之间，船安全了，危险被抛到了船尾。

船上所有的人都长出了一口气，乘客们的脸色舒缓很多，终于有了谈笑的心情。船主也稍稍安下心来，他将竹制的烟斗点上，狠狠地吸了几口，不过在这一过程中，眼睛仍紧紧地盯着河面。现在并没有完全脱离危险，尽管河面很阔，不过可供航行的范围却非常窄。看看那些飞起雪白的浪花、飘着轻盈的泡沫的地方吧，那平静的水面下，湍急的河流正冲刷着暗礁，要是船磕上去，必然会被撞飞。接下来的一个小时里，船所经之处，两岸风景如画，那美丽的景色像是在梦里见到的一般，茂密的竹林在两岸排排站立，山顶的树木如卫兵一般庄严。隐隐约约的，房形的轮廓在松树和榕树间显露出来，显然，在那儿有个小村庄。船在水中航行，人在船上默立，两岸的美景像是诗画中的一般，婀娜多姿，美极了。

但航行并没有一直顺遂下去，在危险到来之前，船主以及伙计的举动将乘客们从梦幻般的美景中拖拽了出来。严肃的神情再次回到了船主的脸上，他的双眼紧紧盯着河面；伙计攥紧长篙，随时准备应付即将到来的险情。一个转弯之后，我们被眼前的景象惊呆了：纵横交错的礁石几乎布满了整个河面，哪有行船的地方？

和此前相比，这段水流最急最凶，就像是一只发了狂的野牛一般横冲直撞。受到山脚那片敞亮的开阔地的召唤，河水发出轰隆隆的声响飞扑过去。四周密布着黑漆漆、冷冰冰的岩石，河水疯狂地撞上去，掀起成片的浪花，完全看不到可以行船的路。船疾驰过去，满眼都是浪花，这浪花之下的礁石、漩涡、激烈的暗涌可想而知。船上静极了，似乎除了心脏，再没有别的能动的东西。随着船快速地接近，我们终于在两列巨大的岩石之间看到了通路，可是，天啊，这歪七扭八的路，我们要怎样才能不撞上那不计其数的礁石呢？

危急关头，心反倒不再乱跳了。礁石就在我们前面，在即将撞上的瞬间，站在船头的伙计挥起长篙猛推，划桨的伙计也将手中的大桨舞动起来，霎时，船像是安了滑轮一般自如地转了个弯，穿过紧窄的通路，摆脱了危险。激流还在继续，我们被带着一路飞奔。由于一直处于紧绷的状态，所以在船到了水流较缓的路段时，我们还没回过神来。

如此这般，在一个个激流中闯了过来。有的地方坡度非常大，河水激烈得就像要把石头斩断一般，有的地方又十分平坦，慢得令人心焦。不过随着我们冲过最后一个险滩，总算见到了平静的河水。我们长出一口气，回头看看我们闯过的险途，不由得想：“真好，总算安全地过来了。”

第十九章　家

中国人对于家庭生活十分重视，并对家抱有浓厚的感情。其实或许正是因为这种感情已经把心占满了，所以他们的心再也找不到地方去热爱国家。他们不明白英国人为什么如此热爱祖国，也不知道他们怎么会随时为了捍卫国家而让自己忍受痛苦甚至献出生命。他们对家付出了自己所有的爱和力量，并不觉得当前的家庭生活有什么不好。他们的一生都在一个地方生活，了解那里的一草一木，那儿有他们认识的人和熟悉的环境。要是他们因为某种原因不得不离乡背井，他们就会一刻不停地思念故土，每一个不在家乡的日子，他们都盼望着回去，一旦有机会，他们马上就会回家。

我以前认识的一个中国人，他在澳大利亚生活的时间有二十五年那么长。他的事业如日中天，妻子是个爱尔兰姑娘，三个女儿长得如花似玉，身姿苗条，有着爱尔兰人特有的鼻子，杏仁一样的眼睛总是流露出款款深情。忽然有一天，他再也不能忍受再次涌上心头的思乡之情，所以告诉妻子、女儿他要回国，回去那个有烤猪，有燕窝粥的地方。他是一个富有责任感的人，所以卖掉商店，把一大笔钱留给了妻子，这笔钱只要不过度挥霍，足够让妻女安逸舒适地用上很多年了。与妻女诀别后，他就怀着满心的喜悦动身了。他家在海边一个残破不堪的小村子里，那里的生活水平极端低下。不过，尽管已经离开了二十五年，他却在到家后马上适应了那里的生活。这对他来说并不是一件难事，因为那二十五年的日日夜夜，他从不曾停止过对这个破落的家以及家门前那个布满沙石的海滩的思念，并在他的思念中，为它们加上了一圈浪漫的光环。

尽管以一个英国人的视角来说，凭借爱以及感情来维持家庭生活，几乎是一件不可能的事，不过中国人确实是这样做的。在中国，男女成婚之前，他们从没有见过，结婚当天，一顶花轿将新娘抬到那个她将度过一生的家，而此前，她对那儿一点也不了解。之前，两人谁也不曾表示过对另一个人的爱慕。他们没有信件往来，更谈不上情书了，那些细心琢磨出来用以表述深情的词句他们见都没见过，他们不曾为了加深对彼此的了解而去对方家里做客，也不曾设想过对二人来说这段姻缘是不是合适。这件事无疑关系到两人一辈子的幸福，但操持这件事的人竟然是一个媒婆，尽管那人宣称自己最是稳妥，不过她哪有什么好名声，她心里想的只有一件事，早点完事，早点收钱。

在离开家的时候，孤孤单单的新娘子泪流满面，从今以后，她将离开父母，离开她长大的家，前方是福是祸，她心里一点底儿都没有。她坐着轿子去新家的路上，心里满是烦恼和急躁，反复猜度着未来的婆婆好不好相处，丈夫是个什么样的人。而与此同时，新郎的心里一样非常紧张，不过他习惯性地掩饰着，即将到来的新娘会为这个家带来什么呢？也许是欢声笑语，也许是沮丧、悲伤。

以前，我曾见过这样一个新娘，在她进门的一瞬间，就已经意识到自己将面临惨淡的未来了。没有人对她的到来表示欢迎，他们只是用探究研判的目光盯着她，既不和她握手，也不张开双臂拥抱她。唯一到门前接她的新郎一声不吭，脸上不带半点笑意，带她去新房的路上，像是担心被传染了瘟疫一般，碰一下她都不敢，只是用指尖微微地捏着她的袖口。像是为了告诉别人自己有多么地冷硬，他把头扭到一边，并不看新娘，似乎对这场婚礼已经厌烦到了极点，只是为了遵守礼仪不得不忍耐罢了。婚礼是他们见的第一面，在相见的瞬间，两人才在头脑中勾画出将来一起生活的画面。英国人在结婚的时候总是沉浸于快乐和欣喜中，可是，这种快乐的情绪在这对夫妻身上却一点都感受不到。在这儿，既没有为婚礼筹备的早餐，也没有为夫妻蜜月送行的亲友，既没有朝他们扔旧拖鞋的人，也没有为他们抛洒谷物的人，甚至他们没有属于自己的家。就算这户人家儿子众多，在他们成婚后，也要带着媳妇和父母一起生活，而当家作主的人也仍旧是父母，就像他们还是孩子一样。

中国的媳妇必须无条件地忍受各种苦难的这种情况，又催生出了各种各样的痛苦。这个国家的婆婆们和西方国家的一样极具权威，不过不同的是，在这儿，受苦受难的是媳妇。媳妇从嫁进门就开始受到婆婆的监管，要是婆婆是个暴脾气，那些可怜的姑娘就惨了。就算婆婆再怎么刁难，媳妇也只能忍气吞声，让丈夫为自己出头，想都不敢想。丈夫们见到媳妇受苦，自然也很心疼，心里或许会为媳妇鸣不平，可是却完全不敢帮媳妇说话，就连不满的表情也一定要藏得密密实实。否则，那位媳妇会受到家人的强烈指责，日子就更惨了。父母以及邻居会因为儿子竟然这么做非常愤慨，他们指责他不孝顺，在中国，“不孝”这个罪名会让所有男人胆战心惊。自古以来人们就凭借这种风俗将众人聚拢在一个大家族里，在社会中上层，按照父系的形式组成的大家族不计其数，里面有好几百人。脱离大家族，建个自己的小家这种想法从不曾在人们的脑海中出现过。

在史料上有一个声名赫赫的大家族，其成员数量众多，论资排辈共有九代，好几千人，虽然有这么多人，可是所有成员都能彼此融洽相处，就连外国都曾听说过这个家族的声名。一家子上下从没红过脸，妇人们不会对别人产生嫉妒心，孩子们不会争吵，抢夺别人的玩具，甚至于家里的狗也像是受到家庭气氛的影响一般都有一副好脾气，遗忘了本性中的劣根，当别的狗啃骨头的时候，它们可以自己追着尾巴玩，完全不会上前去抢。

这件事传到皇宫，就连皇帝都有了耳闻，他在一次去泰山祭拜的时候，特地到这个家族来实地考察，以验证传言是否属实，最后，他满意地得出这样一个结论：这个大家族不愧是各大家族的典范，关于它的各种传闻并无夸大，真正是实至名归。在皇帝和那个家族的族长交谈的时候，皇帝很好奇族长是如何保证家族成员彼此融洽相处的。于是族长拿了一张纸出来，运笔如飞，很快上面就写了一百个字。他把这张纸呈给皇帝，并告诉他："我们不争执的原因就在这些字里，陛下一看即知。"

皇帝当然一看即知，因为整张纸上写的都是一个字"忍"。"我们对自己进行训练，"那个有权威的族长说，"为了让大家彼此间互相容忍，克制自己的脾气，我们会经历超过一百种的训练方法，孩子们刚一懂事训练就开始了，他们必须学会控制自己的脾气。我们彼此之间的喜爱、怜惜就是这样产生的，我们之所以能够声名远播，就是依靠这个。"

小夫妻的生活能否幸福与婆婆有很大的关系。要是婆婆天性善良随和，家里的事就会顺利很多，大家就能开心快乐地一起生活；不过要是她性情冷硬，任性霸道，那媳妇恐怕就没什么好日子了。要是媳妇运气好，生了个儿子，那她的境遇会好很多，虽然婆婆严厉的管教还在，不过在继承香火的儿子生下来后，相比从前她多少会获得一点地位与自由。

东方人对于儿子十分钟爱、执着。他是父亲的希望、母亲的梦想，祖父祖母也会因他感到自豪，从他一出生，关爱、诗情画意以及中国人的抱负就笼罩着他。他是家人的希望,他或许会参加科举,榜上有名,然后金钱、荣誉纷至沓来，而作为他的家人自然也能跟着进入上流社会。就算这些他一样也没有达成，他还可以成为一家之主。当他的父母被死神带走，他将站在这个世界，为在阴间的父母准备祭品，让他们在那个我们不熟悉的世界少受点苦。在阴间生活的人十分重视这些祭品，既然这些要靠阳间的儿子提供，那么，他们有什么理由不希望生个儿子呢?

要是哪位妻子运气不好，生的是个女孩，那么一般说来，她将会承受更多苦难。因为无论是高傲的婆婆或者是自己的丈夫，都会对此大失所望。他们原本是那么地期望她可以生个儿子。他们为即将到来的儿子准备了一切，并且对儿子的将来做了这样或者那样的设想，他们一边这样做一边设想那是儿子，这种想法逐渐加深，可是最后生下来的竟然是个女儿。

这个可怜的孩子，母亲只顾着哭泣不想看见她，奶奶已经要按捺不住自己的脾气了，对她更是嗤之以鼻，父亲虽然因为对妻子的感情不曾将不满的话说出口，可是心底的失望以及怨怼遮都遮不住。左邻右舍原本想着为这家即将到来的儿子举办个宴会庆贺一番，不过现在他们连说话都要小心再小心，把声音尽量压低，生怕流露出庆贺的意思被当成讽刺，加剧这家人的痛楚、羞愧。其他亲戚知道生的是个女儿的消息后，都非常吃惊，这家人如此疯狂地想要一个男孩，可是这个女人却让所有人失望了，她将会因为这个受到怎样的惩罚呢？是直接被这家人弄死？还是被扔到院子里，挨冻、挨饿？那个女儿或许会被某个家里有男孩的邻居抱走做童养媳。对母亲来说，这样安排婴儿，其实对她还是有好处的，只有如此，她才能在家里保有一个立足之地。经过数小时的哀号，母亲的哭泣仍然没有停止，她一边埋怨着自己的不幸，一边将女儿抱起来，原本因为这孩子是个女儿已经消失的母爱在这时又出现了。她看着女儿的脸，紧紧地抱着她，爱意在她们相贴的胸口升起，或许这位母亲对女儿的宠爱一辈子也赶不上儿子，不过，这种爱与生俱来，使她不由自主地越来越爱这个孩子。

现在，让我们来这样想象一下。这位新娘已经不是新娘了，当年她怀揣着满满的不安嫁进那个新家，那里的人原本她一个都不认识。但现在时间飞逝，好几年过去了，新面孔变成了旧面孔，她的生活里多了几个儿子以及一两个女儿，婆婆还活着，虽然仍旧强硬、霸道，不过孩子的出生已经打破了原本的专制格局，并且她升高的地位，也让她的日子不再那么艰难了。

为了让儿子们有更加光明的未来，他们被送去读书。大儿子立志入朝当官，光耀门楣，所以，母亲看到他的时候总是满面春风，眼睛里流露出高兴的神采，就像看到儿子的英格兰母亲一般。二儿子不喜欢读书，他之所以没有辍学，是为了学习从商必需的读写知识，他表示将来自己要成为一名商人。老三对于未来也有自己的想法，他想去新加坡投奔叔叔，和他一起开店。三兄弟中他精力最旺盛，总是一副生机勃勃的样子，要是有谁被捉弄了，找他准没错。家里因为有他显得生机盎然，不过他总是喜欢捣蛋，几个姐姐对此感触颇深。三个男孩子，最让母亲忧心的就是他，这个孩子性格如此跳脱又粗枝大叶，万一犯了大错可怎么办？要是他出了国，也许会一直留在国外，即使回来，也许已经成了那样的人——花钱大手大脚，或者一穷二白。

对于孩子的将来，所有的父母，无论是遥远的英国父母，还是中国父母，总是有一种不知如何是好的忧虑。那些男孩儿，他们将来会怎么样呢？还有女儿们，她们已经足够大了，原本因为亲情的关系，他们和父母紧密相连，可是现在，她们的心已经被那些小伙子占满了。她们嫁人之后会幸福吗？婆婆会不会欺负她们？她们的丈夫呢，那些人是不是堂堂正正的大丈夫？千万别是些大烟鬼或者滥赌鬼，以至于作为他们的妻子要饱尝各种艰辛。在世界的每一个角落，这些都已经是老得不能再老的话题了，但是，在看待中国人的时候，我们总是存在一种偏见，觉得和世界上的其他民族相比，他们或者会不一样。在观察中国人的家庭生活的时候，要是有些事你实在是没办法理解，那么请记住这句话，“世界上的所有民族都是上帝亲手所造”。

在中国的所有家庭中，大多数人家都存在着真实的夫妻之情，这一点毫无疑问。这可能不太容易让人相信，因为中国的青年男女，只有在女方嫁进门的时候，两人才能第一次见上面。事情还不仅仅是这样，中国的女子实在是缺少妩媚动人的吸引力。好在他们之间并不是依靠美丽的外貌来产生情愫的。时光慢慢前行，别的因素发挥的作用越来越大，人们的脸上绽放出独有的神采，让他们原本朴素的容貌变得不同起来。他们的心就像被丘比特拿链子捆上了似的，慢慢接近，最后交融。

对于旁观者来说，要是你不够用心，很难发现这种变化。你所能看到的只是夫妻二人看到对方的时候，冷冰冰的，谁也不在意谁，一句甜蜜亲昵的话也听不到。为了证实这种情况，一天，一个英国姑娘问一位中国媳妇爱不爱她的丈夫，那个妇人被这个问题吓了一大跳，好像刚刚听到的话是一个在她耳边炸响的巨雷。她满脸通红地踟蹰一番，接着飞快地回答说：“不，当然不爱。”要不是这位女士和英国姑娘十分熟悉，她尽管支支吾吾，最后也绝不会承认自己是如此地深爱着丈夫。不过现在，无论是谁，再也没办法让她把心中的爱说出口了。就算是她的母亲，她也不会说。要是现场还有别的中国人，她心里的这个秘密就算是用几匹马也休想拽出来。在中国，妻子什么时候才会主动袒露自己到底有多爱丈夫呢？只能等到丈夫离世后。你要是想知道，就在两天以内去她丈夫的坟前，就会见到悲痛欲绝的妻子在坟前跪着，泪流满面地倾诉自己对丈夫的痴心。她说：“啊！我的心啊，我的爱人，你是我的命啊，你到底去哪儿了？没有你我活不下去啊，现在家里就剩我一个人了，我心里一点光都没有。你回来吧，亲爱的，没你我真的活不下去！”在一个小时的时间里，她一直在这里哭诉，释放出自己所有的情感，她诉说自己凄惨的人生，用世间最真挚的话语告诉丈夫自己的爱以及失去他后心被碾碎般的痛。

一次，我认识了一对令人敬重的中年夫妇。他们性格沉稳，不喜在别人面前表露自己的情感，在这一点上和其他中年的夫妇并无不同。他们衣着简朴，也没有迷人的外表，可以说很难在他们脸上找到与美相关的因素。他们住的地方是个小山村，距离城镇以及主干路都很远。在这个偏远的山村生活的村民有着和城里人完全不同的思想观念。一天，丈夫突然发起高热，连三天都没挨过就去世了。这时，妻子心中埋藏已久的爱再也止不住终于爆发出来。这个女人没有迷人的美貌，没有引人的气质，连动听的话也不会说。但这并不妨碍她对丈夫的爱，她默默地回想两人相亲相爱的日子。那个男人不善言辞，说起话来粗粗鲁鲁，一点温柔的举动都没有，可是在她心中，他就是她的骑士，牵扯着她的心，给她的生活带来了欢乐。现在丈夫死了，她的心碎了，谁都安慰不了她。生命对她来说，从丈夫离世那一刻起，就已经不再具有任何意义。她的生命是为丈夫而存在的，现在丈夫死了，支撑她活着的力量也就没有了。十天之后，她因为伤心过度也追随丈夫而去了，她在临死之前将两个孩子交给我，让我代为照顾，就算是那两个孩子也不能缓解她的痛苦，她就这么走了。

在中国有很多婚姻生活并不幸福的人，夫妻经常吵架。这种情况别的国家也一样，即使那里先恋爱后结婚。我要说的是，中国人因为那些陈旧的、与浪漫一点边也沾不上的风俗习惯的压迫，建立起来的家庭确实令人厌倦，但在这片土地上并不是完全不存在滋长爱情的土壤，其实，中国这个美得像花一样的国家，它的子民也崇尚爱情，追逐不变、浪漫以及忠诚的爱。

现在读者也许已经得出这样一个结论了，那就是，与原本想象的不同，中国的妻子们也是可以宣泄自己的感情的。在一些旅行家写的书中，我们可以了解到现在国际上对中国女性的主流看法：她们和奴隶差不多。不过，要是你真的相信她们在丈夫面前完全没有话语权，不得不毫无怨言地执行丈夫的每一个命令，就错了。从本源来说，没有什么事物的存在是完全偶然的，一定有其客观的合理性。女性看起来柔弱，可是上苍赋予了她们一种独特的魅力，让她们可以自我保护，不必向男人那样接受各种挑战、磨砺。这种魅力是一种看不见、摸不着的力量，比世界上任何壁垒都要有用，保护女性不受到欺凌伤害，要不是有它，她们在与生活进行的抗争中怎么能坚持到现在？世上的国家有很多，中国家庭确实遇到很多艰难困苦，但也并不是只有它才这样。我认为大多数中国家庭还是幸福的，要是我能有足够的经历，我会确信这一点。

中国人有着与我们截然不同的家庭观。有些东西在我们看来在一个美满的家庭中不可或缺，但中国人却觉得无关大局。孟子曾经指出人类应该永远保持的五大美德中，有一个美德就是“洁净”。如果中国人真的遵守了这一美德的话，中国就不会像现在这般脏乱。要是你有机会去中国的中下层居民家中做客的话，我相信一定会对看到的情况非常吃惊。他们在建房子的时候似乎从不曾考虑过怎么盖住起来才舒服。屋里的物品破破烂烂，而且放得乱七八糟、毫无条理。地面布满尘土，中间的空地或许扫过，可是桌子、椅子、床铺下却积攒了很厚的一层，在房梁上的蜘蛛悠闲地结着网，它一点也不担心，因为一直不曾被打扰过。屋里的那些东西似乎是带着让人看着难受的目的制造的。或许先辈们不想子孙老是坐着，所以特地把椅背弄得凹凸不平，而子孙们也照单全收了。凳子的宽度实在是过窄，在上面坐一会儿，身子会不由自主地前倾，所以人们总是把手拄在膝盖上，这个姿势是美国偏远地区的人在铁轨上休息的时候才摆出的。中国人能摆出这一姿势，在原因方面相信和美国人是一样。他们常常这样做，这种英国人连保持十分钟都做不到的姿势，对中国人来说是打发时间的最好的办法。

他们的床是一块带有四条腿的厚木板。人们睡觉的时候，直接就躺在上面的席子上。要是让一个西方人倒在这样的床上睡一宿，他保准会失眠，第二天腰酸背痛是免不了的。不过中国人却睡得很好，就像是躺在铺着羽绒被的床上一样。在英国人眼里，中国人的枕头奇怪极了，说是刑具也不为过，他们枕枕头似乎不是为了让头舒服一点，而是找个东西好把脖子放在上面。家庭的经济情况会影响枕头的制作材料，对于穷人来说，木头或砖头都能当枕头，这些枕起来当然不舒服，不过所有的穷人都已经适应了。不过就算是有钱人家，他们的枕头也和穷人家相差不大，只不过制作材料不同，看起来更漂亮些罢了，一样是硬邦邦的。无论高低贵贱，所有人枕枕头都是为了搁置他们的脖子。我认为这一点可以从侧面证明中国人解决问题的手法：大家都认为在睡觉的时候头应该被抬起来一些，我们的解决办法是直接把头垫高，而中国人则是通过把脖子垫高来提高头的高度。要是你跟一个中国人这样说，枕着砖头睡觉多难受啊，它的边老是戳脖子。那人会觉得这个问题十分好笑，温和地笑一下，跟你说这只是习惯的问题。以他的角度来说，砖头戳脖子不是正好可以打发夜晚的无聊时光吗，你之所以不能理解这种乐趣，是因为你是个野蛮的蛮夷。

英国人非常注重隐私，认为家庭生活就是要有隐私才有乐趣。所以英国人总是小心谨慎地保护着自己的小家，讨厌受到干涉，但中国人对此却一点概念都没有。我喜欢旅行，经常会去中国内陆，可是不知为什么那些中国人对我非常感兴趣，无论我走到哪儿都躲不开他们。我走在大街上，他们看我。我因为要看什么东西停下脚步，他们就密密麻麻地围着我。我走到一个巷子里，他们跟着我。我飞快地跑起来以期摆脱他们，可是一出巷子，另一群人又出现了。他们为了把我看个明白，排成两列，把我夹在中间。我笑一下，他们就陪着我笑一下，我随口说点什么，他们就像是为了讨好我一般，哈哈大笑，可是天啊，我说的那些话到底哪里可笑了？我接着往前走，他们就像是影子一样，自发地跟着。他们好像永远也不会厌倦似的盯着我，或者我身上的某样东西，尤其是我的眼睛，因为不同于他们的黑眼珠，更是得到了重点照顾，他们议论它，并对于它的不同表示一点埋怨。不光这样，我上衣后面的两颗扣子也受到了他们的关照，他们一直在揣测它们的用途。

最后，我实在是没办法了，为了甩掉这些虽然友好但过于热烈或者说尖锐的崇拜者，我冲入一户人家，男主人客气地请我进去，可是那些人也跟了进来。他们一点也不曾因为在别人家而有所拘束，就好像在自己家一样。只要我不离开，这里的大部分人都会留下。他们有的在屋里游来荡去，乱七八糟地说着什么；有的拿出烟袋就开始抽，没多久，难闻的烟味就在空气中四处飘散；一部分人在边上逛荡，观察屋里的摆设；还有一伙人继续盯着我看，他们把椅子搬过来围着我成一个半圆形坐下。对于擅自闯进来的这群人，屋主似乎毫不在意，他一边吸烟，一边和人唠几句，抽空还跟我笑一下，看起来一点不高兴的意思都没有。

对于隐私，从没有人告诉过中国人要注重这个。有一个完全属于自己的房子，这是有钱人才会想的事，不过就算他们想，也做不到，因为也不得不让自己的亲属住进来。对于普通人来说，一座完全属于自己的房子，那是永远也不可能得到的奢侈品。所以，房子在建造之前，就已经考虑到要装尽可能多的人家。我们在说到一些事情的时候，会仔细地观察一下周围，为了确保没人能听到，有时还关上门悄悄说，可是中国人却不会这样，他们在大庭广众之下当着众人的面肆无忌惮地大声谈论，左邻右舍不用支起耳朵就能听得一清二楚。就这样，中国人几乎没有一件可以称得上是秘密的事了。一个人到底什么情况，所有人都知道。他每个月赚多少钱，身上扛着多少债，做过什么坏事，他此前请客的时候花了多少钱，这一切，众人了如指掌。中国人的大脑就像是一个巨型货柜，里面装满了各种日程和事件，一有需要就能快速地调出来。对外国人来说，中国人实在是太奇怪了，无论怎么想都想不明白。既然他们那么重视“脸面”，尽一切努力不让别人看轻自己，那么为什么不把自己家里的隐私藏好，却让所有人都看得清清楚楚呢?

中国人的家庭还有一个英国人无法忍受的特点——太吵。家家户户的房门大敞四开，大街上的喧闹声、邻里的说话声一点阻碍都没受到，直接就冲了进去。有人说，这些噪音伴随中国人出生、长大，要是生活中缺少了它们，人们甚至无法活下去。通常，人们交谈的时候，说起话来就像对方在另一条街一样大喊大叫；在学校读书的孩子也尽可能让朗诵的声音更洪亮，整个学校都弥漫着这种轰鸣声；那些演员因为唱戏的地点是喧嚣的大街，所以更是要放开嗓子，不这样观众怎么听得清；那些当官的离职回乡的时候，为他送行的百姓会点上鞭炮，那声音更是有把人震聋的威力。

“烦躁”这个词是什么意思，中国人好像根本就不知道。一扇门在那咯吱咯吱地叫了好几个小时，中国人就由着它这么叫，而不会过去把它关上；半夜三更，一只狗一直叫一直叫，英国人都要疯了，中国人还一副心平气和的样子，绝不会气愤难抑，甚至想把狗宰了；附近农场的一头驴支棱着耳朵吱哇乱叫，几个小时一口气都不歇，人们一样浑不在意，好像那声音婉转动听是夜莺发出来的；学者全神贯注地研究学问，而他的旁边就是吵闹不休的孩子；一个人生病了，正躺在床上左右翻腾，他的头像是要炸开了似的那么疼，可是，就在他的身边，那些人高谈阔论，没有人制止他们，或者拿个棍子把那帮家伙赶走。对于喧闹声，中国人已经习惯了，他们一生都伴随着这些声音。中国家庭主流的氛围就是这种喧嚣，当一个人过世，人们会送他去安葬，这一过程中也伴随着喧嚣，人们的哭喊声、送葬的哀乐声震耳欲聋，而这样盛大的葬礼，是每个中国人都想要的。

尽管我们觉得这样的生活方式会影响到家庭生活的质量，但不容置疑的是，无论中国人还是英国人，我们所有人都在追求这里的一些东西。就这一点来说，无论贫穷富贵都是如此。这些东西不可或缺，要是因为穷困暂时不能得到，人们就会寄望将来。我知道这样一件事，有的人会因为思念家乡而生病，例如瑞士人，要是他们不能回到家乡，回到亲友身边，他们就不能痊愈，连精神都会出问题。

第二十章　农民与农业

大体上来说，中国是个农业国。多数中国人都是农民，这片土地上有不计其数的农场，人们在自己的田地上耕种，一辈子都是如此。不过要是你去广州、上海、汉口这样的商业都市游览，或者去离农场距离几英里的商场逛逛，再或者去看看街道那喧嚣拥挤的人群，你可能会觉得中国是个商业大国。

此外，证明这一点的看起来还有很多，在这个国家的各大流域或者航道上，满载着各种货物的船只不计其数，正夜以继日，不停奔忙；横贯这个国家东西两端的公路，连接着众多不同风俗的城镇，公路上马拉的车、骡子拉的车以及人力车交错如织，它们带着各个城市的货物从一个地方到另一个地方，当你看到这些，你会觉得中国人非常重视商业。

然而，要是你真的这样相信就错了。因为这个国家所有的人都是农民，你在农场能见到他们，但是别的你想不到的地方他们也在。其实，你很难了解到别人生活的各个方面，就算你为了了解它花了很大的力气，也很难真的做到。

举例来说，城里的苦力基本就都是农民。表面看来他们喧闹不休、粗鲁蛮横，并因苦力这份地位低下的工作受人轻视，但他们却差不多都是有一技之长的农民。在村子里，他们看起来也和别人不同，肮脏不堪、不修边幅，似乎他们喜欢在闷热的房子里面光着膀子扛货一样。那些站在街边的轿夫也是农民，他们带着惹人怜悯的表情请求别人坐自己的轿子，他们都是男人，因为这似乎是属于男人的工作。当地里的庄稼被收割下来，就到了农闲的时间，这些时间人们可以按自己的喜好随意安排，时间、力气、精神头都有了，他们就做起了副业。相比于专门做轿夫的人来说，他们或许技术上稍有欠缺，不过他们态度好，而且办事效率高，客人能够更快地到达想去的地方，也更少地遇到被勒索的情况。

像登山这种短距离的旅行，带上几个轿夫是最好不过了，当然他们要有强健的身体、平稳的步伐，耐力也是不可或缺的。因为这些人可以把他带到人迹罕至的顶峰。当这位客人为这次登山做准备的时候，他就会仔细地对轿夫做一番选择，那些皮肤经过太阳的洗礼变得黑黪黪的当然是首选，因为他们身上一丝赘肉也没有，肌肉紧实，硬得像铁一样，他们因为辛勤的劳动所以挨得住辛苦。当问到他们的职业时，这些人会说："我们是庄稼人，不过你放心，一定会将你安安全全地带上山顶，然后再安安全全地把你带回来。"

要是你想在一条河上进行一次长途旅行，租好船、雇好船夫之后，你们出发了。这是一些个性随和的老实人，对于你能雇用他们，他们表示万分感谢，并为这次水上航行，做了充足的准备。一路无风无浪自然没什么说的，不过就算是风大浪高，要连续划几个小时的船他们也会好好干，没有一点怨言。他们所有人都是农民，航行结束后只要没被再次雇用，他们就会回乡种地，像是从没驾船航行过一般。

一群捕鱼的船从海上驶过来，船员们的脸呈现出红褐色，这是因为糟糕的海上天气，那里的风雨将他们的脸浸染成这种颜色。那些渔船看起来弱小而且残破，惊涛骇浪中，人们驾着这样的船穿行，无疑昭示出他们绝佳的技术，这种技艺可想而知要经过无数的磨砺才能造就。可是这些人却都是农民，这次出海捕鱼是第一次出海。他们在宁静的码头或者离家不远处抛锚停船，回家继续自己的耕种生活，直到下一次航行。

由于农民的生活过去贫困，所以他们不得不强迫自己去胜任各种与农业无关的工作。小小的村庄住着很多人家，而每户人家都有很多人，男人们外出务工才能多赚一些养家的钱。农民们柔和的个性使得他们能够忍受各种重活，再加上耐力极强的身体，所以他们主要的工作就是苦力。在外表上，中国农民与英国农民区别很大，他们身体干巴巴的、非常瘦，脸上满是萧索，而且脸色也不好，带着一种病态的苍白，对于《笨拙》这本杂志来说，找他们做肖像插画的材料实在是再合适不过了。只要扫一眼，你就能看出他们是苦力。在他们身上，你看不到一点赘肉，他们的脸和手上的皮肤呈现出一种发黑的褐色，这是因为毒辣的太阳以及田间恶劣的环境。要是这人是一个年老的农民，你会发现他的手已经变形了，之所以这样是因为多年来对锄头的抓握。对中国的农民来说，他们最常使用的工具是锄头，与之相比，铁锹的使用频率要逊色很多。

他的脊柱一直都保持着弯曲的状态。背部稍稍向前弯，并且不是直接向前，而是有点偏左，会这样是因为像搬运这种在英国由马或者运货车完成的工作，他却要自己干。为了让土地更有劲一些，那些身强体健的农民必须为它施肥，要是天气干燥，他们则必须抬水给它喝，所有的这些工作左肩都要参与。当收获的季节到来，他们要收割庄稼，并把多余的粮食扛到左肩赶几英里的路去城里卖掉。中国的农民从没有用火车、马车、牛车或者其他牲口把货物运走的经历，他们可以想，但因为太穷却不能真这么做。

这人从外表看来是个工人，他为了让因高强度劳作而疲惫不堪的身体有所放松，摆出了一个奇怪的姿势，可这个滑稽的姿势在他那身衣着的衬托下显得更可笑了。他穿着一件肥肥大大，在长度上超过臀部的衣服，而且衣襟朝一边歪着。裤子也一样肥大，不过在长度上却只到膝盖。不知是不是出于工人阶层的习俗，他这身衣服以及其他衣服都是棉布做的，而且在颜色上都是蓝色。天气变冷，要是钱够的话，他会弄一件棉衣，但即使是最冷的时候，他的腿和脚也不会被保护起来，要想让他们穿上裤子和鞋，那只有等到限于礼节而不得不穿的时候。

就外表而言，中国农民因为卫生习惯太差实在很难讨人喜欢。他们剃头的频率非常低，所以每次剃头，都会把理发的地方弄得乱七八糟——到处都是头发，现场肮脏、杂乱到了极点。他们的辫子也不曾被仔细整理过，四边的头发任意生长，看起来既不干净又邋遢。

除了头和辫子，他们对脸和手也并不重视，在中国，那些本来属于水和肥皂的工作却被交给了大自然，让它用自己那典雅的手来为他们修饰遮掩。工人们似乎忘记应该如何处理个人卫生了，农民工尤其如此。唯一值得庆幸的是，他们的皮肤经过太阳的暴晒已经变成了褐色。相对来说，西方人对水进行了充分的利用，这从他们那洁白细腻的皮肤、蓝色的眼睛以及金光闪闪的头发可以看得出来。中国的劳动者对于清洗工作的厌倦被他们的外表掩藏了起来，他们的肤色是褐色的，眼睛和头发是黑色的，这些让他们看起来不那么脏了。

我在上面的所有描述绝对来自于所见的真实情景，而不是因为某些敌对因素。整体说来，他们都是善良的好人，我对他们持有的感情与厌恶相比更多的是同情。以一个男人来说，和世界上所有男人一样，他们大体做得非常好，他们勇于承担自己的责任，并且尽量做到最好。他们不喜欢抱怨，尽管他们想要获得更加舒适的生活，但是他们住的地方实在是糟糕。在饮食方面，他们吃的东西过于单一，而且营养也不够。他们一天三顿都是白粥配腌萝卜或者圆白菜，有时也会变成一些更加便宜的大众食物：咸鱼、豆腐乳、酸豆角和腌黄瓜。在中国的大部分地区，在贫苦百姓的眼里，能吃上一次大米实在是太奢侈了，满打满算，一年也就能吃十几回。他们没别的选择，只能以地瓜为主食，配着腌渍的白菜和萝卜一起吃。可想而知，想要维持身体健康，一顿饭就吃这些东西怎么也不可能够的，可是中国劳动人民的生活状况就是如此，特别在农村，身体健康、体格健硕的人连一个你都找不到。

据一些在中国建医院并为穷苦百姓治病的外国大夫说，这些病人的身体状况大多不及格，并伴有消化不良的症状。腌萝卜虽然便宜，但长年累月那么吃下去，引发消化不良甚至胃病是必然的事，中国人却一年到头都在吃。不妨设想一下：一个民族大部分人都患有消化不良的病，对于人民的性格以及国家的历史变革来说，会造成什么样的影响？英国消化不良的病患常常为心绪不宁以及幻想中的生活而烦恼。那么，有众多消化不良病患的中国呢，它的国民会有什么症状呢？他们总是喜欢思考，说话也总是乐于采用一些侧面的方式，是不是因为这个呢？在中国的历史上发生了很多在外国人看来非常奇怪的事，和这个有没有关系呢？这都是一些值得深入思考的问题。

我认为中国人非常坚强这一点是毫无疑问的，在面对生活时尤其如此，他们为了填饱肚子竭尽所能。在宗教这一问题上，虽然神可以成为人们的心灵支柱，安慰他们，但中国人的心胸过于狭窄，他们因为不相信偶像会对他们抱有仁爱之心，所以不肯接纳神。他们凭借内心的坚强默默忍受生活中的一切磨难，他们非常疼爱家人，愿意为他们勇往直前，不会有一点犹豫。

人们对中国人的敬佩并不是因为对他们的同情，其实，人们总是不知道应该怎样看待中国人。他们虽然生活艰难，可是那双黑色的眼睛里却充满了从容和懒散，似乎不曾受到任何压迫一般。和那些在安逸中过着顺遂的生活的人们一样，中国人也喜欢听笑话，尽管他们表面看来麻木不仁，但当听到有趣的笑话的时候，他们会高兴得跳起来。无疑，他们之所以在生活的重重压迫下仍能乐观地生活，正是因为他们的幽默感。

对于本职工作，中国农民可以说得心应手。他们就像是住在蔬菜王国的核心一般，对于菜蔬们的秘密了如指掌。田园里的蔬菜，他们不用费什么心就能长得很好，种子会按照人们所想的那样发芽，要是雨水也好，那么就会大丰收，层层叠叠的喜悦之花在人们脸上绽放。人们像是爱惜美丽的花朵一般爱惜庄稼，因为这些爱，他们竭尽全力地照顾它们。某些时候，中国的农民还可以轻松地成为花匠，因为只要细心观察一番，很快就能掌握花的秉性习惯。

一个人非常邋遢，看起来就像个跑路的犯人，他上身短衣服，下身光着腿，正在花园照顾那些妩媚漂亮的鲜花，仔细观察这个场景，你会发现这非常有意思。所有的花都长得非常好，这无疑是因为他的细心照料。为了报答花匠的关爱，它们总是在他面前展现自己最美的一面，并为得到他的注视而感到自豪。这些养花的知识，是谁交给花匠的呢？要是你问花匠这个问题，他一定会非常吃惊，并回答你说："我是一个种地的啊，难道你不知道吗？要知道我在自家的地里干了那么多年，对于花当然应该非常了解，而且我有的是学习养花的条件，所以相比于别的，花匠这份工作对我来说更容易一些。"

水稻、白薯、小麦、大麦、花生、小米、甘蔗、蓝靛，豆类，以及其他各样蔬菜，例如萝卜、胡萝卜、圆白菜、西红柿、茄子等，是中国南方的主要农作物。其中水稻是谷物里面最重要的，无论是有钱人还是穷苦人都主要吃这种食物，其重要性就相当于英国人眼里的小麦。种水稻是个非常费力的活，可以说从它被种到地里开始算，直到收割，没有一刻，是人们可以安下心的。首先要选个易于灌溉的田地，在水里密实地下种，稻苗在长了一阵子后变成密密麻麻的嫩芽，田里一片翠绿，这时，稻苗已经长到六七英寸了，需要把它们连根带土地拔出来，五六根为一束移植到水田里，此后田里绝不能断水，要不然稻子就会死，其中水的高度要保持在两三英寸，除非还有几天就要收割了，否则要一直如此。

水稻一年两茬，种植的时间分别是四月和七月末。在九月收割过第二茬后，农民一年的辛苦和因为它而产生的焦躁就可以结束了。因为水稻对水的依赖，农民不得不想尽一切办法确保水源充足。要是那一年雨水丰沛，地下水富足，稻田附近的井、河都有足够的水，农民自然心情愉悦；不过要是那年天干物燥，农民和太阳的对战就开始了，太阳像火一样无情地炙烤着大地，农民们眼看着那些对稻子来说就像是生命一般贵重的水被蒸干，感到非常痛苦。时间慢慢流逝，雨水仍未降下，农民的痛苦日益加深。没多久，池塘也干了。天空一丝云彩也没有，火球般的太阳明晃晃地挂在那儿，贪婪地吸收着稻子根部那维持生机的最后一点水。在太阳的炙烤下，田里的土地裂开一条条巨大的口子，那些可怜的稻子的每一片叶子都在诉说着对于可以让自己活下去的水的渴求，而那些农民无能为力，他们的心早就碎了。

人们为了救它们想尽了一切办法，但无一例外地失败了。未来迎接人们的只有令人绝望的贫困。通常人们住的地方就是田地的某个角落，那里像野地一样荒凉，展示着人们悲苦的生活。在那些干枯的土地下埋葬的，是人们的家以及对家的牵绊，因为收成的失利代表着人们只有卖掉妻儿才能保住家。

在许多惨剧中，中国人就像是一种习惯似的总是把凄惨、不幸带回家。有不少让人心生怜悯的情景发生在少雨的夏天。井里、小池子里一滴水都没有了，那些在地里的稻子，失去了健康的绿色，换上了一身泛着死气的枯黄。要是再不浇水，用不了两三天它就会死。于是，人们开始挖井，挖不计其数的井，不能是白天，因为太阳瞬间就会把那些水蒸干，所以人们只得在半夜进行。

虽然人们为了拯救田地尽了一切努力，这个过程看起来凄婉得令人心酸，可是结果总是让人伤心欲绝。人们为了让自己的家逃脱苦难，疯狂地抢水，这无疑是因为内心的原始本能。为了这个，左邻右舍之间的争执时有发生，甚至打斗也不可避免。冲突声将夜晚的宁静打碎了，天上的星星眨着眼睛看着男人们彼此厮杀。

有一点非常令人惊讶，就是中国人竟然能用那么粗陋的农具从田地里收获如此多的粮食。犁这种仿佛是中国开山祖发明的农具一直流传到了今天，是这里的基本农具。在历史的长河中，人们把这个老古董代代相传，就好像这是某种精神，和祖先们一般神圣不可侵犯，要是对它进行修改就是亵渎祖先，所以直到现在它仍保有最初的样子，没人有胆子提出一点改进方面的意见。犁由犁铧以及扶手两部分组成，非常简单，其中扶手的作用是控制方向。相比于英国的犁，中国的重量更轻一些，只有二三十磅，不过这种犁只适用于松软的土壤，而且很难犁深，它在过湿的土地上是没法用的。他们瞧不上英国的梨，不过必须承认，中国人在耕种方面确有过人之处，因为只靠着这种犁，他们就能获得不错的收成了，他们的财富也是因为这个获得的。

中国的耙和英国的在样子上非常相像，不过中国的看起来又破又旧。犁和耙都是非常重要的农具,不过除了它们,还有一样也非常重要，就是锄头。它耐使、省劲，需要铁锹的地方，它也能用。对在中国的工具来说，能省劲是个非常重大的优点，因为那里的大多数体力劳动都是手工作业。在狭窄的田间小路上，人们像是扛枪一样把锄头扛在肩上。由于长时间地使用锄头，他们的手满是老茧，并且为了更好地掌握锄头而变了形状。在这块贫瘠的土地上，人们为了让它有所改变而辛勤劳作，四季更替中连自己的年纪都不记得了。在劳作方面的丰富阅历保证了人们对土地的熟练开垦，他们平整小路，施肥到马铃薯的根上，清理杂草丛生的沟渠。在那片土地上居住的大多数人都非常穷，因为没有拉犁的牛，所以只能用家里的妇人替代，有些人家甚至连犁都没的拉，只得挥舞着锄头上阵。

中国农民耕种技术确实高深，并且他们耕种得非常努力，不过之所以能够取得令人惊诧的成功，并不全是靠这些。当然，这些都是能获得成功的不可或缺的原因。但最重要的原因是他们对肥料的信任，并且一直坚持施肥。他们之所以能在没有余粮以及土地无法轮作的情况下不被饿死，是因为就算土地不肥沃甚至沙化，他们也能得到好的收成，而不会因为这个遭遇贫穷。他们在长期的劳作中认识到了施肥的重要性。大量的人口以及相对不足的田地导致中国的帝王不许田地休养生息，但是田地得不到休息就会没有力气，但它休息了人民就要饿肚子，而对于肥料的善用以及充足的使用巧妙地调节了这个矛盾。

中国人很早就开始了对最有效、最廉价的肥料的探索，最后发现是粪便，再没什么比它更合适了。对于这一点后代们也认同了，由于它物美价廉，所以人们一直到现在还在使用。毫无疑问，没有粪便就没有中国的现在。相比于其他地方，那些贫困地区土地更为贫乏，之所以还能种田就是因为粪便。生活在那里的人，要是没有这些粪便，也不可能养育出优秀的人才，使得他们成为这个国家的栋梁，而不是被埋葬。

不过粪便也不是全都是优点，例如对环境的污染，例如为了收集、管理这些粪便必不可少的花费，这两个问题非常严重，必须要研制出完美的粪便收集方案才能解决。城里有很多依靠拾粪为生的穷人。对于城市的环境卫生，政府不曾设想实施过任何解决方案，它“放权”给普通百姓。垃圾的处理实际上有很大的收益空间，所以吸引了不少有能力做这个的私企。其实，由于这个方面确实有利可图，所以只要有足够的资金，人们就会考虑朝它投资。街头巷尾以及人多的地方，厕所随处可见。不仅如此，每天清晨就有人开始挨家挨户地购买粪便。不管别人怎么看，但卖粪并不是一个值得羞愧的工作，所以在大庭广众之中公开进行。人们早就习惯了那喧嚣的砍价声。收购来的粪便被储存到一个大型厕所里，然后定期运走。

每个月，农民会驾船进城运粪，他们在合适的地方把船停好，装好粪便后再运到地里。他们做这个的时候，正是一天之中最忙乱的时候，街上人潮汹涌，买货卖货好不热闹。收粪人在大街上横冲过去，就好像这条街是他们家的，装粪的木桶大敞四开地轧过那条狭窄的街道，他们大声地呼喝威胁着，表示要是人们不快点让开，他们就直接撞过去了。这种威吓无疑非常有效，人们迅速地让出路来，默默地看着这些嚣张的家伙在自己身前跑过去。

在城市周边的农村，那里的农民或者他们的老婆孩子每天都到城里运粪浇地。在一个我非常熟悉的城市里，那里有数十万人生活在那儿，有一天，我去郊外散步的时候，碰到了一群妇人，其中还有些年轻的女士。她们看起来身体强健，容光焕发，一路上都是她们的欢笑声。这些人笑意盈盈的脸，让人看起来舒服极了，她们就像是一群快乐的学生正在郊游。不过这些妇人，她们左肩上都担着两桶从城里买的粪便。这些农村姑娘对农活非常熟悉，丝毫不比她们的丈夫或父亲逊色。聊过之后，我了解到这些妇人的丈夫出去赚钱了，现在田里的庄稼由她们照顾。尽管这些农活非常累人，可是她们并不会因为这个而发愁。这些人有些要挑着担子赶上数英里的路，不过这并不会影响她们的精神，更不能让她们失去发自肺腑的欢笑声。

在农村中被大规模使用的肥料，除了粪便，还有豆饼和骨头，中国人对它们也非常喜爱，原因和粪便一样：物美价廉。

由于财产继承方面的原因，中国的田地大都是一小块一小块的。在父亲死后，他生前拥有的土地会被平均分给每一个儿子。女儿因为要嫁给别人，所以没有继承遗产的权利，自然也得不到土地了。因为一直是这样分的，所以土地看起来越来越小。甚至到最后面积小得根本不足以养家活口，所以年轻的儿子们除了外出打工别无办法，他们想尽一切办法赚钱，有些则要靠着租种有钱人的田地来建自己的家。

相比于那些自己有地的农民，佃农往往过着更惨的生活，而且中国的佃农和西方国家的佃农也有很大不同。在这片土地上生活的佃农支付租金的方式几乎全部都是实物。例如，地主会在收获的时候到地里选个最方便的监督地点，看着佃户收割，粮食一割下来马上过秤，地主、佃户对半分。这种方式有效地保证了欠缴以及争执的发生。

土豆这种农作物在它尚未长成之前就已经进行平均分配了。之所以这样，是为了防止农民们把土豆吃光。中国的农民有这样一个习惯，在地垄上挖洞，将大些的土豆当粮食吃掉，在庄稼收成前，一直如此。要是某户人家实在太穷，等秋收的时候，田里的土豆可能已经只剩下那些小得已经不值得一吃的小嘎豆子了。提前把种着土豆的庄稼平分，正是为了防止这种情况的发生。这样双方就可以看好自家的土豆，并在土豆长成之前，自己挖自己家的吃了。

和其他作物相比，芋头和豆类的分配是不同的。芋头因为需要的肥料很多，所以地主只能拿四成，而豆类虽然平分，不过地主要提供豆种。佃农除了上面那些作物，还可以按照自己的需要种点别的。小麦、大麦和各样蔬菜，这些地主是无权分享的。

整体来说，地主和佃户之间因为上面的这种做法，相处得还是比较愉快的，这看起来非常不错。靠着这块土地生活的地主和佃户是一种平等的合作关系，要是这一年五谷丰登，稻田里的稻子沉甸甸地闪着金子一般的光芒，佃农和地主无疑都将十分欢喜，清风吹拂着稻子，一片沙沙的响声，人们看着眼前的美景，听着稻子的歌声，在心里默默地盘算着刨去糊口的粮食后，剩下的粮食的价值。要是年头不好，稻子枯了、烂了，毫无疑问庄稼歉收了，佃户们也不用为租金过于担心，因为地主将承担一半的损失，他们只需要和地主一起寄望于来年就行了。我们时常听到的中国等级差别不大的说法，就是因为这个。佃农、地主和睦地生活在一起，佃农不必私下集结，以图报复地主的恶行。在清朝以及以前的朝代中，中国都没有为了保护土地所有者而订立的土地法，而之所以没有关于双发利益划分的详细条文，就是因为将地主和佃户紧紧绑在一起的共同利益。

第二十一章　路

无论从哪个角度——文明或者任何别的标准来看，中国都是一个没有路的国家。修路这个工作几乎可以说已经被中国的政府和百姓交托给自然了。我们都知道大自然是极喜欢美的，所以出自它手的路自然和结实、可长期使用关系不大，不过是一种修饰景色的摆设罢了。事实证明，中国并不是从来都没有路，在数个世纪前，确实存在公路连接着这个国家的重要商业都市，它用厚重的石板铺就，不计其数的脚在它上面踢踏，直到现在人们还能看出它曾经的光彩。对于人工修建而成的路，大自然并不喜爱，它用风吹，用雨打，让杂草以及野花在大路上生长，致使它逐渐变化，最终与四周的美景合为一体。

中国的路有一个特点，这个特点是别的国家的路所不具有的，就是一条路要是人人都在上面走，就是国家公有的了。没有人会买下一条路，修好后交给国家，以供世人使用。他们的路是这样形成的：从某地到某地，人们会发现一个距离是最近的，然后人人都走，他们披荆斩棘，最终把这条路走了出来。要是这条路从某户人家的地里穿过去，那么无论是地的主人，还是过路的行人都会认为这段路和这个农民在权限方面有一定的联系。中国的路就是这样走出来的。整体上可以分为“大路”“小路”。而这个国家庞大的交通网，是由小路作为主体的。不计其数的村落被这种简陋而且弯弯曲曲的小路连在一起。它们有的时候因为穿过的田地非常贫乏，不宜耕种而有几码宽，有时又因为田地肥沃，只有一到一点五尺。

要是你想真正体验到这种田间小路的坏处，不妨选个雨天走上一次。雨从天空中滑落，一刻不曾停息，在一片稻田之间，小路弯弯曲曲地爬过，田里的稻子不堪雨水的重负，雅致地向路的一侧弯下身子。这条仅达一英寸宽的小路，就是在天气晴好的时候想安全无虞地穿过去也要有一身不错的平衡功夫，否则很难能不掉到水田里。但是现在因为雨水将小路变得又湿又滑，行路变得更困难了，看起来就像是在沼泽里行走。为了在软烂的污泥中穿行，你不得不把鞋和袜子脱掉。这些大多是自然造就的路，通常极其曲折，比如，原本一个小村子，看起来不过一英里远，可是沿着这样的道儿走，你不得不多走半英里。对于这样的情况中国人倒挺喜欢，因为契合了中国人的个性：无论什么时候，都选一种委婉、曲折的路到达目的地，绝不走直线。除此还有一个原因就是中国人相信，一条路直直地通到村子里，会为村子带来巨大的危险，因为那会引来恶鬼。而弯弯曲曲的路会给鬼怪们带来困扰，它们为了避免迷路，所以不走这样的路。

上面这些个特点是中国所有小路的共同点。英国那些构成美丽景致的事物，在中国这样一个地域辽阔的国家，大都看不见。例如春天青翠的草地、攀爬在山楂树上的鲜花，夏天迷人的葡藤以及各式的野花、牵牛花。之所以如此，是因为这个国家太穷，任何资源都不能浪费，把一部分土地用于让环境更加雅致是绝对不被允许的，那些能够生长粮食的土地，只有最贫瘠的角落才能划出少许的边角供人们行走。中国和英国的差距，从这一方面来看，前者比后者落后怕有数百年，这也导致了中国人的愚昧和迷信，在社会各层占统治地位的观念几乎可以说是最原始的了。要是你跟一个中国人说，英国人和中国人并没有什么不同，脑袋都是长在脖子上的，你会发现他的表情非常滑稽。因为在他看来，只有中国人才有智慧和思想，除了中国，别的国家都是未开化的，这种观点在中国人心中根深蒂固，所以他对于你所说的话非常震惊。毋庸置疑，中国人落后的思想和他们那闭塞的交通是分不开的。一个国家没有畅通的交通环境，如何与外界交流？缺少交流他们就会对外界盲目排斥，把自己关在高墙之内、铁笼之中。一个这样的国家，自然不可能具有真正的文明。中国糟糕的交通状况以及对外界的排斥一直拖着中国朝着世界奔走的脚步。

除了这些小路，中国人还有他们所谓的“大路”。人们称其为大路不是因为它们被修建得如何，而是因为它们是交通枢纽，长年有不计其数的人在上面穿行。只有到达了这个标准，中国人才称之为大路。其他的路在命名上倒颇符合实际情况，像“大骗子”“大失败者”以及别的更糟糕的名字。为它们命名的人就是经常使用这条路的人，具体起什么名字要看人们当时的心情。大路是依托着繁忙的交通而存在的，或者是连接着不同的省，或者是连着盛产某些东西的市。由于中国的修路工都是一些肩扛手抬的劳苦大众，而不是那些拿着指南针的技术人员，所以为了省力气，自然要选最近的距离修路。就是前面有座山，他们也要直接铺过去，而不是绕过去，就这样，中国的这些大路与古罗马的路都有了笔直这一特点。

我会尽我所能对这么一条长两千多英里的大路进行描绘，它从位于中国华北地区的北京一直南下，直到西南地区的广州，这确实是一条大路，至少从某些方面来看是这样。在我为某些读者讲解这条路的时候，他们立刻问我："那条路在哪里呢？"我朝他们脚下一指："你们正踩着的这条路就是。"说完，我又朝远方的行人指指，跟他们说，那些人就是这条路上的行者。光裸的道路以及不曾断流的行人就是我们正走在那条大路上的唯一明证。这条宽四英尺的大路由于地面是由岩石铺就的，所以非常结实。不过在这条路上行走，我是产生不了丝毫与艺术相关的情绪的。一直往前，在路的两边紧挨着的就是农人的田地，中间不曾有任何围栏或者其他的遮挡物。我们沿着小山丘慢慢往前走，一路上都在期望可以见到真真正正的大路，可是一直都没见到。在我们脚下的是三四英尺的石头小道，道的两边就是水田，会这样也没什么可奇怪的，因为中国原本就没有真正的大路。我们一路行走，慢慢地遇到了一个小村落，村子里高大的树木伸展着浓密的枝条，一直伸到道路上方。毫无疑问，这是一个绝佳的休息地。一路上有很多这样的休息地，美丽的小村落大概一英里就会出现一个。人们可以在这里休息一番，让满身的疲意消散开，对于路上的行人以及担着货物的人来说，再没有比这更令人高兴的了。靠近大路的人家自然不会放弃这个商机，他们把自己的房子变成小馆子，为行人们提供一些"快餐"，例如又香又甜的红薯，热腾腾的米饭。这种小馆子里通常摆着几张小桌子，为了吸引顾客，桌子上还有一堆花生以及摆好的碗筷。

我们尝试了一次这里的户外午餐。拿起筷子，并用手跟老板比了个碗的形状，老板什么也没说，在盆里盛了一碗米饭就递给我了。盛着米饭的盆就放在锅里，为了防止米饭变凉，锅里的水一直开着。桌子上还有各式小菜，像腌黄瓜、豆腐以及红萝卜泡菜。客人可以按照自己的喜好吃什么都行，我们就这些小菜，挥舞着筷子往嘴里填那些看起来没什么味道的米饭。饭后，我们一边闲聊，一边吃花生。整顿饭满打满算也就六个铜板，而且因为这是户外小店，所以不用付小费。

我们现在休息的这个地方看起来非常不错，很值得欣赏一番。高大的榕树向天空伸展的枝条，一直铺到路上。我们能够不受阳光的炙烤，要感谢它那密实的枝叶。太阳的金色丝线穿过叶子在路面上投出点点金灿灿的光斑。除了美景，更重要的是我们在这儿可以对中国人的生活有更深的了解。这条路每天川流不息，在上面走过的那些人总是带着痛苦的神情，一脸的哀伤。对大多数人来说，走路都是一件最枯燥乏味的事，全人类都在这件事上花费了不少精力和耐心。人们在我们面前走过去，他们就像是一幕幕更替的风景画，有做小买卖的，有小贩，还有因为和太阳过度亲密而肤色发红的庄稼汉，各种各样的人。那些农民因为长年在田间地头拿着锄头劳作，所以在步履上和别人有很大的不同，一望即知。官差也是路人中的一部分，他们带着官帽，一副趾高气扬的样子，正行进在送紧急公文的路上，目的地是一座二十英里外的城市。在路人中还能看到学者，他们也非常好认：一身破破烂烂的长褂子，一双补得不能再补的鞋，以及一身书生气。

尽管有各式各样的人在这条路上奔走，不过大多数都是穷人，他们每天带着满身疲惫在它上面走过，背扛着几乎能将人压死的重物，而这条路也并不能给人一点宽慰，它尘土飞扬，看着就让人烦闷。正在走过来的这个人就是个明证，一副非常沉重的担子正压在他的肩上，让他的每一步看起来都分外艰难。这个男人二三十岁，体格健硕，可以说是中国体力工作者的一个模板。他在我们座位前把担子放下来休息的时候，我们才发现他因为重物的压迫已经满脸通红，并且嘴里呼呼地大口喘着气，看起来已经疲惫到了极点。“你担着的这些东西有多沉？”我问道。他擦着汗，回答我说：“一百八十磅。”我接着又礼貌地向他询问：“不能少挑点吗？”他马上回答我说：“不，有什么办法呢？要是我挑得少了，我就赚不到足够的钱养家糊口。因为我们算钱的方式是按照个人所挑货物的多少算钱的。挑得少，挣得就少，怎么维持一家人的生计呢？唉！”他又接着嘀咕道，“活着真是太难了，特别是我们这样的挑夫，除非你不想踏踏实实过日子，否则，你就得忍受这些苦楚。”

我们正在闲谈，又过来一顶双人台的轿子，轿夫们看起来已经筋疲力尽。前面那个满脸通红，就像是正在发高烧一般。他的嘴唇不见丝毫血色，一脸因为负重太沉再也撑不住了的神情。后面的轿夫肩上又红又肿满是水泡，他把轿杆滑下肩头的动作放轻，即使如此，仍给人一种痛苦不堪的感觉，就好像正在被扒皮似的。他什么话都没说，摇摇晃晃地蹒跚到桌边坐下。经过一段时间的休息，才稍稍缓过来一些，他伸出手比了个碗的样子。小二一直留心着呢，一见这个动作，立马给他盛了一碗热腾腾的米饭。他拿起筷子大口大口地往嘴里填，不一会儿，大半的饭就都进到他的肚子里去了。他的嘴唇的颜色恢复了过来，满脸的疲惫一扫而空。饭碗还没空，他就已经有了笑的模样，并有愉悦的笑声传出来。饭后，他又拿出随身携带的烟杆，怡然自得地抽了一会儿，没多久，他们就又抬着轿子，摇摇晃晃地出村上路，在太阳的炙烤下，身影渐渐消失了。

他们俩走后没多久，又来了两个轿夫。先前那顶轿子停放过的地方，现在又停了这二人的轿子。他们看起来都非常年轻，一副身强力健的样子。看得出他们非常骄傲，虽然能把轿子放下歇一会儿，是件让人高兴的事，不过他们尽量不让人感觉到他们的开心，所以他们抬着轿子过来的时候才一副举重若轻、非常潇洒的得意相。轿子像是什么小玩意儿一般被他们随意地放在一边儿，他们随手擦擦脸上的汗就开始和众人谈笑，很快，小饭馆里就满是诙谐的小笑话以及欢笑声了，及至后来，人们已经忘了这两个小伙子正像其他众多的苦力一样，为了生活干着繁重的体力活。

当我们离开的时候，我们发现这条路无论在哪个角度来看都是直的，并且有这样一个特点：一成不变。事实上，中国的路因为没有人对其进行维修养护，全都非常糟糕。要想知道这条路已经被毁坏到了什么样的程度，登上高处一望即知。在这样一条路上行走，中国人展现出的耐心实在令人钦佩，要是换成英国人，他们必定对此会非常愤恨，并要求相关部门修路，直到达到民众所走的道路的标准水平。在我们面前的就是一条被损毁的路，之所以受到如此严重的破坏，就是因为缺少维护人员。实际上这可以说是一条窄沟，时间飞逝，路边的斜坡被风削平，路中间挤满了别处滚来的大小石块。人们除了这条狭窄的土沟没有别的选择，因为两边就是庄稼。下雨的时候，那些轿夫在这条路上走过去，会如何地艰难暂且不提，就说晴天，轿夫们抬着轿子一路行过去也非常痛苦。我们正站在这样的一个残破的、勉强称得上路的土沟中，对面又行过来一顶轿子。坐在轿子里的是个看起来非常和蔼的中国人，身材短小，一副心宽体胖的样子。不过抬轿的人看起来非常惨，他们的身体因为长期服食鸦片变得非常虚弱，抬着这么一个大块头，就算是在平坦的大道上，两人怕也不堪重负，但是现在他们正抬着这样一个人行走在这样一条路上。他们嘀嘀咕咕地在沟里行走，突然一个影子投到了脸上，凭借以往那些令人心酸的经验，他们就知道又遇到麻烦了。就在刚刚他们才从一段稀泥一样的路里闯过来，鞋上的泥水还没干，但现在麻烦再次出现在面前，他们愤恨地用最恶毒的语言咒骂着。和以前相比，这次的障碍物要更加麻烦，要是路宽一点，他们还能绕过去，可是在这儿，除了正面克服别无他法，谁也躲不过。他们慢慢走到大石头跟前，前面的轿夫凶狠地瞪着那块巨石，然后向两边张望，看看是不是真的无路可走。事实证明，确实只有翻越这一个办法，因为两边的斜坡上不是一堆堆的垃圾就是锋利的石块。他朝后边的搭档喊一声后，就朝石头冲过去并在一番挣扎奋战后，爬上了石头，不过由于动作过快，轿子在惯性的作用下，像一匹飞奔的马一样直接撞到了他的背上，他大声叫骂着又从这块挡着路的石头上跳了下来。坐轿子的人在后面的轿夫站到石头上的时候，为了避免从轿子中摔出来，脑袋磕到泥里，不得不紧紧抓着轿子。轿子在后边的轿夫也离开石头的时候安稳下来，因为这次艰苦的奋斗，三个人全都气喘吁吁，浑身冒汗。

就像上面描述的那样，这条路非常不利于行走，尽管如此，但要是能在行路的同时悠闲地欣赏路边的风景的话，多少还是能获得一些安慰的。在你远足的时候，要是路边的小村庄不是十分常见，且风景宜人，我们的双眼不可避免地要受其吸引，这时，我们脚下的路就算再怎么残破糟糕，我们也会忘记，心中的郁闷不知不觉就不见了。在这条路上，选一个较高的地方沿着路伸展的方向向远处张望，蓝天下，群山此起彼伏、连绵不休，阳光洒在上面，巨大的山峦像一把把向天空中刺去的金色的剑；远处的山谷，宁静安详，一年到头都不曾受到阳光的滋扰；那弯弯曲曲的小溪潺潺地流淌在广阔的土地上，滋润着稻田、竹林以及榕树林；在那些浓绿的树叶之间，小小的村落隐隐约约地显露出来。这幅风景画真是美极了。

不过，桥才是人们在这条崎岖的小路上经常见到的最有趣的东西。幸运的是，我们今天也看到了一座桥，而且是一座非常有名的桥。中国人在建筑方面的才华，我们在这座桥上可以多少了解一些。当时我们正漫步在一条长街上，印象最深的就是肮脏杂乱的街道以及邋里邋遢的人。但就在这样一个时刻，我们眼前出现了一幅美丽雄壮的景致。港湾上一座长达五百米的大桥横跨而过，它无疑非常雄伟，而周围的景物对这一点也起到了很好的烘托。海面上阳光铺洒开来，海浪轻轻地亲吻桥墩，一派和谐美好的景象。这座桥像是由某个仙女修建而成，洒落凡尘，出现在这儿的一般，人们看着它不知不觉就忘记生活的苦楚与疲惫。在桥的一边有一座高山正在阳光里徜徉，一些巨大的裂口横陈在山坡上，清晰可见。不过这边的桥面却一年到头都享受不到阳光的照耀。宽阔的海湾占据了桥的这一边，里面有一些小岛，像是哨兵一般，值守在那儿，形成一道为大桥遮挡凶狠海浪的屏障。

这座桥已经有一千多岁了。人们在它建成之前，只能驾船渡海。可是对于人们来说，过海所需的花费实在是太高了，他们原本就没什么钱，何况过海还非常危险。为了改变这一情况，当地的一个大财主决定建造一座大桥，一则可以造福后人，二则自己可以流芳千古。在这儿修桥无疑是个非常艰难的工程，跟山谷中的桥不同，它要忍受凶猛的风浪，而这里的风更是非常猛烈，潮水的冲击力也非常大。为了应对这一问题，人们将大量坚硬的石头铺在海床上，这些坚实的石头是所有桥墩的桥基，此外，桥面也是由厚石板铺就的。桥修好后，人们就可以沿着这座桥过海了。而高额的建桥费用来自最初的提议者以及其他支持这件公益的人的捐助。这座桥的所有费用都从这些财主的捐款中拿，政府是不管的。

在道路所有者这个问题上，中国人的认知真的是和别的国家截然不同。在他们眼里，无论是谁，只要个人有需要都可以占用这条路。举个例子，在一条只有六英尺宽的街道上，某户人家觉得自己街边的房子有修葺的必要，而且房子的墙面也得扒掉重建。他请来木匠和泥水匠，和他们签约之后，就开始又扒又砌，街坊邻里、过路行人全不放在眼里。甚至房前的街面还要占用，泥水匠在那儿和泥，而他旁边就是正在为房梁以及木板进行刨光的木匠。这条街道成了他们工作的工棚，你很难猜到面对这一情景中国人会怎么想。众所周知，中国人没什么激烈的情绪，你很少能看到他们激动的样子。面对这一情况，人们会站在屋主的立场上考虑，对他没有别的工作场地表示谅解，不会说任何抱怨的话。路上的行人看到路中间那连泥带水的土堆，也不过是看一眼泥堆之后从上面跳过去，或者从边上绕过去。这时，一顶轿子又晃晃悠悠地从远处过来了，轿夫大声吆喝着：“借过，借过，往边上站站啊！”轿子前边的路人听到这客气的吆喝声，连忙向边上让让，一时凡是能站人的地方都被众人站满了。这堆泥明晃晃地挡在那儿，怎么过呢？轿夫到了跟前，想了又想，终于忍不住破口大骂。接着，他朝后面的搭档喊了一声，朝着那堆泥疾奔过去。猛地一跳而过，然后重重地踩到了泥堆的边上，鞋子自然无可避免地沾满了泥。后边的轿夫也依样跳过泥堆，然后抬着轿子继续他们的行程。对于堵住的道路，虽然他们也大声抱怨，可却绝不会考虑让这种情况得以改正。

还有一个例子也非常有意思。一个店老板的家人为了庆祝店主的生日，决定请个戏班子来给他贺寿。妻子的脸上挂着满满的笑，高兴地表示自己对听戏的喜爱。听说戏班子会来，孩子们开心地直跳，他们杏仁般的眼睛闪着激动的光。这个消息，使得他们的伙伴非常羡慕。戏剧演员们搞笑的动作即将在他们眼前上演，响亮的鼓声、戏曲发展到紧要关头时的钹声，即将在他们耳边响起，只要想想都觉得这将是个非常美好的时刻。他们商量妥了，就去找戏班子的班主，最后选了一出当下非常流行的曲目，在这出戏上演的时候，人们无疑将非常高兴。他们将舞台搭在街上，堵得整条路水泄不通。除非戏演完了，否则就一直这么堵着。几个身强力健的汉子从远处走过来，肩上正担着重物，他们一直走到围成一圈正观赏戏曲的群众外围，看了看乐不可支的人们，转身另找一条路绕行，绝不会有半句怨言。这场演出对人民的利益来说无疑是一种侵犯，不过对官差衙役绝不会造成什么影响，一旦听到开路的锣声，演员们马上就会跳下戏台，尽管刚刚搭好，也会为了让官老爷过去马上把它拆掉。

这种对道路的堵塞以及侵占表面看来是一种暂时现象，不过实际上并不如此简单，因为从这一点上可以看出，在道路的使用权限这方面中国人有自己的理解。那些以大街为工作场地的人正在侵犯民众的权益。通常，剃头匠会找个通道给客人剃头。卖小吃的，会找个避风的地方支摊，给客人做饭。你经常会见到这样的画面：在摊主的周边围着一圈拿着碗正大口大口地吃着的客人；在街道上某个非常显眼的地方，猪肉贩子的切肉的案板正摆在那儿，老板和顾客大声争论着价钱，路人只得绕过去。实际上，木匠、泥水匠、卖字先生、以缝补为生的老妇人以及所有走街串巷的小贩，在所有这些人眼里，街道就是为了让他们做生意才建的。不过现在事情已经有了改变，那些有远见卓识的人已经注意到这件事：道路改革即将爆发。电报已经传播到了中国，不同的省市已经搭设了电报线，它跨越不计其数的高山、一望无际的平原、宁静祥和的村庄，在不同的地方用自己的语言传递讯息。中国的某些地区已经铺设了铁路，内燃机尖锐的啸叫声，给了人们思考的动力，将多年来一直沉睡着的中国人叫了起来。中国的未来是光明的，路人已经太累了，他们应该让自己的脚休息一下，因为它们实在是太疼了，轿子也没有存在的必要，在中国新修的道路上，商业与文明将大踏步发展起来。

第二十二章　乞丐

以自然风光而言，中国风景优美，且不乏宏伟壮丽。中国和其他的国家一样，在每个省都有或雄伟或雅致的美景。层峦迭起的高山、肥沃的河谷、起源于遥远的西部的名山大川、大江大河，所有的这些都是来源于大自然的妙手，在中国这个伟大的国家，自然造就的美景随处可见。

中国的不凡之处除了表现在这些自然景致上之外，还表现在丰富的矿藏资源上。大山里含量富足的煤矿明晃晃地摆在人们眼皮子底下。含量可观的铁矿在这片土地的深处也为数众多。要不是人们不知道要怎么把这些到处都是的财宝挖出来换成钱，中国也不会像现在这样穷。但是就算人们知道了，他们也不会动手，因为他们的手脚正被迷信的思想捆着，只能眼睁睁地看着这些财富安安静静地在那儿躺着。于是大多数人都要忍饥挨饿，一天到晚发愁怎样才能活下去。

要想知道中国人为了活着有多么地努力，看看他们有多么地省吃俭用就知道了。在中国，毫不过分地说，你绝不会见到任何被浪费的东西，尤其是吃的东西。中国人会把所有东西使用到极致，即使是在我们看来已经没什么用处可以扔掉的东西，在这里也会被好好地留起来，以防以后有用。

中国人一向主张自力更生，可是他们所处的状态总是贫穷到和沦落为乞丐只差一线，一不小心就越过界了。无论是救济站还是贫民救济金，这里全都没有，要是有人丢了工作，那就只能上街乞讨，靠着好心人的施舍苟活了。中国的乞丐居无定所，没什么生活保障，也没有亲人，钱财更是谈不上。虽然你可能会觉得这些人是社会不安定的隐患,但真实情况却并不是这样。中国的律法就像是一条巨龙，对于社会各层进行着严密的监控，尤其是那些会对社会安全造成负面影响的人,这条巨龙会看得更加严格。为了对乞丐进行严密的监管，政府专门给他们找了个头儿，自然，关于乞丐们的情况，这个头儿了解得一清二楚，政府要是想知道某个乞丐的情况，找他一问就知道了。乞丐是不可以在城里划好的地方居住的，因为他们实在不讨人喜欢。就算中国人的鼻子再怎么迟钝,总是能很好地适应任何环境，即使是能熏死一头英国毛驴的臭味，他们也能忍受，但是，他们实在是受不住乞丐们聚居的地方所散发出来的恶臭。于是政府把他们圈在城外的某块荒芜的土地上，这块土地离城市不远不近，使得这些可怜的男女近不能叨扰到脆弱的市民，远不能自由太过以致可以东奔西跑地沿街乞讨。

我们印象中，中国最惨的那类人里就是这些乞丐了。这点非常明显。英国的乞丐和他们相比日子过得实在是太好了，近乎奢侈——身份比他们高，衣服也比他们好。虽然是同行，可是中国乞丐的处境却大不相同，他们地位极低，只要一打眼就能看出他们乞丐的身份，在外形上也非常丑，要不这样，怎能引起民众的同情？要是某户人家穿着干净工整的衣服，带着一个写着“我们实在是太饿了”的硬纸板，默默地乞讨的话，绝对什么也讨不到，人们看到他们只会觉得这是个笑话，甚至连看都不会看上一眼。“什么？”他们会说，“穿着这样的衣服还要饭，要是真缺钱，把衣服当了、卖了，换钱做点小买卖过活不就好了？”所以他们绝不会得到人们的怜惜以及帮助，人们就像守财奴一样紧紧攥着每一分钱，而这户人家在他们眼里不过是盯着他们的钱袋的家伙。

接下来我要对一个有代表性的乞丐来进行描述。这个家伙坐在路上，大概五十岁，身材健硕，一副高头大马的样子。他穿着一身破烂不堪的衣裳，值得一提的是，我想法中的破旧和它完全不在一个档次，他身上的简直就是一堆布条，这么多条，真不知道他是怎么挂在身上的，好像一阵风吹过来，它们就会随风飘散，只留下一具光裸的身体一样。也不知道到底用了多少碎布才拼成这么一件衣服，不过“五彩缤纷”的色斑以及一条条的碎布，都在告诉我们它已经很有些年头了。

要是一个人穿的衣服就一副破破烂烂的样子，那么这个人也会给人一种非常可怜的感觉。他的头发并没有编起来，而是乱糟糟地纠缠着，恐怕难打理了。他的脸瘦得皮包骨头一般满是皱纹，手不知是不是为了适应他不愿意碰水的习惯像是长了一层鳞片似的。不过他的腿才是最让人心颤的地方，像是在炫耀似的，他把腿伸到人前，看起来就像是为了吸引顾客而展示货物的店老板。他的腿得了重度溃疡，整条腿的前侧全都被溃疡面占据着，而且还在流血。他会竭尽所能让你心生同情，在你经过的时候，他指这条腿给你看，并像是工作一般加上几声痛苦的呻吟。

值得一提的是，这类伤病已经成了中国乞丐乞讨的常用手法。它们总是长在一个非常合适的地方，不是脚背，也不是人们不容易看见的地方。除此之外，它们还有一个特点，就是既不会往好的方面来，但也不会朝坏的方向去。夏天来了，炙热的光线直直地烤过来，一群群苍蝇嚣张地攻击着，但伤口安然无恙。冬天来了，自然本想用自己精湛的医术让已经流脓的伤口好起来，可是竟然失效了。某个荒芜的角落，那人被冻得瑟瑟发抖，可是实在是太幸运了，那条养活着他的伤口竟然不曾恶化。

得到官府授权的乞丐头儿可以管理所有乞丐。要是他让乞丐在店铺营业的时候到那里行乞，必然会吓走不少客人，于是店铺老板只好和乞丐头儿签约，按月付钱。这样就能得到一个可以贴在门上的葫芦，乞丐们看到这个信物，就不会过来乞讨了。要是哪家店主冥顽不灵，不肯给钱，乞丐头儿只用一招就能让他服软。既然没谈好，那么就由他的乞丐兵去谈。第二天一早，五六十个不修边幅、又脏又臭的乞丐就会到他的店铺门前“站岗”。他们要是不走，根本就没法做生意。窄巴巴的街道被堵得水泄不通，来往的行人在这个拥挤的地方一过，立马会因为受不住这些令人恶心的家伙身上散发出来的恶臭，别过头、捂紧鼻子。此外还有嗡嗡不休的吵嚷声。这些乞丐不停地诉说自己不幸的人生，并大声地声讨店主冷硬的心肠，他们这么可怜，可是店主竟然一点怜悯之心都没有，不肯拿钱出来做这件好事。用不了几分钟，这个可怜的老板就会让步，表示愿意按月付钱了。

就这样，事情“和平解决”，店门很快也有葫芦贴了，头领会给参与这次活动的所有乞丐发钱，以报偿他们对这家店铺进行“友好访问”而花费的体力。乞丐们开开心心地收了钱,为了补偿店老板的面子，他们会高度称赞他的仁慈、大方，并“幽默”地说，今儿个老板之所以会往外赶他们，全是出于对他们的爱护之心，他一早就想跟他们认识，并给他们礼物了。

那些给不起钱的店老板最惨，成群结队的乞丐每月的初一、十五就会来骚扰他们，好拿走自己的那份钱。长蛇般的乞丐队在窄巴巴的胡同里穿行，里面什么样的人都有——瘸子、瞎子……这些人平时在街头巷尾乞求着人们的怜悯，可是今天向人们要钱的时候却带着一种本该如此的神气劲。打头的是个身强体健、凶神恶煞的无赖，他时不时地就会大喊大叫一番。这个人的头发没有编起来，有一些散乱地粘在脸上。他的两只手多年下来不知积了多少泥垢，黑得就像是抹了锅底灰似的。他的脸上带着十足的凶狠，就好像身陷敌营预备拼死斯杀出去一般。紧挨着他的那个家伙，手里拿着班卓琴，拉出来的旋律带着欢快的色彩。这人以拉琴为生，他的手指无论何时都在琴弦上粘着，就连走路也以音乐伴奏，这是因为他丰富的人生阅历，尤其是对音乐的钟爱。在他边上用手扶着他肩膀的人是个瞎子，他的两个眼珠都没了，只在原来的地方留下两个洞。他像是真的能看到太阳一般朝着太阳的方向抬着头，要是可能，他多想再看一看这个世界啊，可是现在他所能看到的只有一片漆黑。他看起来惨极了，为了让别人同情怜悯他，他一遍又一遍地诉说自己的悲惨的人生，当我听到这个惨剧的时候，确实对他产生了同情。他们按着顺序去街边的店铺领钱，店老板就等在柜台前边，给他们每人发一点儿。这些钱按照惯例都有个大致的数目，看来这次是够了，所以他们也没多说什么，挨着个地从柜台前走了过去。显然，对于今天的进项他们还是非常满意的。

对于这些乞丐来说，他们不仅能从城里的店铺、货仓得到一些少得可怜的钱，还有一些别的专门为他们提供的赚钱途径。比如他们能从婚礼现场得到一些钱，至于是多少，要看结婚那家人有没有钱了。不知乞丐们是不是自己就有收集情报的组织，所以哪里有婚礼，什么时候开始他们了解得一清二楚。要是办婚礼的那家人颇有些资产，那一定要和乞丐头儿好好商量一下会给乞丐们多少钱，要不然，婚礼上保不准会发生什么不好的事。最近就有一件这样的事，有一个出了名的守财奴，当然，他非常有钱，他的儿子就要结婚了，虽然他也给乞丐头儿送了消息，不过给的钱却非常少，和他所拥有的财富一点也不搭。这点钱当然不可能让乞丐头儿满意，实际上他因为实在是太生气，把钱还回去了。虽然他们为此吵了很久，不过财主始终不肯改变心意，表示不管乞丐头儿怎么做，他一个铜板也不会多给了。对此乞丐头儿并没有表现出一副怒不可遏的样子，这种事他见得多了，当然知道没必要如此，对此他回复说："好啊，既然你无论如何也不会拿出我认为合理的价钱，那么，我们也没有谈的必要了，就让别人来跟你谈吧。"在说这些话的时候，他的脸上挂着凶狠的笑，眼里闪动着恶意的光，脑海中正上演即将在婚礼上发生的"趣事"。

婚礼如期到来。新娘子正坐着花轿被抬往新家，朋友、宾客喜笑颜开地说着话，就在这时，笼罩在阳光中的大门前出现了一个人影。马上，一场由乞丐导演的闹剧就要登场了，对于那些达官贵人来说，他们很少能见到乞丐们的戏码，不过现在他们有机会欣赏一下他们在演绎方面的才华了。那是一个外形非常丑的女人，邋遢极了，你无论怎么找都不可能在她身上看到属于女性的美，但她却带着一脸的浪荡相。她是个疯子，这一点从她身上那件几乎遮不住身体的衣服上看得出来，这身衣服残破不堪，显然不曾被缝过，她当然不会缝，要不怎么能显出破来。也许这身又脏又破的衣服是别人让她穿的，不过她看起来完全不会因它受到困扰。她走到院子里开始向众人乞讨，苦求施舍，就像乞丐们平时做的那样。对于这一情况，人们自然是想把她赶走的，他们骂她，让她快点滚，然而她却完全不为所动，厚着脸皮接着和众人讨要，而且脸上的神情以及讨要的语气也比刚刚嚣张了不少。不过很快人们就顾不上这个女人了，因为门口又出现了一个男的。那人一身乞丐常穿的破衣烂衫，旁若无人地走了进来，大喊大叫地要东西，他的头发乱七八糟、一缕缕地耷拉着，前额、眼睛被挡在阴影后，加上一张怒气横生的脸，看起来非常吓人。

一个瞎子紧接着他走了进来，领着他的是两个没什么精神的大烟鬼，他们朝客人所在的房间进发，大喊着要求众人施舍。宾客们这时才怕起来，但乞丐却越来越多跟海浪似的冲了过来。那些人中有的两条腿都烂掉了；有的一脸的麻子；有的是手指变形的麻风病患者，他们的手再也不会好了；还有一些人长着非常恐怖的脸，这是生活的艰辛以及某些恶疾造成的。他们在这个房间里晃荡，就好像这是他们自己的家。大喊大叫形成的嘈杂声震耳欲聋，在整个房间里来回激荡。把门口的、围在街上的乞丐都算上足有两百人，就好像整个乞丐窝的人都到这儿来了。在乞丐们的眼里，今天如同他们的节日，他们会到这儿,是因为首领的命令,律法也不会阻碍他们今天的行为。在狂欢中，他们也并不是无所顾忌，既不会伤害这里的人，也不会偷这里的东西，只是大吵大闹以及苦苦哀求，用一切行乞时用的语气要求施舍。他们会这样规矩，是以防乞丐头儿受到处罚，毕竟他将为他们今天的行为负责。最后，财主以及宾客们都被吓坏了，迅速地派人去请乞丐头儿，以期他能将这些乞丐弄走，他家已经被他们弄得乱成一团了。不一会儿，乞丐头儿优哉游哉地来了，一副受到困扰的样子，懵懵懂懂地眨着眼睛，似乎正在奇怪，财主竟然这么快就受不了，把他请过来了。在宾客面前，财主颜面尽失，他哀求乞丐头儿把那些讨厌鬼弄走，并飞快地表示自己一定会按照他的要求给钱。

毫无疑问，现在主动权在乞丐头儿手里，不过他并没有进一步逼迫财主，而是非常大方地挥一挥手，像是变魔术似的，这帮刚刚还在吵闹不休、令人厌恶的乞丐很快就散去了。瞎子、瘸子以及那些病病怏怏的家伙，所有这些人排着队，挨着个地走了出去，马上，留在房子里的就只剩下来观礼的宾客了。接着乞丐头儿把葫芦贴在了门上，而他那些四处飘荡的手下看到这个高贵的信物，就不会来此打扰了，因为它标志着这家人已经付过钱了。

乞丐也分很多种，有一些乞丐是长时间在固定地区行乞的，不过也有一些是流动的，他们偶尔到这个城市一次。不过相比于定居在这儿的乞丐，相同数量的流乞所造成的危害却更大，素有“流浪的罪犯”之称，从这一点来说，这也是中国的一个独有的现象。中国人向来讲求实际，而且非常乐观。他们没什么城府，所有高深的思想全部用于解决现实问题了。他们的祖辈认为社会没有承担或者说养着罪犯的义务，后代们也继承了这种想法，并且把它当作不可动摇的古老的训诫。

英国的犯人可以得到足量好吃的饭菜，以及宽敞明亮的房间。要是他们生病了，人们会为了让他们恢复过来，找大夫，甚至允许他们在医院养病。不过中国人可不会这样做，在他们看来，犯人已经对社会造成危害，自然没有理由再让这些恶人过好日子，再次损害社会了。所以中国的犯人要么自己养自己，要么让朋友帮一把。要是既没钱也没朋友，那就没什么可说的了，他只能在官府那儿拿到少得可怜的补助勉强过活。是病、是死，官府一概不管。中国有一种非常有意思的刑罚，有时会用在那些犯罪情节较严重的罪犯身上，那就是把他们流放到远方的其他省份，而不是关在大牢里。在他们从这个地方到那个地方的路上，乞讨是唯一的生存办法。表面看来这不是什么惩处的好办法，但也不是一点好处都没有，从犯人被流放开始，直到刑罚结束，他要想活下去，就不得不以行乞为生。这样以来，国家用不着为了养活他们花钱了，一个铜板都不用花。

不妨让我对这些人描述一下。有一天，我在一条嘈杂的街道上走过的时候，就遇到了这样的“流浪的罪犯”，一共有四个。他们的外表看起来非常粗野，我看到他们的时候吓了一大跳。他们看起来就像是从贫民窟里钻出来的正欲行凶的恶霸。显然，他们这副凶神恶煞的样子，是为了尽快从店铺那儿勒索到钱。他们披头散发，透过额头前面那成缕的头发，可以看见他们的眼睛正闪着阴狠、恶毒的光，店主无疑被吓到了。他们手脚上带着的重锁,此刻正哗啦哗啦地响着,好像是在说:“快点交钱，要不然就有你好看。”虽然都是行乞，不过他们的方式显然完全不同于那些不会对任何羞辱进行反抗的卑微的哀求者。

这些“流浪的罪犯”说着北方方言，南方人虽然听不懂他们在说什么，不过他们说话的语调真是再嚣张也没有了。原本就让人听不懂的北方话，在哗哗作响的锁链声、凶狠的眼神、狠辣的表情所有这些的烘托下，显得更加专横迫人。对于这种敲诈，人们哪里敢和他们争辩，只能哑忍了。所有人都知道这些恶棍身上带着官府特批的行乞执照,所以和他们争执一点好处都没有,只能赶紧扔些钱把他们打发走。虽然表面看来这些家伙可以不受律法阻碍，给这个城市带来极大的损害，但实际却不是这样。这些犯人心里也明白，他们所能做的也就是大吵大闹，把锁链挥出响声而已，断不敢在光天化日之下当街为恶伤人，否则，马上就会被律法惩治。当然，衙役并不是遍布于城镇各处，他们一行凶就冒出来。可是，他们还是在律法的管制之下的，围着这些北方莽汉看热闹的人里，谁知道会不会有一个衙役，正时刻准备着把他们扔到牢里去呢？尽管他看起来就像个悠闲自在地吸着袋烟的苦力。

不算上面说的那些乞丐，还有很多四处漂泊的穷人，他们既不愿意加入某个组织，也不愿意和当地的乞丐一起乞讨。他们通过演奏让心地善良的人给点施舍，使用的乐器既古老又不和谐。其中一种乐器是提琴，不过它只有一根琴弦，整个演奏也就靠这根弦。还有一种乐器是竹管,将三根放在上面的手指往回按,就会发出咚咚声。第三种是两块平整的竹板，它们敲击到一起的时候发出的声音一点也不协调。他们的音乐并没有触及灵魂、让人受到感染的力量，人们自然不会因为听了他们的演奏就心生仁爱，主动付钱了，但他们还是会掏钱，只不过这是因为想要从他们身边逃走。要是你有机会仔细地对中国的乞丐进行观察，你会发现这是一件非常有意思的事，特别是他们行骗的花招，就算一个人已经穷得跟个要饭的差不多了，乞丐头儿也有办法从他身上再挤出钱来。他勒索的钱除了让自己的家人衣食富足，还能泽被后代，买地盖房留给他们。对于这一点，只要你在中国生活上一阵子，就不会感到奇怪了。这个伟大的国家，所有的人都在用这种手段榨钱，无论是帝王将相，还是在街头行乞的叫花子。举个例子，乞丐头儿要是不把自己榨来的钱和上司共享，他的职位恐怕就保不住了。

第二十三章　脸面

“脸面”这个词，在汉语里的地位非常高，而且也是一个非常有意思的词。中国这个辽阔的国家有四亿人口，脸面虽然和人有关，却不是用来形容人们的外表的，它代表的是一种思想，而且是一种融于中国社会各个角落的思想。中国人之所以活得像个戏子，不停地在舞台上演出一幕幕闹剧，正是因为这种思想。他们对其他人的想法非常重视，老是想着要在别人面前显得光彩一些，做到了就是“有脸”，没做到就是“丢脸”。中国人对于如何才能脸上有光这件事知之甚详，所以总是在人前表现出一副得体的样子，就像是演戏似的。尽管旁观者对这种情况心知肚明，深知这只不过是为了某种炫耀的目的演出来的，但他们不但不会拆穿，甚至竭尽所能不露出一点自己的真实情绪，就如同参见葬礼一般，要不然，主人就会因为辛苦营造出来的氛围被打破而“丢脸”了。

暂且不提“脸面”这个词暗含的众多它意，总体而言主要包含两个。

第一种指的是名望和荣耀。比如一个人因为做了一件不少人都能从中获益的善事，而得到了极高的声望，他的名字以及事迹被刊登在北京的报纸上，由此声名传遍了这片土地的每一个角落。这就是一件让人很有“脸面”的事，他会因此受到全国人民的钦佩，这其中还包括他的父老乡亲，虽然他们住在偏僻荒凉的穷山沟，但是他们仍然为他感到自豪，他们一遍又一遍地读那份报纸，要让他的事迹代代相传。

从前，一个在中国某个城市任职的官员因为任职期满，即将被调任到别的省市去。他是一个既有能力也有政绩的官，而且并不像大多数官员那般剥削百姓。当然，这并不是说他完全做到了廉洁奉公，一点贿赂都不收。只不过是没人往那儿想罢了。他买官花了一万块，自然要挣回来，此外，还要往家里寄钱，要不然他离职之后，怎么又得名又得利啊？在中国人看来，这也是应当应分的事，没什么值得非议的。这些钱他赚得光明正大，除此之外，他从未通过压迫人民获利。而他前面的那些官也很有名，只不过是以横征暴敛、敲诈勒索闻名，他们为了自己的利益，完全不记得公义和怜悯所代表的意思了。但这位官员的主要人生目标却是伸张正义以及让百姓过得好一些。

因此，离别在即，人们决定送他一份特别的告别礼，一件饱含着所有百姓对他的感激之情的礼物，一件可以让他一辈子都有面子的礼物：万民伞。光看名字就知道是什么意思了，百姓们只送得起这件礼物，而且事实上它的确非常珍贵。皇帝可以给他崇高的荣誉，但给不了这个；上级可以因为他廉洁奉公送礼物奖励他，但也给不了这个。“万民伞”代表着什么？它代表着数以万计的百姓在他的领导下获得了利益，代表着他们对他的敬爱与忠诚，能送这件礼物的只能是百姓。这把伞非常大，是用红色的绸缎做的，把伞打开的时候，伞沿上会有一圈长两英尺的帷幔垂下来，上面用天鹅绒绣着一些名字，代表着准备这件礼物的主要成员。在名字之外还有一句话，虽然不长但非常令人感动——“他因为爱，保护着我们”。

现在到了官员离开的时候了。衙门里所有的人都非常高兴。文书、衙役和长长的一串挤在过道上的仆从，都热情洋溢的样子。这位受人敬仰的官员，数以万计的百姓为了再看看他，成群地涌过来，将衙门边上的几条窄道完全堵住了。在这个令人激动的时刻，最惹眼的要数那顶在阳光下泛着红光的万民伞，在几双健硕的手臂的努力下，它被高高地举了起来。在伞的两边还有特地请来的乐队，他们会护送它去河边，官员即将坐的船就停在那儿。等到官员进轿起行，乐队也立马启动，欢快的奏乐声，霎时弥漫到了衙门的每个角落。接着，他们从人群中穿过，慢慢走远了。

现场所有的中国人看起来都非常开心，就连平时总是一脸严肃的官员，都换上了一副温和的表情。不计其数的脸孔全都挂着笑，不计其数的眼睛全都闪着喜悦的光，这样一个清正廉洁的好官就要离开了，人们长期以来一直在心底埋藏的感激慢慢地流淌出来，以一种东方人的委婉慢慢道来。随着送行队伍的不断前移，不断有新人从巷口涌出加入进来。乐队无疑更加彰显出了官员的光彩，因此看起来也非常骄傲，他们精神十足地拥着官员和红伞，相信今天之所以能营造出这样一个盛大的场面，全是因为他们。吹奏的时候他们的脸鼓鼓的，就像是吹起的气球，吹打声几乎毫无章法地在空气中嚣张地跳动，它们上一刻嘶喊得尖利绝望，下一刻又有种荡气回肠。这一天无疑非常美好。围观的人们看着前行的队伍和那顶炫目的红伞，小声地谈论着：“他今天真是太有面子了，一定非常高兴，把这事跟朋友一讲，他的朋友也一定会为他骄傲的。”

这位官员当然很高兴，要不是受礼仪所限，又怎么会只是干坐在那儿，而不能向别人宣告他的快乐？在他有生以来，这一天也是值得纪念的。现在，他正看着那把为他遮挡阳光的红伞，那把伞蹦着、跳着，美极了，就好像世间最美的东西都凝结到了它的身上，从此，在他的生命中这把伞的价值将永不消减。那些人虽然敬仰他，可是他们会离开；那些吹奏虽然现在他耳边响着，可是会消散；虽然自己在这座城市备受尊敬，可是也会慢慢忘记；但这把伞会一直跟着他，直到永远。他会带它回家，将它放在供奉着祖先排位的屋子里，就算他死了，这把伞也会代代相传。

“脸面”的第二种意思指的是尊严，中国人对此无论何时都会竭尽所能去保有。对也好，错也罢，不管付出什么代价，他们都会保住“脸面”，不让自己受到羞辱。

举个例子，当一个苦力知道他的外国老板因为不满意他，打算炒了他，他就会先于老板开口，编出各种各样令人费解的话，声称自己不想干了。那个老板只不过是个未开化的人，哪里明白其中的原委，根本想不到他这么做只不过是为了不丢脸罢了，不过，私下里这个老板还是很开心的，因为不管怎样，终于可以甩掉这个不可靠的家伙了。这个苦力虽然没了工作，不过总算保住了脸面，所以走的时候还满脸笑容。此后两三天，他遇到了一个朋友，那人说：“啊，对了，有人说你不在谁谁那儿工作了，是不是真的啊？”“嗯。”他像个大法官似的威严地说，“我真是再也受不了了，那个家伙一点教养也没有，粗鄙极了，跟着他干活，绝对是在消磨自己的性格，所以我辞职了，他为了求我留下，还说要给我涨工资，但你是知道的，钱可不是万能的，所以我就走啦。”“当然，你做得对，确实如此。”他的朋友说。他们认真地看着对方，一副严肃真诚的样子。但实情又如何呢？那个朋友早就知道真相了，对于这人演上这么一出的原因他知道得一清二楚，不过是为了保住脸面而已。他当然不会拆穿，还表现出一副被蒙骗住的样子，这完全是出于中国人的天性，所以他很自然地就入戏了。

人们为了保住脸面，常会耍一些滑稽的小花招，不过要是没有这些花招，人们一定会丢脸的。这里就有一个非常荒谬的例子，我相信除了中国，它再也不可能在别的国家出现了。一个财主犯了法，官府发下檄文通知他哪天去衙门接受审判。自己犯了什么罪，财主自然清楚明白，而且他还知道还没等到开审自己就会被按倒先尝一顿刑杖。这么大一个羞辱下来，以后哪还有脸见亲戚朋友？不过，也不用太担心，在中国，没有什么事是连钱也解决不了的，只要肯花钱，这么个不光彩的事自然也能避过去。果然，等到开庭受审的那天，他刚一到衙门口，就被一大群争着替他挨刑的人围住了。这些人早就等在那儿了，他们谋生的手段就是替人挨杖刑。在他们眼里，这可不是什么丢脸的事。毕竟犯罪的又不是他们，只是以此为生，再磊落不过了，挨完打，离开的时候一样是一清二白的。就这样，财主和那群人里的一个开始商量价钱，以千为单位，他替财主挨了几下，就拿几千。接着他们走进衙门，财主一副坦荡无辜的样子，那个替他挨打的倒是一脸畏缩,他默默地跟着财主,连喘口气都刻意压低了声音。当开审的时候，他就在后边缩着，那位法官也不在意，他早就拿了财主的钱，允了他找人替罚的事。

现在这个荒唐的戏码正式上演了。财主在官老爷面前跪好，听着他对自己所犯罪行的严厉指责。最后那位义正词严的大老爷宣布，要对他施以杖刑。一声令下，财主应声而起，飞快地站到了一边儿，而被衙役们按在地上受刑的就是那个替身，这时，棍棒打在肉上的声音，以及替身痛楚的喊叫声在法庭上扩散开来。

这一切都赤裸裸地进行着，没有一点遮掩。法官、衙役，所有人都知道受刑的不过是个替身，可是那又如何？替身挨打就不是维护正义了吗？财主难道不曾因此损失钱财吗？最后，他剩下的钱还会有不少要以一种婉转的方式换个新主人——官老爷，为了保住颜面他要付出的金钱可不止如此呢！

“脸面”这一思想已经渗透到了中国的每一个角落。人们会把生活中的许多事都和脸面联系起来，战战兢兢地保证丢脸的事不在自己身上发生，以致在人前出丑。有这么一个例子就是发生在衙门的。衙门是这样一个地方，它是代天子行权的官员的府邸，它是对罪恶进行惩处的地方，它代表着对社会秩序的规范，在百姓眼里它极具威严与名望。威严与名望的形成，也离不开官府对这种形象的刻意维持。

关于维持形象这方面的工作，我不如详细地说一下，这样大家就会知道了。在衙门有一面大鼓，为什么要挂一面鼓呢？原来，古时候有个帝王，他对手下官员的办事效率非常了解，知道他们总是慢吞吞的，所以就下令所有衙门都配一面鼓，要是谁遇到危难或者某些紧急的事，就可以击鼓。这样一来就省了不少累赘的程序，而官员们无论白天黑夜，只要鼓一响，就要立刻开堂审案。这对百姓来说当然是件好事，可对官员来说，难免堕了衙门的威风。从某种意义上讲，衙门原本对于百姓的那种威压、权威受到损害，衙门丢了脸面。所以为了有所挽回，官员们采取了一个措施，即开审之前，凡是擅自击鼓的原诉人都要先被轻轻地打几下板子，这种做法不是明文规定，不过已经成了俗例。

中国的这种面子观很早就有了，并不是现今才产生的。历史上有记录过这么一件事：周朝的时候，有一个著名的皇帝，他发现他的宰相常常收受丝绸作为贿赂。由于还想让这位宰相继续辅政，所以皇帝并没有处罚他。可是又不能放着不管，所以他想了一个办法，在不损伤那位宰相脸面的情况下，让他改掉这个毛病，好继续工作。这一天，皇帝命人把非常多的丝绸给宰相送过去，说是送给他的礼物。宰相收到礼物后前来拜谢，并好奇地询问皇上为什们会送自己这么昂贵的礼物。“我听人说，”皇帝说，“你对于这种礼物非常喜欢，所以就送给你了，我猜你收到我这份大礼一定高兴极了，不是吗？”霎时，宰相就明白过来，皇上已经知道自己收受贿赂了，不过皇上既然用一种温和的方式警告自己，显然是在说这次就算了。就这样，宰相保住了脸面，以后还可以继续辅助朝政。

要是我们的外交官能知道脸面对于中国的重要性，很多事就不会变成现在这个样子。英国不会在这片土地上声名日益下坠，而那场让中国蒙羞、让子孙受辱的中日战争也就打不起来了。在中日战争后期，日本扬言进攻北京，但英国没有进行干预，对于这件事，中国的官员觉得非常气愤。他们陷入危难，而英国不但没帮忙还把中国政府对它的期望推了出去，让他们去找德国、法国、俄国，这导致李鸿章成了坚实的反英分子。

不要觉得中国人汲汲营营地只会为自己的脸面奋斗，你把视线放宽就会发现，他们绝不会只顾自己的尊严而不管其他。中国人有一种独特的天性，使人与人之间形成了一种玄妙的感情，使他们除了敏锐地关注那些影响到自己脸面的事情之外，还会考虑到邻里的脸面，并也尽力为他们维持，使他们免受羞辱。我想我在下面讲的这个例子，可以把我的意思解释得很好。

一个我负责的辖区里的乡下教堂，有一个传教士，他非常不讨人喜欢，是个言辞笨拙的人。在他的话里，你找不到一点诗情画意，看不到一点幻想出来的色彩。他的传教手法真是非常僵硬，一副死气沉沉的样子。在生活中，这个人也没有一点值得一提的地方，可以说活得一塌糊涂。除了木讷的说话方式，他还有一个很大的缺点，就是你从他的话里完全感觉不到他有仁爱之心。我想没有任何人能比他更无趣了。最后，教众们实在是受不了了，决定让他换个地方。可是实行起来却非常困难，因为他们并不想让他觉得丢脸。就算只是暂时让他停下教会的日常工作，也一样会如此，所以他们一直忍着。他们想了各种各样的办法，可是都因为执行起来的时候不能达到这一效果而夭折了。最后，他们找到了我，希望我可以想个办法把这个和他们一点关系都没有的传教士调职。由于我也顾及这位传教士的脸面，所以也非常为难。后来我杜撰了一堆乱七八糟的借口把他调到别的教堂去了，当然，我猜他一定没弄明白是怎么回事。

等他的调任工作安排好后，我让他写了辞职报告，然后跟那些教众说，他们的传教士因为某些原因现在已经辞职，现在他们得另找一位传教士辅导他们了。在这一消息公布的时候，人们的反应真实极了，就好像一群演技出众的演员。他们先是震惊，接着流露出由惊诧衍生出的各种表情。一阵儿之后，他们像是才反应过来似的，开始对此表示拒绝接受，并恳求传教士把辞职报告收回去，不要离开。要不是我已经知道了其中的真相，恐怕真要被他们骗过去，和他们一起劝那位传教士留下来了。不过既然我已经知道了，当然就不会再那么做，因此，跟他们说，传教士主意已定，不会改啦。又过了一会儿，人们才结束了挽留活动，接受传教士即将离开、教堂职位暂时闲置的事。

我们其实没有必要因为这些人的不诚实而指责他们。他们之所以会这么做，是为了保全传教士的颜面，他们虽然不喜欢他，却仍不想伤害他。他们原本可以直接把传教士的工资一发，然后直截了当地跟他说，他们再也用不着他了。可是他们没有，他们以这种委婉的方式让他离开，让他保全了自己的尊严。要不然，未来几年，在教堂里，他都不会有什么好名声了。

不过在那天的表演结束后，事情并没有真正结束。大概是几个星期之后，有一天，佣人到我的书房跟我说，有几个教众的头儿和那个教堂传教士来找我了。我一边想他们为了什么事情来找我，一边让大家坐下了，然后我礼貌地问他们，这次来找我，是有什么事要跟我商量吗？教众中身份最高的那个跟我说，对于传教士的离开，他们感到很困扰。自从他辞职，教堂就变得乱七八糟的了，情况十分令人担心。

他们这次来，就是想跟我谈谈看能不能让传教士再想想，他们都这么恳求他留下了，他是不是能不走，继续指导他们。

他们挨着个地跟我表明态度，并陈述了他应该留下的种种理由。我真的是完全被弄懵了。他们不是刚刚才想尽一切办法劝我把人调走吗？现在我如他们所愿这样做了，可他们怎么又来求我劝他留下，还带着那个他们厌烦透了的传教士一起来，上次他们来的时候就站在那儿，可现在，他们说的是什么？是大段大段的这个人必须留下的理由。还好，我没真的相信他们的话，而且传教士也和我站在同一个阵营，表示自己已经下定决心，去邀请他的那个教堂传教了。要不然，他们恐怕要哭死了。接着我们又聊了一些别的事，传教士就站起来离开了，因为他还有一个约要赴。他前脚关门离开，我就迫不及待地开始质问这些人，我气愤地问他们："你们难道不打算跟我说说你们搞出这么多事来，到底想干些什么吗？开始你们跟我说，受不了这个传教士了，我同情你们，给他换了一个工作，说实话，比不上这个，但大家的脸面是保住了，可是现在又是怎么回事？你们竟然又来求我劝你们受不了的人继续留任，你们在搞什么啊？"

都这样了，这帮人还一副威严郑重的样子，眼都不眨一下，好像他们刚刚真的不是在演戏似的。在他们之中，表情最严肃的那个，愉悦的光在他的眼睛里闪耀着，真诚的笑在脸上挂着，他抬起头对我说："我们想让他离开的心真的是非常真实，而且他本人也知道得一清二楚。但是，我们不能让这件事直接摊在大家面前，因为那么做他必然颜面尽失，甚至未来都可能会受到影响。但现在，他的脸面得以保全，而且在他即将工作的教堂里，他被我们苦苦挽留的事会被传得人尽皆知，他从此再也不用像以前那样自卑，可以昂首挺胸地生活了。"随着他的诉说，笑容一点点在他的脸上扩散开来，最后，布满了整张脸，他那双闪现着幽默、诙谐的眼睛不时地跳跃着动人的光彩。这出由他一手导演的喜剧也触动了其他人的神经，他们一起笑了出来。这种笑像是电流一样传播开，从脸颊到额头到头发根，他们的笑有着感染人心的力量，所以我也加入了他们，跟着他们一起笑了出来，这发自内心的笑在屋子里震动着，久久不歇。

中国人的幽默感几乎没有尽头。正是因为拥有这种幽默感，生活中那些他们不得不忍受的艰难、饥饿、苦痛以及各种各样的灾难，他们才能承受得住。它如同来自天堂的一束光，照到了他们的身上。它就如同轻灵的溪水，高高兴兴地歌唱着，顺着山间的小道欢快地跑下，它就像是从厚重的云层中挣脱出来的一道彩虹，暗淡的天因它而焕发光彩，让人们心里存有一丝阳光，就算世界已经一片黑暗。

这种幽默感是中国人天生就有的，它非常奇妙、美好，但是任何一种展示幽默感的手法，都不可能具有今天这样的特色，这种手法为幽默感的展现提供了广阔的舞台，它不但有意思，而且随处可见。透过这种风格，我们可以看到中国人那奇异的思想以及他们对这种思想的看法。好在在实际行动中，这种思想已经过了初级阶段，从最原始的单纯对个人脸面的维护，进化到了自己和别人脸面的兼顾这个更加广泛的空间。

第二十四章　杂谈中国人

中国人对西方人来说还是一团谜。在他们看来，再没有什么人比中国人更令人费解了。他们如此神秘、令人捉摸不透，是因为一些与他们密切相关的小东西，总是存在于我们忽略的地方。所以我们得到的结果总是缺少某些不可或缺的部分。中华民族就如同一个精妙的工艺品，我们要想了解它的神髓，最好先了解一下它是怎么制成的。

那些在中国住过的外国人离开中国的时候，都还被这样的感觉困扰着，中国人真是太奇怪了，怎么老是弄不明白啊。要是让他们谈一下中国人留给他们的印象，能说得明白的真是一个也没有。这些人整天和中国人在一起，融入他们的生活，说他们的语言。但时间流逝，四十年过去了，他们却不得不说："啊，中国人啊，我还有很多事没弄明白呢。"由此可以得出这样一个结论，一些表面上的行为举止并不代表着中国人的真实性情，他们并不热衷于表露真实情绪，而且性格具有多重性，缠绕成繁复的一团。正是因为这样，所以他们才给人一种看不透的感觉。毫无疑问，中国人的这种性格以及他们委婉的行事方法加剧了外国人对他们的迷惑程度，那些西方人可是向来有什么说什么的。

中国人缺少那种瞬间就引人注目的魅力，他们皮肤发黄，也没有婉转动人的声音。以西方人的审美来说，无论怎么看，他们都不具有一张美丽的脸孔。他们脸长得什么样呢？首先是颧骨，它高高地在那儿隆起着；接着是鼻子，又矮又扁，就像是先人在争斗中被人打塌的鼻梁，被当成礼物留给了后代；然后是嘴，他们的嘴唇很厚，整体看来又宽又大，就像是为米饭准备的坟冢，他们总是用筷子大口地往里扒拉，这样倒也方便；最后是眼睛，他们眼睛细长，黑色杏仁状的眼珠就像是跟外界捉迷藏一般在眼眶里滴溜溜乱转。除了以上这些，从精神状态来说，大多数中国人都给人一种呆笨、萎靡以及思想过于僵硬的感觉。虽然有这样或者那样的缺点，不过中国人也不是完全不讨人喜欢，至少以英国人来说，他们就比其他西方国家的人更喜欢中国人，至于原因，就不太容易说清楚了。

不过他们强大的幽默感绝对是最主要的原因。这种幽默感非常有意思，还很与众不同，它已经在人们的大脑中开花结果了，要想除掉，恐怕只有把脑袋打开，开个刀才行。中国人身上的每一个角落都有它的影子，外界稍一刺激，它就欢快地跳出来了。他们会因为任何一件荒唐事乐不可支，最少也会轻笑一下，就算是看到阳光美美地铺散在凹凸不平的山坡上，他们也会露出会心的笑，马上神采飞扬起来。原本一本正经的脸，看上去神秘莫测，可是通常只要一个笑话，一个有意思的小故事，就能让它换个样子，让你马上觉得可亲可近起来。

中国人对于笑话一点抵抗力都没有，这一点，完全不会因为他们当时心情而有任何改变。任何生硬、敌对的氛围，都扛不住幽默这种溶液的浸泡。我曾经听过这样一件事，一群互相看不过眼的人正准备干一架，可是却因为几句幽默的话笑了出来，结果，没用上几分钟，敌人就成了朋友，原本他们可是想着用石头砸死对方的。

无论你听得懂汉语还是听不懂汉语，都请牢记这件事，中国人有着和我们盎格鲁－撒克逊人截然不同的思考方法。对我们来说，当然是直截了当最好。所以我们总是能很快地就弄清楚别人跟我们说的事是什么意思。可是中国人却正相反，在跟你说一件事的时候，相比于直接，他们更喜欢委婉一点的方式。

只要在中国待上几年，你就会发现这一点，要想弄明白中国人的真正意图，仅仅凭借他们的话是很难做到的。一个中国人正在说话，你竭尽全力仔细去听，他脸上的表情诚恳、自然得就像个孩子，连神态也非常从容，但你要是有足够的阅历，就绝不应该只注意到他所说的话，因为那和他的本意之间的距离可不是一星半点。

你向一个中国人提问，可是你总是不能得到问题的直接回答，之所以如此，正是由于他们这种思考问题的方式。举个例子，你有一些活儿，所以找了个瓦匠来，你跟他说，一周内做好预算交给你。一周之后，他如约带来了一张所需物资的预算清单。这时候你要是问他："哎，你觉得我给你多少酬劳合适呢？"就像我们盎格鲁－撒克逊人平时做的那样，你恐怕要头疼一下了。因为在中国的俗例中，这样的问题是很少直接问出口的，所以他先是呆呆地看你一下，然后，躲开这个问题，先谈一下这份工作的艰难、做起来有多少曲折之类的。你没能得到答案，开始失去耐心，就说："工作中的那些旁枝末节我并不想知道，你直接跟我说你要多少工钱就行了。"结果，他一点干扰也没受，继续跟你掰扯工作过程中所需的各种东西。你受不了了，气急败坏地跟他说："立刻、马上，告诉我到底要多少钱。"可是他仍然不为所动，就像是坚实的万里长城，而你的脑袋无疑在上面撞得生疼。你终于败下阵来，意识到这家伙完全一定要按照自己的想法来，你跟他对着干是干不动了，所以只能满肚子怨气地听他继续说。最后，他终于把他自认为该说的一切理由都说完了，工资这个你最想知道的问题才冒出头来。

中国人似乎从来就不明白语言之所以存在，就是为了让人们用最明了的手法来表达意图。在他们看来，语言更像是一个可以运东西的容器，要想知道到底表达了什么，要抽丝剥茧才行。例如一个看起来非常和善的中国人正在解释自己做某件事的原因，他一口气说了九个，可是你慢慢就会发现全都不是真正的理由，他把那唯一一条真的、可以说明原委的理由藏在嘴里，怎么也不肯说出来。要是你问他这么做又是为了什么，他会继续一脸坦荡地告诉你更多如此的理由，不过和他刚刚的解释并无不同，这些话也全是假的。

中国人不讨喜，最起码在顽固不化这点上是这样，他们总是坚信自己说的才是对的。你想做一件事，把想好的计划告诉中国人让他们去执行，要是他们认为这样做不好，就会跟你陈述一下他们的建议。这时，要是你坚持己见，并表示就按你说的办，你会在他们脸上看见一副乖孩子的表情赞同你的计划，并说，确实，这样才是最好的。可是事情办完了，你将会非常震惊，因为他们执行的是他们自己的计划。你厉声质问他们这么做的原因。“啊，”他们回答，“我们还是觉得，我们的计划更好一些。”

再举个例子，一个女士找了个裁缝来给她做一件新衣裳，她告诉裁缝自己所需要的款式以及修饰，裁缝表示赞同，并笑得满脸真挚。他宣称这位女士所有的要求他都记下来了，并以买卖人惯常的利索劲儿收起了布料，在离开的时候他说：“后天我就给您送过来。”过了几天，裁缝带着做好的衣服上门，笑得一脸真诚，就像上次那样。他飞快地把带来的小布包打开，向女士展示那件新装，这件华美的衣装全是靠了他那双灵巧的手，可是在衣服展示出来之后，女士的脸上却满是阴云，她质问道："你为什么把款式改了？"于是那位裁缝说："我是最好的裁缝，您不知道什么样的衣服最时兴、最漂亮，可我却一清二楚，所以就帮您换了个更好的款式。"在表现自己更"优秀"的时候，这个裁缝的态度真是再厚脸皮也没有了，可是这种心态却广泛地存在于中国人中。

虽然中国人的这种行为令人讨厌，但绝对没有讨厌到让人心生报复，想要狠狠地惩治他们的地步。就算是在最生气的时候，中国人也会利用他们的幽默感让你笑出来，通常来说，他们的办法是杜撰个好笑的故事给你听，你一笑，就没法继续生气了。在《中国人的性格》一书中，明恩溥先生对于自己与那些陌生且怪脾气的中国人相处时产生的种种感受，做了细致的描述。他对那些固执的中国佣人一直非常纠结，不知道是把他们弄死好，还是给他们涨工资好。

在和中国人相处的过程中，你会发现一件十分烦人的事：他们总是说谎。以西方人的标准来看，他们可能连诚实两个字怎么写都不知道。要是你直接跟某个中国人说他在骗人，让他下不来台的话，他一定马上否认。开始的时候，他满脸带笑，从容不迫地向你表白说，他这一辈子，一句谎话都没说过。这时，你完全不必指望靠一句"你根本就没一句真话"就能压制住他。在人们说话的时候，要是蹦出这么一句来，无疑非常无礼，不过，那又如何呢？在他看来，这句话的寻衅能力甚至还不如我们惯常用的"哎！你在说笑话"。但对我们来说，要是被人说上这么一句，就无疑是挑衅了。

一次，一个苦力——一个没有礼貌而且非常粗鄙的家伙，就用了上面的那句话来回答我的问题。我跟他说："面对一个英国人，你最好注意一下说话的方式，要不然，不出几天，你就会被棒揍一顿，被打得谁都认不出来，就算你妈都不行。"他看着我，非常惊讶，好像还没弄明白是怎么回事。不过效果也就这样了，他看起来非常稳重，一点影响都没受，就好像我刚刚说的是他是个诗人或者史学家。

在中国，这种欺骗行为随处可见。有一天，我去见一个商人，希望他可以给医院捐钱。我以前没见过那个人，所以进门后，见到一个满脸威严看起来非常稳重的男士就问他，这家的主人在不在。“他才出门。”他立即回答，而且还伸手向主人离开的方向指了指。就在这个时候，我猛然想到我想要找到的就是这个人，所以我笑着说：“您得给我两份捐款，因为我知道我要找的人就是您。”他和他旁边的人马上笑了出来，显然觉得这一切好玩极了。你不用指望他们会因为这个跟你道歉，事实上，他们连一点尴尬的表情都不会有，因为中国人在拒绝访客的时候，都用这一招。

没几天，我又去拜访一位财力雄厚的银行家，目的和上面的一样。我刚到门口就被佣人拦住了，他告诉我说，主人生病了，除了家人，什么人都不见。我并不相信他的话，进了房间坐好后，跟那个佣人说：“你的主人病好以前，我就在这儿等好了。”接着我又添了一句，“我有的是时间，反正现在也没什么要赶着办的事，可以一直等到你的主人病好。”那个佣人显然非常惊讶，眼睛瞪得大大的。没几分钟，他就回来了，说主人今儿个实是病得很重，没法儿见客，虽然觉得很失礼，但还是请换一天吧。我跟他说，对于他主人生病这件事，我真的是深表同情，但是反正我也没有别的事，就在这儿等着吧，一直等到他痊愈。最后，扛不住我的纠缠，这位银行家终于见我了。见面的地点是他的卧室，我一进屋就见他精神奕奕地对我笑，显然是没生什么病，而且深深地觉得刚刚那个幽默的玩笑挺好笑的。

中国人总是紧张兮兮的。他们对于经手的消息会进行一番严格的审查、评判，就像他们是法官、陪审人员。举个例子，一个人一脸高深莫测地进了你的房间，他先是向边上看看，确定周围没人，然后又谨慎地走到窗口，做贼一般地向外查探，接着又蹑着脚去过道巡查，以防有人在那儿藏着，再然后，他又去检查烟囱，就像猫那样轻手轻脚地走过去，最后，他向上指指房顶，向下指指地板，又朝你和他自己分别指一下，然后说："现在我要告诉你一件只有天知地知你知我知的事。"接着他又谨小慎微地朝门口扫了一眼，然后才贴着你的耳朵，说那件令你像被电到一样震惊的事，那件事是关于你非常信任的朋友的。很快你知道了事情的原委，然后开始分析，那个长着宽大的嘴巴、高高的颧骨的家伙，在他拐弯抹角地攻讦你的朋友的时候，你当然不能一头扎进去，你要想一下，他的这些话里，有哪些话是真的，有哪些是假的，夸张的是哪些，他是不是隐瞒了一些比较重要的地方等等。慢慢地，你会发现你很难证明你的朋友是清白的。不过一旦你将心中的疑团全部解开，就没什么烦心的了，因为你已经可以对你的朋友继续深信不疑了。

如果你看了我上面的这些描述就认为中国人胆小怕事、一点自己的主张都没有，那就错了。要是在世界上找出一个骨头最硬的民族，非中国人莫属。关于这一点，最突出的表现就是他们对环境绝佳的适应性。比如，你把他们扔到一个洒满阳光但常年积雪的地方，没多久他们就能活蹦乱跳了，好像他们祖祖辈辈都是在那儿生活的一样。要是你把他们扔到一个骄阳似火、暑气蒸人的地方，他们也一样活得从容不迫、兴高采烈，看起来就像是他们早就盼着这么热的天气一样。

不知是不是因为上天赋予了中国人一种随遇而安的性子，所以他们才能无视即将在自己身上发生的事，总是一副淡然处之的样子。他们在哪儿都能活，可以漫步于常年积雪的高山，也可以无视蚊虫的叮咬以及喧嚣，留宿于泥坑边上的小茅屋；能够坐着奢华的轿子如同"娇花"一般让人抬着行进，也能如同土生土长的暹罗人一般在闷热的小屋里生活。他们晚上睡觉的地方是硬邦邦、坑坑洼洼的土地，枕的东西是一块粗粝的砖头，可是他们仍能像是睡在床上一般一觉到天明，第二天起床的时候精神奕奕。

在很多地方你都能看见中国人的身影，无论身处何地，他们看起来都是那么地从容不迫。一条豪华的邮轮上，他们能弄个头等舱，怡然自得地踱步；一个在内河飘荡的小船上，他们能随便找个地方蜗牛般地一卧，然后在能熏死人的臭味中，安然舒适地睡上一觉，然而，随便一个西方人都无法忍受这样的环境。

西方人总是比东方人敏感，他们总是忙忙碌碌、汲汲营营，但东方人总是稳稳重重、慢慢吞吞。别的区别暂且不说，在大街上，光从迅速交替的脚步、高速轮换的手臂以及脸上明显的急躁，就能把西方人认出来，因为他们和周围那些神情平稳的中国人是那么地不同。那些中国人似乎认为自己有的是时间，所以一点也不着急。无疑中国人之所以能迅速地适应环境，正是因为这种镇定。中国人在遭遇苦痛的时候，通常会默默忍受，就像圣贤一般。在忍受非人的苦痛时，他们表现得就像是一个英雄，十分令人敬佩。以前，我在医院见到一个手因为发炎肿得老高的人，我当时心想这一定疼极了。他的眉毛紧紧地攒在一起，脸都青了，但能看出他正强忍着疼的表征也就是这些了。当医生为他手术，把刀插到他手里的时候，他“啊呀”地叫了一声，脸上的肌肉直跳，看得出他非常痛。这种情况要是换到一个西方人身上，通常来说，他都要呼天抢地，大喊大叫一番，甚至为了继续手术，还要找两个人按着他。

中国人之所以能够忍受各式各样的磨难，正是依靠这种斯巴达式的隐忍以及顽强。他们常年与饥饿为伍，连星期天也没有地重复那些几乎将人压垮的重活。他们在休息的时候，脸上流露出哀伤、愤恨以及无可奈何，但一开工，他们仍会起身，执拗地扛起生活的重压，脸上带着的表情就像寺庙里的神佛那般庄严、高深。值得一提的是，在顽强这方面，中国的女性和男性相比毫不逊色。她们勇于承担生活的重压，对于那些困苦以及哀伤默默忍受。当丈夫在赌博以及鸦片中沉沦的时候，生活更加艰难，可是她们仍旧表现出英雄般的勇敢与坚毅。

在等待这件事上，也能看出中国人的隐忍。对于西方人来说，因为别人的磨蹭而损失时间，实在是一件令人生气的事，可是中国人面对这种情况，却表现得非常平静，似乎完全不在意。

例如，一个中国人为了某件要事来找你。开始说的时候，他要先过渡一下，说点别的，可是还没谈到正题，你就恰巧因为另一件事被支开了，所以你请他稍等一下。他在那儿坐着，一脸的安适悠闲，完全不像是为了某件特别的事刻意来访。你忽然走开，然后又被另一件事绊住，竟然忘了正在等待的客人，等你回来已经是一个小时之后了。这件事要是让一个西方人遇到，他必然火冒三丈，等着你的肯定是一张愤恨的脸与一双火光四射的眼睛，甚至于你们将因此而关系破裂。可是这位中国客人只是对你微微地笑了一下，甚至还礼貌地弯了弯腰，完全看不到丝毫恼怒的痕迹。一个中国人在你忘记他的时候仍然在这儿默默守候，正是凭着这种宽厚以及隐忍，他才在最后得偿所愿。然而，为了平息自己因为被忽视而产生的愤怒，英国人却会带着一身的火气拂袖而去，可是这样一来你们以后还怎么往来？

在中国人看来，英国人这种做法真是一点意义都没有。既然你只有靠着这个人才能最轻易地办成某件事，那么怎么能让怒火、脾气这样的东西坏事呢？要是有需要，两个小时，甚至四个小时他也会等，就像是完全不着急一样。实际上，就算你因为时间错不开，再推上一天，他也会回以真挚的笑脸，并表示不用客气，这对他来说没有造成困扰，他还会鞠躬表示自己挺知足的。

第二天，那个中国人准时赴约。可是这个时候，你因为忽然想到的一个必须要赴的重大约会，只能再次爽约。你唉声叹气，冥思苦想，希望他可以明天再来。最后实在是没办法，只得把你的想法跟客人说了。可是你的层层顾虑，在他面前一下子就消失了，因为他宽容地表示没关系，再晚一天也没什么，明天什么时候都行。他对你如此耐心、温和，试问你又怎能不为了达成他的所求尽心尽力呢？

中国人的聪明才智时常能在日常生活中表现出来，例如中国著名将领左宗棠，在他的军旅生涯就有过这样的事儿：当时是公元1873年，伊斯兰信徒起义，战火迅疾蔓延开来，整个东土耳其斯坦和中国西部边境全部受到波及。只有把叛军压制下去，打得他们心服口服，才能保证清帝国的安全。而负责此次平叛的正是左宗棠，他受封平叛大将军一职。这场仗对于将领的指挥能力要求非常高，一个普通人是绝不可能完成的。叛军非常猖獗，他们不仅在中国偏远的西部地区作乱，甚至还占有领地，面积已达数百英里。那里高山丘陵遍布，能耕种的地非常少。对于清军来说，他们不但没有适于行军的通路，还面临着勇猛嗜血的敌人，要保证粮草的供应非常艰难。

军队还在辖区的时候，左宗棠还能保证国家的补助尽量满足军需，可是当他们进入战区，才知道自己还要面临粮食供应不上这个颇为考验才智的问题。因为士兵打开刚运来的粮草袋，就发现几乎没剩下什么了。一路上，运粮的人和驼马已经把粮草吃光了。左宗棠马上意识到，等着吃运送过来的粮食恐怕是不行了。

这样的情况，要是换个普通将领，肯定会为保存实力把军队撤回去。可是左宗棠没有，因为这对他来说，无疑会成为自己军旅生涯上的一个污点。皇帝给他的这个任务，无论如何，他都到要取得最终的胜利。为此，他想了一个计策，这种妙计恐怕只有聪明的中国人才能想到。他命令士兵选一块适于耕种的地方，然后挖好沟渠把它围起来，在那儿建军营，并让所有士兵变身农民——这不是什么难事，因为大多数士兵以前都是农夫，完全不用学。他们量好地，按不同的区域种粮种菜。一支能征善战的军队化身为爱好和平的农夫，这幅画面无疑非常惊人，他们看起来，似乎原本就是为了种地开荒而来，和行军打仗半点关系都没有。

一年之后，军队的粮食问题已经不再是问题。这一年来，军人们将中国人的忍耐力发挥得淋漓尽致，当然，以前也没有受到过这般严酷的考验。左宗棠全心投入于这次平叛，他虽然累瘦了，不过仍精神奕奕，因为他坚信能得到最终胜利的一定是他们。

一天清晨，农民在喇叭吹响后瞬间变回士兵。整支队伍被重新编排，士兵飞快地跑去自己的连队，没多久，就响起了军队行进的脚步声，向着敌人的营地飞扑过去。很多时候，他们总是要停下来种田，可是最后，他们多年的隐忍和毅力终于获得报偿，叛乱平息了。左宗棠和他的“农民军”收获荣耀，将被叛军掌控的省份再次收回，他们对国家的忠诚，以此展现出来。

在人生历程的各个阶段，中国人一直展现着他们的忍耐与坚持。在西部的某个省份，那里有很多盐矿，可是要想把岩层钻透，却需要四十年。对于人来说，这无疑是漫长的。一个人他明知自己所剩的人生已经不足以看到盐矿了，可他还是义无反顾地开始钻矿。他的儿子也参与进来，心无旁骛。寒来暑往，他一直那么钻着，从不曾因为冬日的严寒、夏日的酷暑而有丝毫懈怠。时间流逝中，他变成了个老头儿，可是仍在钻，即使是在他生命的最后一刻，响在他耳边的，仍是那些为了将埋藏在地底深处的盐矿钻出来的人的干活声。

在中国人身上我们能见到许多彼此相冲的性格，毋庸置疑，有不少是因为人性本身的劣根性。不谈那些与道德相关的方面，只说一种不严谨的态度就让人头疼，无论你交给他们的是什么工作，他们总是弄得差不多就满足了，好像从不考虑做到最好，为未来生活而努力拼搏这么远大的志向也很少能在他们身上看到。如果说“效率”这个词是西方人生活的主旋律，那么代表中国人生活态度的那个词一定是“粗心”，我这么说，绝对是非常公正的。

家里的佣人、公司的员工、进行贸易的商旅、在办公室的公职人员，无论是干什么的，他们都没有将事情做到圆满，让自己因为优异的成绩而自豪的心。要是找一个词来形容中国人正处在的那种状态，我认为“粗心”是最合适的，而且无论是何时何地都能见到这种“粗心”。一个东西刚买没几天就坏了，可是事实上，保修期才刚开始；给佣人安排一件事，可是他转眼就忘；那些应该待在办公室工作的人，却能发现他们在街上逛荡；明明约好的在某个时间把钱汇过来，可是等啊等，却连钱的影子都看不到；把一件衣服交给裁缝，说好是当天完工，可是直到第二天早晨他才送来。这样的事西方人受不了，可是中国人却全不在意。有不少词是人们用来为“粗心”找借口的，当然它们更隐晦复杂一些，例如“别往心里去”“用不着管它”“担当些”等等。中国人在性情方面无疑有很多优点，但也不能否认，中国要想在世界上站稳脚跟，必要经历一场革命，一场严肃、严谨的革命。与此同时，也必须让一种更加积极的气氛去替换人们思想中的散漫性。

第二十五章　中华新帝国

多年来人们持续不断的艰苦斗争，终于在清朝的后二十年结出了果实：思想的转变产生、扩散，蔓延到了社会生活的各个层面。

当传教士第一次踏上中国这片土地，试图对周围的中国人造成影响的时候，他们很快就发现这样一件事：如果说什么东西能给中国人留下最深的印象，一定是印刷品。在中国，生活在最前沿的是那些读书人，他们在对待书籍时，总是抱着深深的尊敬与虔诚。就连那些高深莫测的汉字也拥有人们最深的敬意，无论一个人识不识字。

在中国的各大城镇都能见到这样一类人，他们背着一个筐，上面非常显眼地写了四个字“敬惜字纸”。这些人的工作就是拾起路上那些写着字的纸和瓷器。在中国人的眼里，这些纸和瓷器记载着中华帝国的各种卓越功绩，要是就这样任人践踏，岂不是一点规矩都没有了？于是人们把它们捡起来，在公共场合专门修建的炉子里统一焚烧，进行一次光彩的告别礼。

为了迎合这一情况，传教士在中国行走、传教的时候，会随身带着买给中国人的书，并且讲解给他们听。并在离开的时候，把书给他们留下。开始的时候，这些书所讲的东西完全是关于宗教的，例如福音以及与风俗相关的东西，它们被订成一个个小本，供那些未曾听过福音的人学习。

对于所有学者来说，他们要想研究宗教方面的东西，只能依靠书本。因为他们是不屑于去传教集会的，此外，没有任何一个“蛮夷”有胆子给这些学者讲学，因为学者们实在是过于自以为是了。这个国家一直坚信自己是全世界各个国家的榜样，谁又敢给它普及知识呢?

然而，影响这些人才是最重要的。在中国只有他们才是思想家，才是精神领域的上层人士。而且他们执教于全国各个学校，主导着中国人思想的方向，并在这一方面极具权威。

对他们来说，已经成型的书籍有着非比寻常的号召力。他们非常喜欢这些书，因为那里有很多重大的问题是本国经典中未曾涉及的。时间慢慢流逝，传教士将众多西方其他方面的优秀著作译好带到中国，比如历史、科学、国际法等。

最简单有效的影响中国学者的时机是三年一次的科举，因为，此时聚集于各省准备参加考试的考生有近万人。虽然他们像贵族那般守旧排外，但你可以集中把那些洋溢着新思想的书发给他们。

对于传教士来说，带着书在这些人中间出现是非常危险的。不过他们经过总结发现进入举办会试的大殿的入口是最安全的地方，这时，那些学者所能做的也不过就是轻鄙地看着这些“蛮夷”，在心里腷应一下罢了。

虽然表现得文质彬彬，也不曾像凶徒一般施以暴力，但他们的行为所带出来的感情色彩其实更具有侮辱性。比如他们会带着惊讶与好奇的目光直勾勾地看着传教士，就好像他是刚刚被抓回来的稀罕物。

还有一些人高昂着头走过传教士面前，表情十分不屑。没一会儿又来几个，他们横冲直撞，直接就把传教士挤到墙上去了，甚至那些书也被撞到了地上。

不过在这个时候，也会有人出来责备这些人对待生人过于野蛮，并温和地接过书，表示回去后一定仔细看看，还有几个平素就十分喜欢思考的，接过书马上翻看几眼，并一再对传教士表示感谢。

以这种方式发放出去的书绝不少于一千本。它们被带到省里的各城各镇、村落、市集，在万籁俱静的夜晚，学者拿着书陷入深思，在脑海中浮现出一幅所有经典都不曾描绘过的新景象。他不断地研究，思想中开始出现关于国家的新构想，这是一个新的世界，就算是在传奇话本里也找不到。

时间流逝，中国那些最排斥外国人的读书人也受到了传教士给他们的那些宗教以及俗世书籍的影响，这个过程虽然缓慢但毫无疑问不可抗拒，因为真理不可阻挡，它隐含的力量不容忽视。在人们还没有意识到的时候，人生观就受到了影响。渐渐地，你会发现，当传教士在中国各大城市开书店、发新书的时候，那些当初最保守的一流学者，常常是反响最热烈的好客人。

那些读书人可以说是中国的无冕之王，而传教士深深地影响了他们的思想理念，这种影响巨大而且成功，最有力的证据就是，他们平静地接受了那个可以让他们获得新职称的全新体系。

中国人祖祖辈辈都是熟读经书然后登科及第。他们三年一次的科举所参考的唯一一套教科书就是那些腐旧的四书五经。但如今，光绪帝一声令下，这种科举制度被废除了。人们建立官学，在那里采用新的教学方法，而授课内容除了经典书籍，原本那些被中国学者当成祸患的西方知识也被包含了进去，英语就是其中一门。学员们在读完这些课程后，要是考试合格，就能得到学位，就这样，旧的考试制度被慢慢地终止。

这么大的变革，也就是在中国，否则无论换成哪个国家，都必然会经历一场“大地震”，甚至是牵连甚广的大革命。中国的皇帝具有惊人的权威，他挥一挥朱砂笔，就让不计其数的饱学之士仕途无望。那些已经通过科举的人倒没什么，可别的数以千万计的人，原本那光彩四射的梦却被他戳破了。

于是，这些人那么多年头悬梁、锥刺股算是白费了，那些知识他们学得多么地艰难，本想着用它来升官发财，可是现在一点用处都没有。年纪小的还好，年纪大的，几乎仕途全毁，因为他们不可能再进入新学校和年轻人死磕了。这种打击对他们来讲无疑是致命的，但就算如此，当政令昭告天下时，却不曾有暴动发生，就连孔学研究会也没有聚众闹事以抗议皇帝这种毁了他们独有优势的独断命令。

中国人乐于思考，也勇于付诸行动。长期以来传教士一直为中国学者提供最新的好书，这促成了他们新思想的形成。最终他们意识到要是想让中国在世界强国之列占有一席之地，教育改革势在必行，甚至于他们时刻准备着以自身利益来换取国家的繁荣复兴，这无疑是一种难能可贵的爱国之情，也表现了中国人的高贵品质。他们眼见着日本国民自觉接受西方思想强大起来，自然不能忍受中国和它一样排在二流，而且那个国家千百年来不过是它的一个属国。日本仰仗军队以及血腥的征战变强，中国却不愿意如此，它在新思想中看到了更深层的力量，这可以让它成为世界强国中的强国。

随着官学、新的教育体系全面展开，中国焕发出勃勃生机，未来一片光明。过去那些只能拼死记忆，偶尔才闪现出一点儿价值的经典，既没有孩童的欢笑，也没有女子的音容，不过，现在这个艰苦的工作结束了。在人们的脑海中浮现的是浪漫而富有想象的思想，是外国的历史、勇敢的革新，还有意义重大的科学发现，最重要的是在那些雄心万丈的年轻人心中澎湃着一种以前从没有过的荣誉感。

这些人中有一个小伙子十七八岁，正在新学读书，他是个基督徒。要是按照以前的教育体制，他要经过很多年艰苦卓绝的努力才能参加科考，要想获得功名还得榜上有名。不过现在他看的书不是那些涉猎广泛、能给他功名利禄的经典，而是英语这门考官要求必须掌握的课程。和不久之前相比，中国人的思想竟然已经走了这么远。由此可以看出，他们眼前的风景已经不再是以前的风景了。

另一个代表着中国正从沉睡中醒来的预兆，是动荡着整个中国的大革命。虽然新学的发展从某些方面来讲和革命爆发有一定的关系，但最主要的责任肯定不是它，而是因为在中国社会浸淫多年的一种现实情况。

满族人统治中国始于公元一六四四年。最后一位明朝皇帝为了巩固统治，借助了满族军队，但请神容易送神难，满族人见了中国这么一片大好河山，再也舍不得走，急欲占为己有。从没有一个奖赏可以如此吸引人，而且就在嘴边儿。他们一直知道这是一片妖娆的土地，所以一直在边缘劫掠，垂涎欲滴。但此次真正进到内部，才知道它竟如此美丽，眼睛忍不住发出灼灼的金光。这片土地笑容灿烂，有丰饶的草原，有碧波荡漾的溪水，这让粗鄙的抢掠者心旷神怡。他们眼看着这辽阔的草原、连绵的高山以及奔腾的河流，思绪翻飞，要是，要是能抓住机会，这个国家就是他们的了。

还有什么值得犹豫的呢？怎么也不能让到嘴的肥肉飞了。当时明朝已经是一团混乱，各地叛军四起，战火连绵不绝，却没有一个能号令天下的人。伴随着攻占王庭的命令的下达，满族军队将首都一举拿下，之后迅速在各省省会驻兵，成功夺取政权，开始了满族的统治。

对于一个国家来说，外族要想侵占、统治，绝不会是一个顺遂的过程。胜利者是一群野蛮人，他们祖祖辈辈都崇尚武力，后代自然也是如此。他们没什么文明，从没有接触过礼教。要是一定要在部落中找到什么伟业的话，只能说，相比于其他部族，他们为入侵中国这片肥美的土地所进行的劫掠和杀戮更加大胆、凶残。中国的第一个帝王（公元前 221 年统一中国）秦始皇就是抗击这些粗野部落的佼佼者，长城就是他为抵御这些原始、嗜血的游牧民族修建的。

在中国，你可以看到很多发展得非常好的东西，它们存在的地方肥美而富饶。在全国有很多人口众多的大都市，它们的建筑富丽堂皇，各式楼阁金碧辉煌，成群的高塔连绵不绝，还有宏伟壮丽的宫殿，所有这一切都显示出中国人所具有的智慧。

这个国家敬畏知识，满腹经纶的学者随处可见。在它悠久的历史中，也曾有过先贤们教书育人、著书立说的繁盛时代。这些经典代代相传，影响了一代又一代中国人，中国人民族性格的形成，深受它们影响。现在它们已成为国家遗产，永垂不朽。

对于在这片广阔的土地上生活的国民来说，对满族人低头实在是奇耻大辱，他们无论如何也忍受不了。中国拥有这么多人口，却要被粗鄙的牧民统治——他们是什么人，不过是些小鱼小虾，趁乱夺取了政权，而且他们根本就没有统治这样一个帝国的能力。他们是蛮夷，单凭这一点，中国人就不可能心服口服、安心于此，心中的仇恨与蔑视永不消失。

在过去的很长一段时间里，中国人一直都在进行抗争。他们不肯屈服，坚信满族人和他们不属于一个民族，是应该回到长城以外的原始部落，应在那儿找个与满族人的习俗更加契合的地方生活。

这样想的人到处都是，他们以“反清复明”为口号秘密结社。满族统治的王朝叫清，字面意思是“清雅纯粹”，而他们推翻的统治叫明，字面意思是“敏锐富有智慧”。

以推翻满族统治为目的的起义已经发生过很多次了，其中太平军起义或者长毛军起义是最成功的一次。这次起义始于中国的最南方，并迅速蔓延至全国，收复了中国的大多数省市。其中长江沿线，包括中国的古都南京也被他们收复了，在他们的攻击下，清军落荒而逃。

要是能按部就班地这样发展下去，最终夺取王庭，摘取胜利的果实是绝对没有问题的，可惜，事情并没有按照这样的轨迹一直走下去。

太平军轻松收复上海，但在吴淞口等待命令的是英军的战舰，英军的领军人给太平军传信，表示会尽全力攻打他们。太平军是知道英军的战斗力的，所以不敢与其正面对阵，就到城边扎营。那个地方现在已经变成了一个赛马场。

第二天，英军收到了来自太平军的一封信，这封信非常感人，对于任何一个英国人来说，只要他还没忘他的国家那些骄傲的宣言，都会受到它的触动。英国一直这样自夸，它是战败方的朋友，对于那些寻求帮助的人来说，大英帝国的国旗就是保护他们的信物。

这封信翻译出来是这么说的：

英国的同胞（在汉语中，同胞指的是一家所生的兄弟）——请求你们不要成为我们的敌人。我们之所以起义，是因为我们希望我们的国家恢复自由。我们知道成功就要来临，侵略者即将被我们赶走。对于你们来说满族人是敌人，对于我们也是一样。他们仇视你们，也仇视我们。他们一直厌恶你们，称你们为蛮夷，内心深处满满的都是对你们的仇恨和鄙视。要是这个国家由他们统治，必定明天就把你们驱逐到海上，并以见到你们的覆灭为最大的乐事。

可是我们却不这样想，我们称你们为同胞，要是能夺取政权，必将像对待兄弟那样对待你们，而不是把你们当成外族。我们因为需要一个港口来准备生活用品以及武装器械，以保证可以成功地击溃侵略我们国家的敌人，所以非常需要上海。

我们并不奢望可以得到你们的帮助，只恳求你们别站在我们的对立面，我们的英国同胞，只求你们两不相帮，一旦能够取胜，你们会发现我们对你们的感激到底有多深。

这封恳求信是如此地雅致而动人心弦，可是英军对它的回应是狂轰滥炸的炮火以及对这些爱国人士的射击。驻地内的太平军人仰马翻，呼喊声连成一片。他们是那么地悲苦，是在为英国人的作为难过吗？英国人竟然帮助侵略者，攻击受侵略者，这样的场景，让人忍不住发起抖来。

戈登将军的到来是接下来的另一件让人觉得奇怪、怎么也想不明白的事。在所有英国人心中，这人都是个伟大的英雄。他是一个温柔的人，总是对世人充满怜悯。他有一种天赋，这是所有对人类抱有同情的人所具有的。凡是认识他的人，都因为他的这种天赋而敬佩他。一种神秘莫测的力量影响着他，这种力量无可阻挡，他被它推着经历各种困难而不能像别人一样过真正的生活，他的人生最高的追求就是为世人抵御灾难。这一点很容易就能证实，为了他的事业以及他事业中的人民免受压迫，他愿意献出生命。啊！比神秘更神秘，他的灵魂如此高贵，他的声名即使是在英国英雄之林也绽放着耀眼的光彩，可是,他所帮助的却是满族统治者。在不计其数的血战中,由他统领的“常胜军”都担当着屠夫的角色，被屠戮的爱国人士数以万计，那些人原本满怀着将压迫人民的统治者赶走的愿望。

太平军被英国的海军军官逐出上海继而又遭遇戈登将军的镇压，因此中国革命的脚步被拖后了几十年。他们阻碍了这个国家的进步，同时，人们也清楚地知道即将倾倒的清朝之所以还能存在，英军也是一大助力，他们厌恶清朝统治，理所当然地也要厌恶英国人，他们不会感激他，自然也不会对他谦让。中国的统治者素来是排斥外族的，对于基督教也没什么好感，他们心中盘桓着这些复杂的情绪，当然也不会真心感激英军。

时光飞逝，原本就动荡不安的国家更加风雨飘摇，密谋起事的社团日益增多。清王朝虽然将太平天国的起义镇压了下去，但显然并没有从中吸取教训，进而增长智慧。人们再也无法忍受，立誓定要将其推翻。在清朝最后的那段时间，统治者却始终坚信自己的统治牢不可破。在他们看来，既然铁路和纵横交错、令人惊奇的电报网都已经遍布全国了，那么在这片土地上，无论哪里发生暴乱，他们一定会立刻知晓。可是铁路、电报在整个国家都已经被战火笼罩着的时候，还能起什么作用呢？它们一眨眼，就会和起义军结成联盟帮助他们获得自由了。

光绪皇帝终于登基。中国如此辽阔，但要是从中找出一个可以挽王朝于倾颓的人，那么这个人一定是光绪。他深受民主思潮影响，是个最积极的民主主义者，而且他比这个朝代的任何一位君王都爱他的臣民。

八国联军进军北京，整个朝廷都万分惊恐，他们迫不及待地想要抛弃都城展开大逃亡，可是光绪帝却并不想这样，当皇家卫队行至午门，等着文武百官一起出城的时候，他希望皇太后可以先走，让自己留下来。“让我留下吧，我要和我的百姓死在一起。”他这样哀求，眼中满是泪水，因为一想到外国军队进入北平，民众将遭遇各种苦难，他就痛彻心扉。

但太后一直是个专横跋扈的人，她厉声拒绝了光绪帝的要求，逼着他和自己一起逃走。事实上，这位勇敢的君王与王朝的存亡有着紧密的关系，但太后和袁世凯对这一点并不知晓，所以他们才如此地轻视他。当时全国的人都对这个王朝充满痛恨，并且恨意一日强过一日，在这种状况下，要是说还有谁能拖住这个王朝覆灭的脚步，也只有他了。不过可惜，他们并不能预知未来，所以没多久，就给命运抓住了机会，得偿所愿。

这个王朝磕磕绊绊行至1908年，也就是在这一年，光绪帝驾崩了。这个皇帝心性纯良，一心想着让清朝振兴，可惜最终也没能实现。没多久，那位心如铁石、强势干政的老太婆也突然辞世了。这时，朝廷上下，竟然找不出一个可以主事的人，最后，一个年仅五岁的孩子当了皇帝，他的父亲代他管理朝政。你不可能指望一个五岁的孩子为了保卫国家提剑御敌，更何况他最擅长的还只是号啕大哭！王朝崩毁的时候终于到了。人们枕戈以待，快马加鞭地开始筹措各种计划，为了自由，全国人民热血沸腾地团结到一起，发誓无论如何，不取胜决不罢休。

接着，革命之火喷发而出。人们还没喘过气来就发现了一件非常惊人的事，通过电报网，全国十八个省，甚至西方国家都已经得到起事的消息了，清朝的中心重镇汉口，那里有全国最好的演武场以及满仓满谷的枪械弹药，但现在已经被起义军占领了。稀疏的城市不约而同地把龙旗扯掉，所有人家都高举白旗，以示向新政权投诚。

在这次革命中，有一件事非常惹人注意，就是全国各层人民都迫不及待地行动起来，热血沸腾地将自己摆到爱国阵营那边。那些农民骨子里就有一种战斗热情，清朝即将覆灭的消息传遍全国各地，这让他们心潮澎湃，扔掉锄头急不可耐地冲向战场，随时准备着战死在激烈的战争中。应召入伍的还有那些苦力，他们一向穿着残破不堪的衣服，邋里邋遢，死气沉沉，一脸的倒霉相，要是以前谁说要把他们训练成能征善战的士兵，一定会被当成笑话，但现在他们来了，就好像前卫的爱国情怀也影响到了他们。在他们心中激荡着新的思想和志向，他们的脉搏以一种激情四射的曲调跳动着，这种曲调已经几百年都不曾在中国奏响过了。

谁都没想过，当这些人面对敌人的时候竟然可以如此地勇敢无畏，一直以来人们都认为只有西方那些嗜血好斗的国民才拥有这种特质，但事实证明，它们在中国人身上也存在。

这些农民带着满满的激情聚集在革命将领身边和清军厮杀，尽管清军历经严格训练，可是却节节败退。除了少数无关大局的战役失利外，革命者们攻无不克，战无不胜，所有省市都脱离了清朝的统治，就连满族的发源地满洲国都宣告独立。还有蒙古人，他们在很久之前就和即将覆灭的王朝紧密相连，可是现在他们也趁势宣告独立，要求自治。

在清朝覆灭，它的最后一个皇帝宣布退位后，一个更大的问题摆在了人们面前：未来以哪种方式治国呢？君主制？还是民主制？大多数人都倾向于后者。正是因为这种理念的影响，孙逸仙成了新帝国的第一位总统。

对西方人来说，中国人这样选举实在是令人惊奇。因为千百年以来，这个国家的人民都在被拥有无上权力的将相王侯统治着，他们竟然能如此迅速地抛弃过往，毅然决然地接受议会统治。虽然有些吃惊，不过要是你了解在中国人心灵深处的民主成分，就会觉得理当如此了。

解释明白这一点，整件事也会更加易于理解。中国这个地域广阔的国家，确实划分了省、府（州）、县，拥有不少大小城镇，可是中国的四亿民众，大部分都在农村生活。

所有在中国旅行的外国人都吃惊于中国竟然能有这么多的村落。在无边无际的平原上，它们密密麻麻地点缀其间，河流交错如织，绿柳红花在岸上交相辉映，好一幅人间美景；在宁静安详的山谷里，小小的村落生机勃勃地散落在那儿；在山脚下的小块平地上，在长长的边界线上，也有宁静的小村落零零散散地装饰在那儿，村民们以打柴为生，日子过得非常艰难。

这些乡村的实际情况，正是这个国家大多数人心中共和思想的源泉。我想为了证明这一点，还需要描绘一下这个国家的各级官府以及它们的工作模式。

村子里的实权人物是长老，他们来自于村民选举。当发生冲突的时候，人们会找他们裁决。比如家庭内部日益严重的争吵，比如村民为了确认田地的边界发生争斗，一方的安全受到威胁，这时，通常来说，人们都要遵循长老的判决，最后恢复平静。村里的内部矛盾，县老爷是不管的，人们唯一能想起他的时候，就是在规定的时间段，负责收税的人来收土地税的时候。

有些时候，以英国人的视角来看，县官怎么也应该到场，可是却完全找不到他的身影。例如，分属于不同村落的两个家族因为某个原因持枪对击，甚至已经有人因此受伤、有人因此残疾、有人因此死去，也见不到他。就算发生械斗的地方是衙门口，他也仿佛一点都不知道似的。枪声在耳边轰鸣，民众的安全受到威胁，他却什么都听不到，就算你提醒他，他的眼睛也一如既往地平静安闲，还脸不红气不喘地跟你说：哪有什么枪响，一定是你听错了。

在中国的农村，真正管事的只有那些长老，除了他们，再也没有人干预村子的运作了。它就相当于一个拥有自治权的小共和体。

县官只有在这种情况下才能记起自己治下还有这样一个村落，就是村民们认为自己受到了长老的压迫，产生不满，因而跟他反映的时候。

就算是这样，县官也不会马上行动，而是尽可能地让这个村落继续保有自己的自由。当他接到正式的投诉，首先要做的是请长老过来说明事情的原委，然后再看情况处理。只有他认为长老的处理确实有违公平，过于霸道的时候，才会重新审理。要是他觉得长老的裁决还算公正，则会维持原判。而且在这一过程中，他会时刻注意以免触及从古至今村子里一直保有的那些自治所特有的权限。由此可以看出，人们祖祖辈辈的成长环境就非常自由，充满了共和思想。所以在帝国新生需要选择治理方式的紧要关头，他们选择共和这种过往就给了他们极大自由的方式是理所当然的。一九零九年，为了验证这个国家是否到了可以实行议会制度的时候，曾试行过省议会。无疑，人们之所以会如此强烈地想要应用共和的形式，它作为先例功不可没。

当时试行的省议会效果非常好，无论是国内还是国外，一致表示会议成员所提出的问题非常到位，而且他们在议政时的从容不迫也令人钦佩。

在那些议员中，有一位后来的财政重臣，他提议由全国人民自愿捐款以偿还国家所欠的外债，从而保证国库基本储备。虽然当时需要的金额非常高，差不多要到两千万英镑，但还是被认可了。这样一个大计划别的议员也同意了，所有人都坚信这会得到人民的一致拥护，因为当时国家的各层人民心中都炽烈地燃烧着爱国之火。

这个计划之所以能得到如此高的认同度，也和人们都知道国库里的钱不好管有关。由于大多数官员都过于爱财，以至于假公肥私的艺术被练得炉火纯青，所以这些钱要是落到官员手里恐怕剩不下什么了。但是现在共和的思想已经在人民的心中留下烙印，它会慢慢融入这个伟大的民族的骨血中，用不了多久，只要人民拿到主权就能够冒出头来。

知道这些，就不用为人们能如此认可共和感到惊奇了，因为他们再也受不了那些京官儿的统治，那些人一天到晚只想着假公济私、中饱私囊。而现在，与各级官员紧密相关的独裁、压迫和受贿等行为将受到国家以及议会的监督。在西方盛行的公正将第一次在东方的历史上展现，将新的力量和追求注入伟大的中国。

新生的帝国以良好的开端预示着最终的成功。它最先要破除的就是裹脚这无论哪个国家的女性都不能忍受的恶习。

在三十七年前，笔者曾经将厦门的女性基督徒召集到一起讨论这件事，在那时就开始了反对这项恶行的行动，还成立了一个反对裹脚的社团——天足会。千百年来，在各式各样的折辱和磨难下，中国的女性心中慢慢滋长着英勇和无畏，致使她们不畏惧别人的藐视和指摘，勇敢地让女儿的双脚自由成长，并将自己的缠在脚上的裹脚布扯下来扔掉，挺胸抬头，坚定不移。

这些女性基督徒无疑为其他省份的人树立了极好的参照，使得他们在为让妻女免受裹脚的苦楚进行的抗争中毫不动摇。人们沉睡的善心睁开双眼，有不少人加入到了这场恢复人性的战争中，英国妇女阿切巴尔特·利托夫人就是其中一员。她最先接手这项工作的时候是在厦门，二十年后，她又把这个工作带到了中国的北方，很快，在这片辽阔的土地上，这种带着“三寸金莲”的美名，但实际不过是一种恶行的时代，就会结束了。这幅未来画面，就算没有未卜先知的能力，也可以预见，因为新生的共和国绝不会让这种声名狼藉的恶行继续残存。

这个新生的帝国另一个良好的开端是对鸦片流通的遏制。毫无疑问，在未来一两年里，鸦片将在这片秀美的国家中消声灭迹。西方人总是弄不明白，为什么像鸦片这般邪恶的东西，中国人也可以如此快速地控制起来，甚至摆脱它们。它们覆盖的区域非常广，从东面的黄河一直到西边的西藏，从北边的长城一直到南边的南海，几乎罩住了整个中国，明明昨天还满地都是大烟鬼，可是今天人们就已经能够自信满满地畅谈鸦片的灭绝了。

我想我的亲身经历或者可以揭示鸦片迅速消失的谜团。我生活了很多年的和安县种植了很多罂粟。每当年景好的时候，白色、紫色的罂粟花就在一些种植区里绽放开来，形成一幅动人心弦的美景。然而这片美景的背后是什么呢？困苦、祸患以及死亡。

卖鸦片的商铺以及大烟鬼与日俱增。几乎每个农民家里都有鸦片，只要一不舒服，他们就马上服用，要是鸦片没了，他们就会被烟瘾，也就是通常说的“黑土”这种力量掌控，最后只能把他们关在地窖里，让他们自己挺过去。

时间流转，现在已经到了中国站起身和这种名为鸦片的劲敌殊死搏斗的时候，北京发布了消灭罂粟的正式诏令。

和安县县令自然也收到了，恰巧他是一个性情坚定的人，而且他对鸦片有着最强烈的憎恶，因为他清醒地知道，县里所有东西几乎都要被鸦片毁了。他行事果决，知道什么时候应该注意律法、上诉以及保守派的攻讦，什么时候可以将这些暂时放下。幸好他有这样的智慧，因为那些人所属的阵营在改革的对立面。他完全是靠着自己的才智执法的。

一天早上，他下令对全县发出通告，就像惯常做的那样。于是布告遍布于各个集市中拥有众多信徒的寺庙门口，每天川流不息的主路上。

人们的双眼在看到布告时绽放出夺目的光彩，他们实在是太高兴了，尽管其中有不少人以种植罂粟为生，但那又怎么样呢？他们心中的爱国之火从未像现在这般热烈地燃烧起来。国家能因此脱离灾难，他们一想到这个，就心潮澎湃。

公告中称，从今以后谁都不能在本县的土地上种罂粟，无论是谁，要是有胆子违反，必将受到没收土地的惩处，要是村里的长老胆敢隐瞒不报，也将严惩不贷。

只是这种程度当然还不能让知县满意，为了更进一步，他跋山涉水，走了几十里污泥横行的山路，特地到我所负责的辖区拜访。他对教区里的牧师说：“我此次特地前来打扰，是因为有一件事想请您帮忙，希望您能帮助我，让禁烟这一活动能够更加顺利地完成。您知道我已经在全县公布了禁烟的诏令，但绝不会没有反抗的人，他们想要靠着贿赂以及隐瞒不报获取暴利，挑战律法的也大有人在。我知道基督徒向来是鸦片烟的反对者，而且您素来遵纪守法，支持官府，我相信您一定会帮助我们的。有些事既然我无权干涉，那么我不如把一部分区域划出来由您帮我看着，要是您发现有人种植罂粟，就跟我说。我只要知道名字就一定能抓住他。”

牧师把他和知县的这次有意思的见面告诉了我，我就问他有没有告发过。

“没，”他回答说，“我不想让任何人受伤，所以又想了个更好的办法。要是我知道谁种了罂粟，就在罂粟抽苗的时候去找他，闲聊两句然后就和他说：‘你要知道，我已经答应了县老爷要是发现谁胆敢私种罂粟，就向他揭发。现在你要是不在我面前把罂粟苗拔光，我就写信把你的名字告诉他了，接下来会发生什么，我相信你一清二楚，你的田地会被没收，你会坐牢，你的妻子儿女都将受你牵连。但是只要你把罂粟拔了，这些就都不会发生了。’”他接着又说：“那人一听说只要这样就能轻松过关，非常高兴，一会儿就拔光了所有的罂粟苗，然后有气无力地躺在地边上了。”

以前由那些理直气壮的白色、紫色的罂粟花构成的美景，一年以来，真的再也没出现在县城这片土地上。它们在整个县城消声灭迹，再也不能在蓝天白云下夸耀自己将永远存在。

这位县令如此霸道确实会让部分人的利益因此受损，可是绝大多数民众都站在他那边，因为他们相信利益暂时受损，总比女人伤心落泪，孩子饥肠辘辘，甚至将所有家当赔得一干二净好。

今天，再次漫步在中国这片养育了四亿人口的土地上，观察他们禁烟活动的整体效果，你很容易就能发现他们能迅速摆脱鸦片这一灾害的奥秘。实际上,这实在太过明朗了,所以称为奥秘已经不太合适了,在你眼前的中国人，他们性情坚毅，崇尚公正无私，满怀新生的爱国之情，你会发现他们力量巨大。

引发这场革命的基督徒将给新的共和制度以力量，要是有谁愿意为他们付出生命，那么，他们将会用最高的忠心作为回报。他们可以左右革命，从而将伤亡减到最低。在中国的所有革命中，再没有哪次革命能像最后这次一样，付出这么小的代价。中国政府终于给耶稣留了一个地方，毫无疑问，这对中国来说是一个巨大的好兆头。那位康熙帝并不信教，但他在自己钦定的词典中称上帝为“救世之人”，在不少于两百年的时间里，这本词典一直被中国的学者参考着。虽然康熙帝定义这个词的时候，并不是在预言什么，但现在这个词更像是一个即将实现的预言，珍贵的新思想将和共和体制的希望之光一起来临，而这个词的预言也将随之实现。

图书在版编目（CIP）数据

多面中国人 /（英）麦高温著；贾宁译．—南京：译林出版社，2016.12
（西方视野里的中国）
书名原文：Men and Manners of Modern China
ISBN 978-7-5447-6598-5

Ⅰ.①多… Ⅱ.①麦… ②贾… Ⅲ.①民族性－研究－中国 Ⅳ.①C955.2

中国版本图书馆CIP数据核字（2016）第218735号

书　　名 多面中国人
作　　者 〔英国〕麦高温
译　　者 贾　宁
责任编辑 王兰英
特约编辑 苑浩泰
出版发行 凤凰出版传媒股份有限公司
译林出版社
出版社地址 南京市湖南路1号A楼，邮编：210009
电子信箱 yilin@yilin.com
出版社网址 http://www.yilin.com
印　　刷 三河市中晟雅豪印务有限公司
开　　本 640×960毫米　1/16
印　　张 19
字　　数 234千字
版　　次 2017年9月第2版　2024年9月第4次印刷
书　　号 ISBN 978-7-5447-6598-5
定　　价 40.00元